Conectados

La Psicología de la tecnología

Luis Fernando Tejada Yepes

Índice

Introducción

En un mundo donde la tecnología se ha vuelto omnipresente, moldeando cada aspecto de nuestras vidas diarias, surge una fascinante y a veces inexplorada intersección entre la maquinaria digital y la complejidad de la mente humana. Este libro, "Conectados: Explorando la Psicología de la Tecnología", se sumerge en las profundidades de esta relación intrincada, desentrañando los hilos invisibles que conectan nuestra psicología con los avances tecnológicos que, a menudo sin que lo notemos, dan forma a nuestra realidad.

Vivimos en una era donde las conexiones virtuales compiten con las interacciones cara a cara, donde la línea entre la realidad y la simulación se desdibuja con cada avance tecnológico. En este espacio digital, nuestra psicología navega por territorios desconocidos, enfrentando desafíos únicos y experimentando nuevas formas de interacción social, autoimagen y bienestar emocional.

A medida que nuestros dispositivos se vuelven más inteligentes, nuestras vidas más conectadas y nuestras experiencias más digitalizadas, surge una serie de preguntas cruciales. ¿Cómo afecta la constante exposición a la tecnología nuestra salud mental? ¿Qué papel desempeñan las redes sociales en la construcción de nuestra identidad y en la percepción de nosotros mismos? ¿En qué medida la inteligencia artificial comprende y responde a nuestras emociones?

Este libro no solo busca responder a estas preguntas, sino también invita a los lectores a reflexionar sobre la naturaleza cambiante de nuestra relación con la tecnología. A través de un enfoque multidisciplinario que abarca la psicología, la sociología, la ética y la neurociencia, "Conectados" se aventura en el corazón mismo de la experiencia humana en la era digital.

Al explorar temas que van desde la adicción a las redes sociales y el impacto de la luz azul en el sueño hasta la autenticidad en línea y el estrés tecnológico, este libro busca arrojar luz sobre las complejidades de la vida moderna. A medida que avanzamos hacia un futuro donde la tecnología continuará evolucionando a pasos agigantados, entender cómo afecta nuestra psicología se vuelve esencial para forjar un equilibrio armonioso entre la innovación y nuestro bienestar emocional.

"Conectados: Explorando la Psicología de la Tecnología" es más que un examen de las interacciones entre mente y máquina; es una invitación a reflexionar sobre nuestro papel en la creación de un futuro donde la tecnología no solo nos conecte con el mundo, sino también con nosotros mismos.

2.Adición a las redes sociales

En la era de la conectividad instantánea, las redes sociales han tejido una red virtual que abarca el globo, permitiéndonos compartir, comunicarnos y explorar el mundo desde la palma de nuestra mano. Sin embargo, detrás de esta aparente maravilla de la interconexión, yace un fenómeno creciente que ha capturado la atención de psicólogos y expertos en salud mental: la adicción a las redes sociales.

Esta a menudo encuentra sus raíces en la búsqueda constante de validación social. La posibilidad de obtener likes, comentarios y seguidores se ha convertido en una moneda social digital que alimenta el deseo humano innato de ser aceptado y reconocido. Sin embargo, esta validación instantánea puede transformarse en una trampa, generando una necesidad compulsiva de atención y aprobación.

En el vasto paisaje de las redes sociales, la búsqueda implacable de validación social se ha convertido en un elemento central que impulsa la adicción. Este fenómeno se arraiga en la necesidad humana profunda de ser reconocido, aceptado y valorado, y las plataformas sociales han proporcionado un escenario único donde estas aspiraciones encuentran su expresión digital.

El obtener "likes", comentarios y seguidores se ha erigido como una moneda social digital, donde cada interacción positiva se convierte en una validación instantánea de la propia valía. En un mundo cada vez más interconectado, esta validación social se ha vuelto más tangible y accesible que nunca. Sin embargo, lo que comienza como un anhelo natural de conexión y reconocimiento puede transformarse gradualmente en una trampa compleja.

Esta opera de manera insidiosa. Inicialmente, recibir aprobación en forma de likes y comentarios proporciona una sensación gratificante, liberando esa oleada de dopamina que está vinculada al placer y la recompensa. Este estímulo positivo refuerza el comportamiento, creando una asociación directa entre la actividad en las redes sociales y la gratificación emocional. La mente humana, ávida de satisfacción instantánea, cae en la trampa de la validación como una fuente constante de bienestar emocional.

Con el tiempo, esta validación instantánea se convierte en un combustible adictivo. La necesidad de atención y aprobación se vuelve compulsiva, generando una búsqueda constante de interacciones positivas en línea. Cada "like" se convierte en una medida de autoestima, y la ausencia de estas validaciones puede desencadenar sentimientos de inseguridad y ansiedad. En este punto, la validación social deja de ser una elección consciente y se convierte en una necesidad imperiosa, una fuerza impulsora que moldea comportamientos y decisiones en el mundo digital.

La trampa de la validación social no solo afecta la percepción de uno mismo, sino que también puede distorsionar la realidad. La necesidad de presentar una imagen constantemente positiva puede llevar a la creación de una versión idealizada de la vida, desencadenando un ciclo de comparación constante con los demás. La brecha entre la vida real y la vida digital puede ampliarse, alimentando una sensación de desconexión entre la identidad online y offline.

El acto de deslizar el pulgar para actualizar el feed o recibir una notificación activa los mismos centros de recompensa en el cerebro que se activan con sustancias adictivas. La liberación de dopamina, neurotransmisor asociado con el placer y la recompensa, crea una sensación de satisfacción inmediata. Esta respuesta neurológica refuerza el comportamiento y contribuye al ciclo adictivo de revisar constantemente las redes sociales.

Ese acto conlleva a la liberación de dopamina. Este neurotransmisor, conocido como el mensajero del placer y la recompensa en el cerebro, se convierte en un actor central en el escenario de la adicción a las redes sociales, contribuyendo a la creación de una relación profunda y, a veces, peligrosa entre la mente humana y la tecnología.

Cuando interactuamos con las redes sociales, especialmente cuando recibimos una notificación positiva, como un "like" o un comentario, los centros de recompensa en el cerebro, como el núcleo accumbens, se activan de manera notable. Este proceso es similar al que ocurre con sustancias adictivas como la cocaína o la nicotina. La dopamina, liberada en respuesta a estas experiencias digitales, genera una sensación de placer y gratificación instantánea, creando un vínculo neuroquímico entre el uso de las redes sociales y la sensación de bienestar.

La liberación de dopamina no solo está asociada con el placer, sino que también desempeña un papel crucial en el refuerzo del comportamiento. Cuando experimentamos placer como resultado de una acción específica, el cerebro asocia esa acción con la sensación placentera y refuerza la probabilidad de que repitamos esa conducta en el futuro. Resumiendo: En el contexto de las redes sociales, cada vez que se actualiza el feed y se encuentra una notificación positiva, se refuerza la conexión entre la acción de interactuar y la gratificación, contribuyendo a la formación de patrones de conducta adictivos.

La búsqueda constante de interacciones positivas se convierte en una rutina, alimentada por la esperanza de obtener la próxima dosis de dopamina. Este ciclo, similar al de otras adicciones, puede generar una necesidad compulsiva de revisar y participar en las redes sociales, ya que la mente busca repetir la sensación placentera asociada con la liberación de dopamina.

Con el tiempo, el cerebro puede volverse desensibilizado a la dopamina, lo que significa que se necesita un estímulo cada vez mayor para experimentar la misma sensación de placer. Este fenómeno puede explicar por qué algunos individuos se ven atrapados en ciclos de uso cada vez más frecuentes de las redes sociales, buscando constantemente un nivel más alto de gratificación digital.

Comprender la conexión entre la dopamina y la adicción a las redes sociales es crucial para desarrollar estrategias efectivas para romper el ciclo. Establecer límites de tiempo, practicar la desconexión digital regular y fomentar la conciencia sobre la relación entre el uso de redes sociales y la liberación de dopamina son pasos esenciales para recuperar el control sobre la conexión entre mente y tecnología.

Las redes sociales también fomentan la comparación constante. Las vidas cuidadosamente editadas y filtradas que se presentan en plataformas como Instagram y Facebook pueden generar sentimientos de insuficiencia y ansiedad. La constante exposición a logros y experiencias aparentemente superiores puede alimentar una búsqueda interminable de comparación, desencadenando un ciclo de insatisfacción y necesidad de validación.

Dentro del vibrante mundo de las redes sociales, la comparación constante se erige como una sombra persistente, acechando en la periferia de cada desplazamiento y clic. Las Plataformas donde la vida de los demás se despliega en imágenes seleccionadas y cuidadosamente filtradas, se convierten en el escenario donde se desencadena una batalla silenciosa pero feroz entre la realidad y la representación digital.

La esencia misma de las redes sociales, basada en la selección y presentación de momentos destacados, a menudo crea una versión idealizada de la vida. Las fotos perfectamente compuestas y las narrativas cuidadosamente curadas construyen una narrativa que, aunque visualmente atractiva, rara vez refleja la complejidad y las luchas de la existencia cotidiana. Esta brecha entre la realidad y la representación contribuye a la comparación constante, ya que los usuarios se miden a sí mismos a través del prisma distorsionado de las vidas digitales de los demás.

La comparación constante engendra un caldo de cultivo para sentimientos de insuficiencia y ansiedad. Al ser bombardeados con imágenes de logros, experiencias y apariencias idealizadas, los usuarios pueden sentir que sus propias vidas no están a la altura. Esta sensación de no estar a la altura se intensifica con cada desplazamiento, creando una cadena de pensamientos negativos que socava la autoestima y contribuye a la sensación de que la propia vida es inferior.

La comparación constante también da lugar a un fenómeno conocido como el efecto de la envidia social. Observar constantemente las vidas aparentemente perfectas de los demás puede generar envidia y resentimiento, emociones que, a largo plazo, pueden afectar las relaciones interpersonales y la salud mental. La envidia social se convierte en un subproducto tóxico de la comparación constante, contaminando la experiencia digital y socavando la capacidad de disfrutar de los propios logros y experiencias.

Esta también alimenta la búsqueda incesante de validación. Los usuarios pueden sentir la necesidad de competir constantemente en el juego de la representación digital, buscando obtener la misma aprobación y reconocimiento que perciben en las vidas de los demás. Este ciclo perpetuo de comparación y búsqueda de validación contribuye a la trampa de la adicción, ya que la mente busca constantemente cerrar la brecha percibida entre la propia realidad y la representación digital idealizada.

Romper el ciclo de la comparación constante requiere un esfuerzo consciente hacia la autoaceptación y la apreciación de la autenticidad. Fomentar una mentalidad de gratitud, limitar el tiempo de exposición a contenido idealizado y recordar que las redes sociales son solo una fracción de la realidad puede ayudar a mitigar los efectos negativos de la comparación constante.

El uso excesivo de redes sociales ha sido vinculado a problemas de salud mental, como la depresión, la ansiedad y la baja autoestima. La conexión constante con la vida de los demás puede generar una presión incesante para mantener una imagen impecable, contribuyendo a la sensación de no estar a la altura. Además, la adicción a las redes sociales puede conducir al aislamiento social offline, creando una paradoja en la que la conectividad virtual coexiste con la soledad real.

El universo aparentemente interminable de las redes sociales, con su constante flujo de imágenes y actualizaciones, ha desencadenado un fenómeno silencioso pero penetrante: el impacto en la salud mental. A medida que la sociedad se sumerge más profundamente en las aguas digitales, se revela un panorama complejo donde el uso excesivo de redes sociales puede dejar cicatrices psicológicas profundas.

Numerosos estudios han señalado la conexión entre el uso excesivo de redes sociales y problemas de salud mental, incluyendo la depresión y la ansiedad. La constante exposición a vidas aparentemente perfectas puede generar comparaciones negativas y sentimientos de insuficiencia. La presión para mantener una imagen impecable contribuye a la ansiedad, mientras que la discrepancia entre la vida real y la representación digital puede alimentar la depresión.

La búsqueda incesante de validación y la comparación constante con las vidas digitalmente idealizadas de los demás pueden socavar la autoestima. Los usuarios pueden experimentar una sensación persistente de no estar a la altura, ya que se miden a sí mismos a través de los estándares artificialmente elevados de las redes sociales. Esta baja autoestima puede manifestarse en la vida diaria, afectando las interacciones sociales y la percepción del propio valor.

La presión constante para mantener una imagen impecable en línea puede convertirse en una carga emocional significativa. La necesidad de representar una vida perfecta puede generar estrés adicional, llevando a la creación de una fachada digital que oculta las luchas y desafíos reales. Esta representación cuidadosamente construida puede agotar los recursos mentales y emocionales, contribuyendo a la fatiga mental.

En una paradoja sorprendente, la conectividad virtual puede coexistir con la soledad real. La adicción a las redes sociales, en lugar de mitigar la soledad, a menudo la agrava. El aislamiento social offline puede ser una consecuencia directa de la conexión constante en línea. La paradoja radica en que, a pesar de la amplia red digital, los individuos pueden sentirse solos y desconectados de la realidad que les rodea.

Desarrollar una conciencia sobre los patrones de pensamiento negativos, establecer límites saludables en el uso de redes sociales y buscar apoyo offline son pasos fundamentales para romper el ciclo de la conexión virtual perjudicial para la salud mental.

Reconocer y abordar la adicción a las redes sociales es esencial para preservar la salud mental. Estrategias como establecer límites de tiempo, practicar la desconexión digital regular, y fomentar la conciencia sobre el impacto psicológico de las redes sociales son pasos cruciales hacia una relación más saludable con la tecnología.

Una estrategia fundamental para una desconexión saludable es establecer límites de tiempo claros y realistas para el uso de las redes sociales. Definir períodos específicos del día dedicados a la interacción en línea y limitar el tiempo total diario puede ayudar a evitar la inmersión constante en el mundo digital. Esta práctica proporciona un equilibrio esencial, permitiendo momentos de conexión sin permitir que las redes sociales dominen la vida cotidiana.

Programar períodos regulares de desconexión digital es esencial para mantener la salud mental. Establecer días o momentos en los que se apagan las notificaciones y se evita la participación activa en las redes sociales puede ayudar a reducir la dependencia y restaurar la perspectiva. La desconexión digital regular ofrece la oportunidad de conectarse más plenamente con el entorno offline, fomentando relaciones interpersonales más significativas y reduciendo la presión constante de mantener una presencia en línea.

La conciencia sobre el impacto psicológico de las redes sociales es esencial para abordar la adicción. Tomarse el tiempo para reflexionar sobre cómo el uso de estas plataformas afecta la autoestima, las emociones y las relaciones puede ser un primer paso significativo. Mantener un diario personal o participar en discusiones reflexivas con amigos y seres queridos puede ayudar a destapar patrones de comportamiento dañinos y promover una conexión más consciente con la tecnología.

Designar áreas específicas o momentos en los que la tecnología está prohibida puede contribuir a la desconexión saludable. Establecer espacios libres de tecnología en el hogar o durante actividades específicas, como las comidas o el tiempo en familia, crea oportunidades para la atención plena y la conexión genuina con el entorno y las personas que nos rodean.

Establecer metas offline puede ser una estrategia efectiva para cambiar el enfoque y reducir la dependencia de las redes sociales. Estos objetivos pueden incluir actividades como la lectura de libros, practicar deportes, aprender nuevas habilidades o participar en eventos sociales sin la necesidad constante de documentarlo en línea.

Establecer objetivos offline proporciona un sentido de logro independiente de la validación digital.

Cuando la adicción a las redes sociales afecta significativamente la salud mental, buscar apoyo profesional es crucial. Psicólogos, terapeutas o consejeros pueden proporcionar herramientas y estrategias personalizadas para abordar la dependencia digital y trabajar en la construcción de una relación más saludable con la tecnología.

Estas estrategias no solo ayudan a contrarrestar la adicción a las redes sociales, sino que también fomentan una conexión más consciente con el mundo digital. Al implementar estas prácticas, los individuos pueden preservar su salud mental y construir una relación equilibrada y saludable con la tecnología en la era digital.

3.FOMO (Fear of Missing Out)

En el vasto océano de las redes sociales, la marea del FOMO, o Fear of Missing Out (Miedo a Perderse Algo), fluye con fuerza. Este fenómeno psicológico, amplificado por la conectividad constante en línea, representa una ansiedad palpable que se origina en la percepción de que otros están viviendo experiencias más emocionantes, interesantes o significativas.

Las redes sociales, plataformas diseñadas para compartir y conectar, también se han convertido en escenarios digitales donde se construyen y presentan versiones idealizadas de la vida. Imágenes cuidadosamente seleccionadas y relatos emocionantes pueden dar lugar a la percepción de que la vida de los demás está llena de momentos emocionantes y experiencias inolvidables. Este entorno digital de construcción de realidades atractivas actúa como el caldo de cultivo perfecto para el FOMO, generando la sensación de que los demás están participando en eventos significativos de los cuales uno está ausente.

En el tejido virtual de las redes sociales, se despliega un fenómeno intrigante y a veces engañoso: la construcción digital de realidades atractivas. En este escenario digital, las plataformas diseñadas originalmente para compartir momentos y conectar con otros se han transformado en escenarios donde se erigen y presentan versiones cuidadosamente elaboradas e idealizadas de la vida.

Las redes sociales ofrecen a los usuarios la capacidad de contar historias visuales de sus vidas, seleccionando cuidadosamente qué compartir y cómo presentarlo. A través de la elección de fotos, filtros y subtítulos, se construyen narrativas digitales que no siempre reflejan la realidad completa, sino más bien una versión estilizada y atractiva. Estas narrativas digitales actúan como una ventana a mundos que, si bien pueden ser genuinos, a menudo están coloreados por la elección selectiva de lo que se comparte.

La capacidad de editar y filtrar la realidad es una herramienta poderosa en las redes sociales. La edición de fotos permite ajustar la iluminación, los colores y la composición para crear imágenes visualmente impactantes. Esta capacidad de alterar la percepción visual contribuye a la construcción de realidades atractivas, donde cada foto se convierte en una obra maestra cuidadosamente compuesta.

En un mundo donde la atención es un recurso valioso, la competencia por captar la atención digital es intensa. Para destacar en la avalancha de contenido, los usuarios a menudo se sienten impulsados a presentar versiones cada vez más idealizadas y emocionantes de sus vidas. Esto alimenta la construcción de realidades atractivas, ya que las personas buscan destacar entre la multitud y recibir validación a través de likes y comentarios.

La construcción digital de realidades atractivas también genera una presión constante para mantener una apariencia de perfección. La necesidad de presentar una vida idealizada puede generar estrés y ansiedad, ya que los usuarios se esfuerzan por cumplir con los estándares de belleza y éxito que prevalecen en las plataformas sociales.

La brecha entre la realidad y la representación digital puede ser significativa. Lo que se comparte en las redes sociales a menudo representa solo una fracción de la vida completa de una persona. Esta brecha puede distorsionar la percepción de los demás y contribuir a la comparación constante, alimentando la ilusión de que la vida de los demás es más emocionante o exitosa de lo que realmente es.

Las redes sociales, al ofrecer una ventana constante a las vidas de los demás, amplifican el FOMO de maneras únicas. Las notificaciones de eventos, imágenes y actualizaciones en tiempo real pueden crear una sensación de urgencia y exclusividad, aumentando la ansiedad de perderse algo relevante. Este ciclo de información instantánea y constante puede intensificar la percepción de que las experiencias emocionantes están ocurriendo en todas partes, excepto en la propia vida.

Dentro del caleidoscopio digital de las redes sociales, la amplificación del FOMO se desata con una intensidad única. Estas plataformas, diseñadas para ofrecer una ventana constante a las vidas de los demás, actúan como megáfonos digitales que amplifican la ansiedad de perderse algo de maneras fascinantes y, a veces, desalentadoras.

Las redes sociales introducen la noción de tiempo real en la experiencia digital. Las notificaciones instantáneas de eventos, imágenes y actualizaciones crean una sensación de urgencia única. La posibilidad de enterarse de eventos relevantes en el momento en que ocurren puede generar una ansiedad constante de perderse algo exclusivo o emocionante.

La información instantánea, que fluye sin cesar a través de las redes sociales, contribuye a un ciclo perpetuo de FOMO. La rapidez con la que se comparten eventos y experiencias crea la ilusión de que el mundo está lleno de momentos emocionantes y exclusivos que ocurren simultáneamente en todas partes. Este ciclo de información constante puede intensificar la percepción de que la propia vida está desconectada de la corriente principal de experiencias emocionantes.

Las redes sociales, al destacar eventos y experiencias a través de notificaciones y feeds algorítmicos, generan una presión adicional para participar en lo que se percibe como exclusivo. La ansiedad de perderse algo relevante se amplifica cuando la plataforma enfatiza ciertos eventos o contenidos, creando una sensación de exclusividad digital que puede provocar una respuesta emocional intensificada.

La comparación constante, exacerbada por la información en tiempo real, se convierte en un componente significativo del FOMO digital. La capacidad de ver lo que otros están haciendo en el mismo momento en que lo están haciendo intensifica la comparación y contribuye a la sensación de que las experiencias emocionantes están ocurriendo simultáneamente en múltiples lugares, menos en el propio.

Configurar notificaciones de manera consciente y limitar la exposición constante a información en tiempo real puede reducir la ansiedad generada por el FOMO. Establecer períodos regulares de desconexión digital puede ayudar a romper el ciclo de información constante y proporcionar un espacio para la atención plena fuera de la presión digital.

Desarrollar una mentalidad crítica sobre la autenticidad de las experiencias compartidas en línea ayuda a reducir la percepción distorsionada de la realidad digital y a mitigar el impacto del FOMO.

La amplificación del FOMO a través de las redes sociales representa una paradoja en la era de la conectividad constante. Al comprender las dinámicas únicas que contribuyen a esta amplificación, los usuarios pueden adoptar estrategias para mitigar la ansiedad y promover una relación más saludable y equilibrada con la tecnología.

El FOMO se alimenta de la presión de la comparación constante. La sensación de que otros están participando en eventos significativos puede llevar a la comparación negativa y la creencia de que la propia vida no está a la altura. Este fenómeno contribuye a la ansiedad social y a una percepción distorsionada de la realidad, ya que la mente se ve envuelta en una espiral de pensamientos negativos sobre la propia valía.

Dentro del universo digital de las redes sociales, la presión de la comparación constante se convierte en un telón de fondo sutil pero persistente, alimentando el temido FOMO. Este fenómeno, que se nutre de la necesidad de compararse constantemente con los demás, puede desencadenar una espiral emocional que impacta la percepción de la propia valía.

La presión de la comparación constante se intensifica en el contexto de la competencia por la validación digital. En un entorno donde los "me gusta", comentarios y seguidores se convierten en moneda social, la mente está constantemente evaluando su propio valor en función de la atención y aprobación digital recibida. La falta de participación en eventos aparentemente emocionantes puede desencadenar una sensación de no estar a la altura en este juego digital de comparación.

La identidad digital, cuidadosamente construida a través de publicaciones y comparticiones, se convierte en un campo de batalla para la comparación constante.

La percepción de que otros están construyendo identidades digitales más emocionantes o exitosas puede generar una presión adicional para participar en eventos significativos y presentar una versión cada vez más idealizada de la propia vida.

La comparación constante se ve alimentada por la ilusión de la realidad digital. La construcción de narrativas atractivas y la selección de momentos destacados para compartir pueden distorsionar la percepción de la realidad. La mente, bombardeada por imágenes y relatos cuidadosamente seleccionados, puede caer en la trampa de compararse con una versión idealizada de la vida de los demás, contribuyendo a la sensación de que la propia realidad no está a la altura.

El FOMO, alimentado por la comparación constante, puede desencadenar una espiral de pensamientos negativos sobre la propia valía. La mente, influenciada por la aparente excelencia y emoción de las vidas digitales de los demás, puede generar dudas sobre la calidad y relevancia de la propia existencia. Este ciclo de pensamientos negativos contribuye a la ansiedad social y a la percepción distorsionada de la propia valía.

Fomentar la autoaceptación y cultivar la gratitud por las experiencias propias ayuda a contrarrestar la presión de la comparación constante.

Desarrollar una conciencia crítica sobre la naturaleza selectiva de la construcción digital en redes sociales puede reducir la tendencia a compararse con representaciones idealizadas de la vida de los demás.

Cambiar el enfoque hacia logros y metas personales, en lugar de comparaciones externas, ayuda a construir una sensación de valía basada en la autenticidad y el crecimiento personal.

Establecer períodos regulares de desconexión digital permite un respiro de la presión constante de compararse con los demás y promueve una conexión más auténtica consigo mismo.

Fomentar la atención plena ayuda a centrarse en el presente, reduciendo la ansiedad sobre eventos futuros o pasados que pueden generar FOMO.

En el torbellino digital de las redes sociales, donde el FOMO puede ser una tormenta constante, la práctica de la atención plena emerge como un faro sereno. Fomentar la atención plena, o mindfulness, se convierte en una herramienta poderosa para anclar la mente en el presente, reduciendo la ansiedad asociada con eventos futuros o pasados que alimentan el temido miedo a perderse algo.

La atención plena es la práctica de prestar atención de manera consciente y sin juicio al momento presente. En el contexto de las redes sociales, donde la mente puede divagar entre comparaciones y expectativas, la atención plena ofrece un camino para volver al ahora, liberándose de las cadenas del pasado y las incertidumbres del futuro.

La rumia mental, la repetición constante de pensamientos sobre eventos pasados o futuros, es una fuente significativa de ansiedad relacionada con el FOMO. La atención plena actúa como un antídoto, ayudando a reducir la rumia mental al dirigir la atención hacia la experiencia presente. Al hacerlo, se interrumpe el ciclo de pensamientos que alimenta la ansiedad sobre lo que podría haber sido o lo que podría ser.

Fomentar la atención plena implica cultivar la aceptación del momento presente tal como es. Al aceptar la realidad actual, se disminuye la lucha interna contra la comparación constante y la presión del FOMO. La atención plena permite abrazar el momento presente sin juzgarlo, liberando la mente de la necesidad de compararse con las representaciones digitales de la vida de los demás.

La práctica de la atención plena también implica desconectar la validación externa como fuente principal de bienestar. En lugar de depender de likes y comentarios para sentirse valioso, la atención plena permite cultivar una conexión interna con la propia valía y autenticidad, reduciendo la presión de compararse constantemente con los demás.

La atención plena no es solo una práctica aislada; es una forma de vida. Integrar la atención plena en la vida diaria implica llevar la conciencia al realizar actividades cotidianas, responder a las interacciones en línea y participar en eventos sociales. Esta integración facilita la reducción de la ansiedad asociada con el FOMO al llevar la atención al presente incluso en el entorno digital.

Tomar momentos para concentrarse en la respiración, sintiendo cada inhalación y exhalación, ayuda a anclar la mente en el presente.

Practicar la observación de pensamientos y emociones sin juzgarlos permite cultivar una relación más equilibrada con la propia experiencia interna y externa.

Establecer momentos específicos del día para desconectar conscientemente de las redes sociales y practicar la atención plena en otras actividades.

Cultivar la gratitud por las experiencias propias y reconocer lo valioso en la vida actual puede contrarrestar la sensación de pérdida asociada al FOMO.

En el teatro digital de las redes sociales, donde el FOMO proyecta sombras de pérdida y comparación, la práctica de la gratitud emerge como un foco de luz transformador. Cultivar la gratitud implica reconocer y apreciar conscientemente las experiencias propias y los aspectos valiosos de la vida actual, contrarrestando así la sensación de pérdida asociada al miedo de perderse algo.

La práctica de la gratitud se centra en cambiar el enfoque de lo que falta a lo que está presente y valioso en la vida actual. En lugar de enfocarse en lo que otros pueden estar experimentando, la gratitud dirige la atención hacia las bendiciones y momentos positivos que se encuentran en el momento presente.

El FOMO a menudo se alimenta de la ilusión de carencia, la creencia de que la propia vida carece de las experiencias emocionantes que otros están viviendo. La práctica de la gratitud desactiva esta ilusión al resaltar y apreciar conscientemente las experiencias únicas y valiosas que forman parte de la propia historia.

Cultivar la gratitud implica una redefinición del éxito personal. En lugar de medir el éxito en términos de eventos destacados compartidos en redes sociales, la gratitud permite reconocer el valor en los logros personales, las relaciones significativas y las pequeñas alegrías diarias que contribuyen a una vida rica y plena.

La práctica de la gratitud se convierte en una fuerza poderosa cuando se integra en la rutina diaria. Mantener un diario de gratitud, donde se registren regularmente las cosas por las que se está agradecido, proporciona un recordatorio tangible de la abundancia presente. Este acto simple pero significativo puede cambiar la perspectiva diaria y contrarrestar la sensación de pérdida asociada al FOMO.

La gratitud se extiende hacia una apreciación consciente de las experiencias propias. En lugar de compararse constantemente con los demás, la práctica de la gratitud invita a celebrar las propias victorias, aprendizajes y momentos de alegría. Este enfoque transformador reduce la sensación de pérdida al reconocer la singularidad y riqueza de la propia vida.

Mantener un diario donde se escriben regularmente tres cosas por las que se está agradecido cada día.

Tomarse un momento al final del día para reflexionar sobre los aspectos positivos y valiosos experimentados durante ese día.

Expresar verbalmente o por escrito el agradecimiento hacia los demás, fortaleciendo las conexiones interpersonales.

Definir metas y prioridades personales ayuda a enfocarse en lo que realmente importa, reduciendo la ansiedad sobre lo que los demás están experimentando.

En el vasto océano digital donde el FOMO puede desencadenar tormentas de ansiedad, el establecimiento de prioridades emerge como una brújula confiable. Definir metas y prioridades personales proporciona un enfoque claro que no solo dirige la atención hacia lo que realmente importa, sino que también actúa como un bálsamo para reducir la ansiedad sobre lo que los demás pueden estar experimentando.

El establecimiento de prioridades comienza con la claridad de propósito. Este proceso implica reflexionar sobre los valores fundamentales, metas personales y lo que se considera significativo en la vida. Al tener una comprensión clara de lo que realmente importa, se crea un filtro que guía las decisiones y acciones en el mundo digital.

El FOMO a menudo surge de la comparación constante con los logros y experiencias de los demás. Establecer prioridades implica cambiar el foco hacia logros y metas personales, creando un sentido de propósito que no se ve afectado por la presión externa. Al enfocarse en el crecimiento personal, la ansiedad sobre las experiencias ajenas se disuelve gradualmente.

El establecimiento de prioridades está intrínsecamente vinculado a la gestión del tiempo. Al asignar tiempo y recursos de manera consciente a actividades y metas que reflejen las prioridades personales, se crea un espacio que protege contra la invasión de la ansiedad generada por el FOMO. Una gestión efectiva del tiempo permite equilibrar la participación en línea con otras actividades valiosas.

Establecer prioridades implica vivir auténticamente de acuerdo con los valores y metas personales. Este enfoque auténtico actúa como un escudo contra las expectativas externas y la necesidad de compararse constantemente con los demás. La autenticidad se convierte en la brújula que guía las interacciones en línea y ayuda a mantener una conexión genuina consigo mismo.

El establecimiento de prioridades también implica una redefinición del éxito. En lugar de medir el éxito en función de la validación digital o la participación en eventos destacados, se redefine el éxito en términos de logros personales, crecimiento y bienestar. Esta redefinición desvincula la valía personal de la comparación constante con los demás.

La autorreflexión regular es una herramienta vital en el establecimiento de prioridades. Tomarse el tiempo para evaluar regularmente las metas, valores y acciones ayuda a mantener la claridad de propósito y ajustar las prioridades según sea necesario. La autorreflexión también proporciona un espacio para reconocer y celebrar los logros personales, reduciendo la ansiedad generada por la percepción de pérdida asociada al FOMO.

Fomentar relaciones significativas fuera de las redes sociales proporciona experiencias compartidas que no están condicionadas por la búsqueda constante de eventos emocionantes.

En el laberinto digital donde el FOMO puede ser una sombra persistente, la creación de conexiones significativas se erige como una fuente de luz genuina. Fomentar relaciones auténticas fuera de las redes sociales no solo proporciona experiencias compartidas, sino que también libera de la búsqueda constante de eventos emocionantes condicionados por la ansiedad de perderse algo.

Las relaciones auténticas, forjadas fuera del ámbito digital, se convierten en un refugio contra la ansiedad del FOMO. Estas conexiones, basadas en la autenticidad y la conexión real, ofrecen experiencias compartidas que no están limitadas por la representación selectiva de la realidad en las redes sociales.

Fomentar conexiones significativas implica desconectarse digitalmente en ciertos momentos para conectar de manera más profunda con quienes nos rodean. La presencia plena en interacciones cara a cara permite construir vínculos más fuertes y auténticos, liberando la necesidad de buscar constantemente la validación digital.

La creación de conexiones significativas se nutre de experiencias compartidas en el mundo real. Participar en actividades, eventos y momentos junto a amigos y seres queridos fuera del espacio digital contribuye a la construcción de recuerdos y la fortificación de relaciones basadas en la realidad y la autenticidad.

Fomentar conexiones significativas implica celebrar la vida offline. En lugar de buscar constantemente experiencias emocionantes en línea, se reconoce y valora la riqueza de las interacciones cotidianas, las conversaciones significativas y los momentos simples pero auténticos que forman parte de la vida diaria.

El FOMO a menudo se alimenta de la percepción de que los demás están viviendo experiencias más emocionantes. Fomentar conexiones significativas implica redescubrir la profundidad relacional en lugar de la amplitud superficial. Valorar la calidad sobre la cantidad en las relaciones contribuye a una sensación de plenitud y satisfacción, reduciendo la ansiedad relacionada con la comparación constante.

Priorizar encuentros en persona para fortalecer relaciones y construir recuerdos compartidos.

Participar en actividades grupales fuera de las redes sociales para fomentar la camaradería y la conexión real.

Establecer momentos específicos para desconectarse conscientemente de las redes sociales y centrarse en las interacciones offline.

Cultivar círculos de apoyo y amistades genuinas que brinden un espacio seguro para compartir experiencias y desafíos.

El FOMO, en la era digital, se convierte en un desafío emocional significativo. Al adoptar estrategias para mitigar esta ansiedad y promover una conexión más consciente con la realidad, se puede trabajar hacia una relación más equilibrada y saludable con las redes sociales y la experiencia digital en general.

4.Desconexión Digital:

En el tumultuoso paisaje digital, donde el FOMO puede ser una tormenta constante, la desconexión digital emerge como un refugio sereno. Reconocer la importancia de periodos regulares de corte digital no solo promueve la salud mental y el bienestar, sino que también ofrece la oportunidad de recargar en un mundo desconectado.

La conexión constante a través de dispositivos digitales puede tener repercusiones significativas en la salud mental. La sobreexposición a las redes sociales, las notificaciones constantes y la presión de mantenerse al día pueden contribuir al agotamiento, la ansiedad y la sensación de estar siempre en alerta.

Vivir en un mundo interconectado tiene sus beneficios, pero la conexión constante a través de dispositivos digitales también arroja una sombra significativa sobre la salud mental. La sobreexposición a las redes sociales, las notificaciones incesantes y la presión de mantenerse al día pueden desencadenar una serie de repercusiones que contribuyen al agotamiento, la ansiedad y la sensación constante de estar en alerta.

La conexión constante a través de dispositivos digitales puede generar fatiga digital, una sensación de cansancio mental y emocional. La continua exposición a la información, actualizaciones y estímulos visuales puede sobrecargar la capacidad cognitiva, contribuyendo al agotamiento y afectando la capacidad de recuperación emocional.

La conexión constante a las redes sociales a menudo está vinculada a una búsqueda constante de validación digital. La necesidad de obtener likes, comentarios y seguidores puede convertirse en una fuente constante de ansiedad, ya que la valía personal llega a depender en gran medida de la aceptación en el ámbito digital.

Las notificaciones constantes, diseñadas para mantener a los usuarios en constante interacción, pueden convertirse en una fuente de estrés crónico. La interrupción constante de notificaciones puede interrumpir la concentración, contribuir a la dispersión mental y aumentar los niveles de ansiedad al crear una sensación de urgencia constante.

La conexión constante también crea una presión significativa para mantenerse al día con la información y las actualizaciones. La sensación de perderse eventos, noticias o experiencias puede generar ansiedad, contribuyendo al fenómeno del "Fear of Missing Out" (FOMO) y alimentando la necesidad compulsiva de estar siempre informado.

La conexión constante a través de dispositivos digitales puede dejar a las personas en un estado de alerta constante. La anticipación de notificaciones, la verificación constante de actualizaciones y la respuesta inmediata a mensajes pueden contribuir a una sensación de estar siempre en guardia, afectando la relajación y la capacidad de desconectar.

En conjunto, la conexión constante puede tener un impacto significativo en la salud mental general. El estrés crónico, la ansiedad digital y la presión constante pueden contribuir a problemas de salud mental, como la fatiga emocional, la baja autoestima y la sensación de desconexión del entorno offline.

La desconexión digital se convierte en un oasis en un entorno digital agitado. Estos periodos proporcionan espacios de tranquilidad donde la mente puede descansar, liberarse de la presión constante y rejuvenecerse. Establecer límites en el tiempo dedicado a las pantallas es esencial para preservar la salud mental y el bienestar emocional.

En medio del bullicio digital, la necesidad de espacios de tranquilidad emerge como una llamada urgente. La desconexión digital no es simplemente un acto de apagar dispositivos; es un oasis en un entorno digital agitado. Estos periodos proporcionan espacios donde la mente puede encontrar calma, liberarse de la presión constante y renovarse. Establecer límites en el tiempo dedicado a las pantallas se convierte en un acto esencial para preservar la salud mental y el bienestar emocional.

La desconexión digital no es un lujo, sino un acto fundamental de autocuidado. Al reservar momentos para desconectar, se crea un espacio sagrado donde la mente puede descansar y rejuvenecerse. Este acto consciente es esencial para contrarrestar los efectos negativos de la conexión constante.

Se convierten en espacios de tranquilidad necesarios para la recuperación mental y emocional. En estos momentos, la mente puede dejar de procesar constantemente información y sumergirse en un estado más relajado, permitiendo así la renovación de recursos cognitivos y emocionales.

Libera a la mente de la presión constante de estar disponible y conectado. La constante estimulación digital puede generar una sensación de agobio y urgencia. Al desconectar, se disuelve esta presión, proporcionando un respiro necesario para el bienestar emocional.

Los espacios de tranquilidad creados por la desconexión digital también son terrenos fértiles para la creatividad. Al liberar la mente de la sobreestimulación digital, se abre espacio para la reflexión profunda, la imaginación y la generación de ideas frescas.

Establecer límites en el tiempo dedicado a las pantallas se vuelve imperativo para preservar el bienestar mental y emocional. Esto implica definir claramente momentos específicos del día o de la semana para desconectar, creando así una rutina que protege contra la saturación digital.

La necesidad de espacios de tranquilidad también implica reconocer la importancia del silencio digital. La constante inundación de información puede crear ruido mental. El silencio digital permite la serenidad y la claridad mental, contribuyendo al equilibrio emocional.

Al igual que el cuerpo necesita descansar para recuperarse, la mente requiere momentos de tranquilidad para procesar, reflexionar y revitalizarse. Establecer límites claros entre el tiempo en línea y fuera de línea permite una gestión más saludable de la relación con la tecnología.

De manera análoga a cómo el cuerpo necesita descanso para recuperarse, la mente también requiere momentos de tranquilidad para procesar, reflexionar y revitalizarse.

Establecer límites claros entre el tiempo en línea y fuera de línea no solo es esencial, sino que representa un paso crucial hacia una gestión más saludable de la relación con la tecnología.

La desconexión ofrece momentos de tranquilidad necesarios para que la mente procese la avalancha de información diaria. En este estado de tranquilidad, la mente puede reflexionar sobre experiencias pasadas, asimilar aprendizajes y abordar pensamientos que pueden haber quedado en segundo plano durante la conectividad constante.

Permite la reflexión consciente sobre la vida y las interacciones, contribuyendo a una revitalización mental. Al liberarse de la presión constante de estar en línea, la mente puede recobrar energía y vigor, lo que se traduce en una mayor capacidad para afrontar desafíos y experiencias.

Establecer límites claros entre el tiempo en línea y fuera de línea se convierte en la base de una relación saludable con la tecnología. Esta práctica no solo protege la salud mental, sino que también establece una dinámica equilibrada, donde la conectividad digital coexiste armoniosamente con momentos de desconexión necesarios.

La desconexión libera a la mente de la presión constante de estar disponible digitalmente. Al desvincularse temporalmente de las demandas digitales, se alivia la carga mental y se proporciona un espacio para respirar y recuperarse. Incorporarla como parte integral de la rutina diaria refuerza la práctica del autocuidado. Establecer momentos específicos del día para desconectar crea un hábito beneficioso que contribuye a la salud mental y al bienestar emocional a largo plazo.

La calidad de las interacciones y experiencias no está determinada por la conexión digital constante. El corte digital ofrece la oportunidad de redefinir el tiempo de calidad, permitiendo momentos de presencia plena sin distracciones digitales. Esto contribuye a relaciones más auténticas, una mayor concentración y una apreciación consciente del entorno.

En un mundo saturado de conectividad digital, redefinir el tiempo de calidad se convierte en un acto revolucionario. La calidad de las interacciones y experiencias no está determinada por la conexión digital constante; más bien, la desconexión digital ofrece la oportunidad de reinventar el tiempo de calidad. Esto permite momentos de presencia plena sin distracciones digitales, contribuyendo a relaciones más auténticas, mayor concentración y una apreciación consciente del entorno.

Redefinir el tiempo de calidad implica reconocer que la verdadera esencia de las experiencias no reside en la conexión digital constante. La calidad de una interacción no se mide por la frecuencia de notificaciones o la atención dividida entre el mundo digital y el mundo real.

La desconexión digital crea un espacio propicio para la presencia plena. Al liberarse de distracciones digitales, se permite la inmersión total en el momento presente. Esto no solo mejora la calidad de las interacciones, sino que también fomenta una conexión más profunda consigo mismo y con los demás.

Al redefinir el tiempo de calidad, se contribuye a la construcción de relaciones auténticas. La atención plena durante las interacciones cara a cara fortalece los lazos emocionales y promueve una conexión genuina. La ausencia de distracciones digitales permite una comunicación más clara y una comprensión más profunda.

La desconexión digital durante momentos clave también conduce a una mayor concentración y productividad. La capacidad de sumergirse en una tarea sin interrupciones constantes mejora la calidad del trabajo y la experiencia, generando un sentido de logro y satisfacción.

Ofrece la oportunidad de apreciar conscientemente el entorno. Al levantar la mirada de las pantallas, se abre espacio para admirar la naturaleza, observar detalles cotidianos y cultivar un sentido renovado de asombro por el mundo que nos rodea.

Redefinir el tiempo de calidad también implica establecer límites claros para preservar la salud mental. La gestión consciente del tiempo en línea y fuera de línea garantiza un equilibrio que protege contra la fatiga digital y la sobreexposición.

Desarrollar hábitos de desconexión implica establecer rutinas que incluyan momentos regulares de pausa digital. Esto puede incluir desconectar dispositivos durante las comidas, antes de acostarse o durante actividades específicas. La consistencia en la práctica fortalece la capacidad de la mente para disfrutar de momentos sin la constante necesidad de validación digital.

En la danza constante entre lo digital y lo analógico, desarrollar hábitos de desconexión se erige como una forma de arte. Estos hábitos no son simples pausas, sino rituales que incorporamos en nuestras vidas cotidianas para nutrir la salud mental y emocional. Implica establecer rutinas que incluyan momentos regulares de pausa digital, creando así un espacio sagrado para la autenticidad y la reflexión. La consistencia en la práctica no solo fortalece la capacidad de la mente para disfrutar de momentos sin la constante necesidad de validación digital, sino que también cultiva una relación más equilibrada con la tecnología.

Desarrollar hábitos de desconexión comienza con la adopción de pausas digitales deliberadas. Establecer momentos específicos durante el día para desconectar conscientemente dispositivos crea un hábito arraigado en la intención y el autocuidado.

La consistencia en la práctica implica incorporar la desconexión en momentos clave. Desconectar durante las comidas, antes de acostarse o durante actividades específicas permite una inmersión total en experiencias offline, promoviendo una mayor apreciación del presente.

Desarrollar hábitos implica convertir la aquella en un ritual sagrado. Establecer un proceso regular, como apagar dispositivos, crear un espacio tranquilo o practicar la atención plena, crea una transición consciente hacia el desengarse, alejándose gradualmente del bullicio digital.

Incorporar áreas o momentos libres de tecnología en la rutina diaria contribuye al desarrollo de hábitos de desconexión. Estos espacios proporcionan refugios donde la mente puede descansar y rejuvenecerse sin la constante estimulación digital.

Desarrollar hábitos también implica reconocer la necesidad de descanso digital. La mente requiere momentos de tranquilidad para procesar, reflexionar y revitalizarse. Este reconocimiento es fundamental para cultivar una relación equilibrada y saludable con la tecnología.

La consistencia en la práctica del desenchufle fomenta la resiliencia mental. Al fortalecer la capacidad de la mente para disfrutar de momentos sin validación digital constante, se reduce la dependencia emocional de la conexión en línea, promoviendo así una relación más equilibrada y saludable con la tecnología.

El corte digital reduce la sobreestimulación y permite que la mente se relaje, disminuyendo los niveles de estrés.

En el torbellino constante de notificaciones y actualizaciones digitales, emerge como un bálsamo esencial para la reducción del estrés. Este acto consciente de liberar la mente de la sobreestimulación digital permite un espacio donde la mente puede relajarse, disminuyendo los niveles de estrés y generando un respiro necesario en la vorágine digital.

La vida digital contemporánea a menudo expone a la mente a una sobreestimulación constante. Las notificaciones, mensajes y la constante atención a las pantallas pueden generar una presión abrumadora, contribuyendo a niveles elevados de estrés.

El corte digital actúa como un respiro necesario. Al apagar dispositivos y apartarse de la constante corriente de información digital, la mente encuentra un espacio donde puede descansar y recuperarse. Este acto proporciona un alivio inmediato de la sobreestimulación, permitiendo que la tensión acumulada se disipe.

La sobreestimulación constante puede generar una tensión mental sostenida. La desconexión digital facilita la disminución de esta tensión, permitiendo que la mente se relaje y encuentre un estado más equilibrado. Este proceso contribuye a una sensación general de bienestar y calma.

Esta también implica la creación de espacios de tranquilidad en medio del bullicio digital. Estos momentos de pausa ofrecen a la mente la oportunidad de liberarse de las demandas digitales, lo que resulta en una disminución significativa de la presión mental y emocional.

La reducción del estrés a través de la desconexión digital también se traduce en mejoras en la calidad del sueño. Al liberar la mente de la estimulación constante antes de acostarse, se facilita la transición hacia un estado de relajación propicio para un sueño reparador.

No solo reduce el estrés de manera inmediata, sino que también fomenta una mentalidad equilibrada a largo plazo. Al incorporar hábitos regulares de desconexión, se establece un patrón que contribuye a la gestión efectiva del estrés en el entorno digital.

Limitar la exposición a pantallas antes de acostarse mejora la calidad del sueño y favorece un descanso más reparador.

En el tranquilo crepúsculo antes de sumergirse en el sueño, se erige como un ritual esencial para mejorar la calidad del descanso nocturno. Limitar la exposición a pantallas antes de acostarse no solo es un acto de autocuidado, sino también un catalizador para favorecer un sueño más profundo y reparador.

Las pantallas emiten luz azul, que puede interferir con la producción de melatonina, la hormona del sueño. Limitar la exposición a esta luz artificial antes de acostarse contribuye a la regulación del ritmo circadiano, facilitando una transición más suave hacia el sueño.

El corte digital se convierte en una preparación consciente para el sueño. Apagar dispositivos electrónicos al menos una hora antes de acostarse crea un espacio donde la mente puede desacelerar, liberándose de la estimulación constante y permitiendo que la relajación tome el control.

La exposición continua a pantallas antes de dormir puede dejar a la mente en un estado de alerta, dificultando la transición hacia el sueño. La desconexión digital facilita una transición más tranquila, preparando la mente para sumergirse en un estado de descanso más profundo.

La sobreestimulación mental antes de acostarse puede contribuir a la dificultad para conciliar el sueño. Al limitar la exposición a pantallas, se reduce la estimulación mental, permitiendo que la mente se calme gradualmente y se prepare para el reposo nocturno.

El corte digital también implica la creación de un entorno propicio para el sueño. Apagar dispositivos electrónicos significa eliminar fuentes de distracción y estimulación visual en el espacio donde descansamos, facilitando un ambiente más relajado y adecuado para conciliar el sueño.

La mejora del sueño a través de apagar los aparatos digitales no solo se refleja en la facilidad para quedarse dormido, sino también en la calidad general del sueño. Un sueño menos interrumpido y más reparador contribuye a un despertar más fresco y revitalizado.

La desconexión digital mejora la capacidad de concentración y enfoque en tareas sin distracciones constantes. En el torrente constante de notificaciones y distracciones digitales, esta emerge como un potente aliado para mejorar la concentración. Este acto consciente no solo libera la mente de las interrupciones constantes, sino que también proporciona un espacio donde la atención puede fluir sin obstáculos, elevando así la capacidad de concentración y enfoque en tareas específicas.

La constante presencia de dispositivos digitales y la incesante lluvia de notificaciones pueden fragmentar la concentración, haciendo que sea difícil sumergirse completamente en una tarea.

La desconexión digital se convierte en una liberación de la estimulación constante que caracteriza la vida digital moderna. Al apagar temporalmente dispositivos electrónicos, se crea un entorno donde la mente puede concentrarse sin las interrupciones digitales que suelen fragmentar la atención.

El corte digital facilita el enfoque profundo en tareas específicas. Al liberar la mente de la necesidad de responder a notificaciones o consultar constantemente dispositivos, se permite una inmersión total en la tarea presente, mejorando así la calidad del trabajo y la productividad.

La desconexión no solo se trata de eliminar distracciones externas, sino también de crear un espacio interno para la reflexión profunda. Este espacio permite que la mente explore ideas de manera más completa, contribuyendo a una comprensión más profunda y a la generación de soluciones creativas.

La mejora en la concentración también se traduce en una mayor capacidad para la resolución de problemas. Al poder sumergirse completamente en el proceso de resolución, la mente puede abordar desafíos con una claridad y perspicacia renovadas.

La desconexión digital fomenta el desarrollo de hábitos de trabajo más sostenibles. Establecer momentos específicos para desconectar y enfocarse en el trabajo crea un equilibrio saludable entre la productividad y el descanso, contribuyendo a una rutina laboral más eficiente y equilibrada.

La atención plena en las interacciones cara a cara fortalece las relaciones y contribuye a una conexión más profunda con los demás.

En el tapiz complejo de las interacciones humanas, el corte digital se convierte en el hilo que teje relaciones más fuertes y significativas. La atención plena en las interacciones cara a cara se erige como un medio poderoso para fortalecer los lazos y contribuir a una conexión más profunda con los demás. Al apartarse de las pantallas y sumergirse por completo en el momento presente, se crea un espacio donde las relaciones pueden florecer con autenticidad y genuinidad.

La atención plena en las interacciones cara a cara implica estar completamente presente en el momento sin distracciones digitales. Esta práctica fortalece la conexión emocional y permite una comprensión más profunda de las emociones y necesidades de los demás.

El corte digital elimina las distorsiones que la pantalla puede introducir en las interacciones. Al apartarse de las representaciones digitales y experimentar las expresiones faciales, tonos de voz y lenguaje corporal en persona, se establece una base más sólida para la comprensión mutua.

La atención plena fomenta la empatía en las relaciones. Al estar completamente presente en las experiencias y emociones del otro, se desarrolla una conexión empática que fortalece los lazos emocionales y contribuye a un sentido más profundo de comprensión mutua.

Las interacciones sin distracciones digitales permiten la creación de recuerdos auténticos. Al estar completamente inmersos en el momento presente, se construyen experiencias compartidas que tienen un impacto más duradero en la memoria y en la conexión emocional.

Al eliminar la barrera de las pantallas, se facilita una expresión más directa y honesta de pensamientos y sentimientos, promoviendo así una comunicación auténtica y abierta.

La atención plena en las interacciones cara a cara contribuye al desarrollo de relaciones sostenibles. Al invertir tiempo y energía en construir conexiones significativas sin la interferencia constante de dispositivos electrónicos, se establecen lazos más duraderos y significativos.

5.Inteligencia Artificial y Emociones

La integración cada vez más profunda de la inteligencia artificial (IA) en nuestras vidas ha dado paso a un fascinante campo de estudio: la interacción entre la IA y nuestras emociones. Más allá de ser simplemente herramientas tecnológicas, los sistemas de inteligencia artificial ahora pueden desencadenar respuestas emocionales, influir en nuestras percepciones y, en última instancia, moldear la manera en que experimentamos el mundo digital. La interacción con sistemas de inteligencia artificial puede afectar nuestras emociones y redefinir nuestra comprensión de la tecnología.

A medida que la IA se vuelve más sofisticada, surge la pregunta de si las máquinas pueden comprender y responder a nuestras emociones. Desde asistentes virtuales que interpretan el tono de voz hasta algoritmos que analizan expresiones faciales, la IA busca no solo entender nuestras emociones, sino también responder de manera empática.

En la era de la inteligencia artificial (IA) avanzada, nos encontramos en un terreno donde las máquinas no solo procesan datos, sino que también aspiran a comprender y responder a nuestras emociones. Desde los primeros asistentes virtuales hasta los algoritmos de análisis de expresiones faciales, la IA se embarca en un viaje para interpretar el complejo lenguaje emocional humano y, lo que es más intrigante, ofrecer respuestas empáticas. ¿Cómo están evolucionando estas máquinas en el terreno de la emoción?

Los asistentes virtuales, desde los que residen en nuestros teléfonos hasta aquellos que decoran nuestros hogares, buscan ir más allá de simples respuestas programadas. La IA ahora explora la interpretación del tono de voz, reconociendo matices y patrones que revelan emociones subyacentes. Esta capacidad permite que las máquinas se ajusten no solo al contenido de nuestras preguntas, sino también a la carga emocional detrás de ellas.

En el reino de la inteligencia artificial, los algoritmos de análisis facial se destacan como arquitectos de emociones digitales. Estas herramientas pueden desentrañar las sutilezas de las expresiones faciales, identificando alegría, tristeza, sorpresa y más. A medida que la IA avanza en este dominio, la capacidad de las máquinas para leer nuestras emociones se vuelve cada vez más refinada.

No se trata solo de reconocer nuestras emociones; la IA también busca responder de manera empática. Desde proporcionar consuelo en momentos difíciles hasta celebrar éxitos con entusiasmo digital, las máquinas están siendo programadas para no solo comprender nuestras emociones, sino también participar en un diálogo emocional que va más allá de la simple transacción de información.

A pesar de estos avances, el desafío radica en la autenticidad emocional de las respuestas de la IA. ¿Pueden las máquinas realmente sentir empatía o están simulando respuestas emocionales basadas en patrones predefinidos? Este dilema plantea preguntas fundamentales sobre la naturaleza de la empatía y la autenticidad en el mundo digital.

A medida que las máquinas se adentran en el terreno emocional, las implicaciones éticas se vuelven cruciales. ¿Cómo gestionamos la privacidad emocional en un mundo donde las máquinas pueden interpretar nuestras emociones más íntimas? La ética de la inteligencia artificial empática se convierte en un terreno de reflexión imperativo.

La interacción constante con sistemas de IA está comenzando a influir en nuestras percepciones. ¿Cómo nos afecta emocionalmente un asistente virtual que responde de manera amigable? ¿Y cómo reaccionamos cuando un algoritmo personaliza nuestras experiencias digitales basándose en nuestras emociones pasadas? La IA se convierte en un espejo que refleja y, en algunos casos, moldea nuestras emociones digitales.

En la inmersión constante en el mundo digital y la interacción diaria con sistemas de inteligencia artificial (IA), emergen preguntas cruciales sobre cómo estas experiencias están dando forma a nuestras percepciones y emociones. Desde asistentes virtuales hasta algoritmos personalizados, la IA se convierte en un reflejo y, en algunos casos, en un molde de nuestras experiencias emocionales digitales.

La respuesta emocional a asistentes virtuales amigables o interfaces conversacionales va más allá de la simple utilidad. Cuando una máquina responde con empatía o amabilidad, evoca respuestas emocionales en los usuarios. La interacción positiva con estas interfaces puede generar una conexión emocional, alterando la percepción del usuario sobre la tecnología y, por extensión, sobre su entorno digital.

Los algoritmos que personalizan nuestras experiencias digitales basándose en emociones pasadas representan un hito significativo. La IA analiza nuestro historial emocional, adapta el contenido y las interacciones según nuestras respuestas anteriores. ¿Cómo nos afecta emocionalmente una interfaz que reconoce y responde a nuestras preferencias emocionales? Este nivel de personalización puede generar una conexión más profunda o, en algunos casos, plantear inquietudes sobre la invasión de la privacidad emocional.

La IA actúa como un espejo que refleja nuestras emociones digitales. ¿Cómo reaccionamos cuando una máquina captura y refleja nuestras emociones en tiempo real? La intersección entre nuestra vida emocional y la tecnología plantea preguntas sobre la autenticidad de estas interacciones y el impacto en nuestra percepción de la realidad digital.

La IA no solo refleja nuestras emociones, sino que también participa en la creación y moldeo de nuestra narrativa emocional digital. La forma en que las máquinas responden, sugieren contenido y adaptan experiencias influye en la forma en que recordamos y procesamos nuestras experiencias digitales, contribuyendo a la construcción de nuestra identidad emocional en línea.

A medida que la IA se involucra en la esfera emocional, surgen desafíos éticos y de privacidad. ¿Hasta qué punto estamos dispuestos a permitir que la tecnología acceda y utilice nuestras emociones para personalizar nuestras experiencias?

A medida que los sistemas de IA avanzan en la comprensión emocional, la línea entre la asistencia técnica y la empatía artificial se vuelve más tenue. ¿Puede un robot o un programa de chat mostrar empatía genuina? ¿Hasta qué punto nuestras emociones pueden ser influenciadas por estas interacciones digitales aparentemente empáticas?

En la era de la inteligencia artificial, la búsqueda de empatía en las interacciones digitales ha llevado a sistemas avanzados de asistencia digital. A medida que estos sistemas evolucionan en su comprensión emocional, surge una pregunta fundamental: ¿puede un programa de chat o un robot mostrar empatía genuina? Y, en consecuencia, ¿hasta qué punto nuestras emociones pueden ser influenciadas por estas interacciones digitales aparentemente empáticas?

Los sistemas de asistencia digital están avanzando más allá de la mera prestación de servicios técnicos para abordar la esfera emocional. Desde chatbots hasta asistentes virtuales, la IA busca comprender no solo nuestras solicitudes, sino también el tono emocional subyacente. Esta evolución plantea la posibilidad de empatía artificial, donde las máquinas no solo reconocen, sino que también responden a nuestras emociones.

A medida que los programas de chat y los robots se esfuerzan por mostrar empatía, surge la pregunta crítica de si esta respuesta es genuina o simplemente simulada. La empatía genuina implica la comprensión y conexión emocional real, mientras que la empatía simulada implica respuestas programadas basadas en patrones predefinidos. Navegar por esta línea delgada se convierte en un desafío ético y técnico.

La interacción con sistemas que aparentan empatía puede tener un impacto significativo en nuestras emociones. ¿Hasta qué punto las respuestas empáticas de un asistente virtual pueden influir en nuestro estado de ánimo o percepción? La capacidad de las máquinas para modular nuestras emociones plantea interrogantes sobre la autenticidad de estas experiencias emocionales y su impacto a largo plazo.

A pesar de los avances, la empatía artificial tiene sus límites. La verdadera comprensión de las complejidades emocionales humanas va más allá de la capacidad actual de la IA. La empatía artificial puede ofrecer consuelo, pero ¿puede realmente comprender el dolor, la alegría o la complejidad de nuestras experiencias emocionales de la misma manera que lo haría otro ser humano?

La introducción de la empatía artificial plantea desafíos éticos y la necesidad de regulaciones claras. ¿Cómo protegemos a los usuarios de la manipulación emocional por parte de sistemas digitales? ¿Cuáles son los límites éticos de diseñar programas que aparentan comprender y responder a nuestras emociones?

En este territorio donde la empatía artificial se encuentra con la asistencia digital, exploramos las complejidades de estas interacciones emocionales. ¿Puede la IA alcanzar un nivel de empatía genuina, o siempre estaremos frente a una simulación programada? Estas preguntas son centrales para comprender el futuro de las interacciones emocionales entre humanos y máquinas.

Con la conexión emocional entre humanos y máquinas, también surgen riesgos y desafíos. ¿Cómo protegemos nuestra privacidad emocional en un mundo donde la IA puede analizar nuestras reacciones y emociones? ¿Y qué sucede cuando la IA malinterpreta o manipula nuestras emociones, ya sea por error o intencionalidad?

A medida que la inteligencia artificial se sumerge en el terreno emocional, se presentan una serie de riesgos y desafíos que impactan directamente en nuestra privacidad y bienestar emocional. ¿Cómo protegemos nuestra privacidad emocional en un mundo donde la IA puede analizar nuestras reacciones y emociones? ¿Y qué sucede cuando la IA malinterpreta o manipula nuestras emociones, ya sea por error o intencionalidad?

La analítica emocional de la IA plantea la preocupación central de la privacidad emocional. ¿Hasta qué punto estamos dispuestos a permitir que las máquinas accedan y utilicen datos sobre nuestras emociones? La información emocional puede ser tan íntima como sensible, lo que lleva a la necesidad crítica de salvaguardar nuestra privacidad en el ámbito emocional.

La IA, aunque avanzada, enfrenta el desafío de interpretar las emociones humanas con precisión. ¿Qué sucede cuando la máquina malinterpreta nuestras emociones y toma decisiones basadas en esa interpretación errónea? Este riesgo de malentendidos puede tener consecuencias significativas, desde recomendaciones inadecuadas hasta respuestas emocionales inapropiadas.

La posibilidad de que la IA manipule consciente o inconscientemente nuestras emociones plantea cuestionamientos éticos sustanciales. ¿Hasta qué punto es aceptable que las máquinas influyan en nuestro estado emocional? La manipulación emocional, ya sea por diseño o accidente, podría tener efectos duraderos en nuestra salud mental y bienestar emocional.

La manipulación emocional puede ser deliberada, donde los diseñadores de la IA buscan influir en las emociones del usuario para lograr un objetivo específico. También puede ocurrir de manera accidental, como resultado de algoritmos complejos que interpretan mal las señales emocionales. Ambas situaciones plantean preguntas éticas sobre la responsabilidad y la intención detrás de la manipulación emocional.

La pregunta fundamental radica en hasta qué punto es aceptable que las máquinas influyan en nuestro estado emocional. La influencia moderada puede mejorar la experiencia del usuario, pero ¿dónde trazamos la línea entre la mejora y la manipulación indebida? Establecer límites éticos claros se vuelve esencial para evitar el abuso de poder emocional por parte de la IA.

La manipulación emocional, ya sea intencionada o no, podría tener consecuencias duraderas en la salud mental y el bienestar emocional de los individuos. La exposición constante a experiencias emocionales manipuladas podría afectar la estabilidad emocional a largo plazo, contribuyendo a problemas como la ansiedad, la depresión o la disminución de la autoestima.

El consentimiento informado se vuelve esencial en la interacción con sistemas de IA que pueden influir en nuestras emociones. Los usuarios deben ser conscientes de cómo la IA utilizará sus datos emocionales y tener la capacidad de dar o retirar su consentimiento. La transparencia en el diseño y la comunicación clara sobre las intenciones emocionales de la IA son elementos fundamentales de la ética en este contexto.

La ética de la manipulación emocional por la IA requiere una evaluación continua y reflexiva. A medida que la tecnología avanza y los límites éticos se desafían, es imperativo que la comunidad científica, los desarrolladores y los reguladores revisen y actualicen las pautas éticas para garantizar prácticas responsables y respetuosas.

La manipulación emocional indebida puede erosionar la confianza de los usuarios en la IA y en la tecnología en general. La pérdida de confianza podría tener consecuencias significativas para la adopción de tecnologías emocionales, lo que destaca la importancia de establecer prácticas éticas sólidas para preservar la confianza del usuario.

En última instancia, la ética de la manipulación emocional por la IA requiere una cuidadosa consideración de las implicaciones a corto y largo plazo. Establecer normas éticas sólidas, promover la transparencia y asegurar el consentimiento informado son pasos críticos para garantizar que la influencia emocional de la IA sea ética, respetuosa y beneficiosa para la salud mental y el bienestar emocional de las personas.

Los algoritmos de IA, entrenados en grandes conjuntos de datos, pueden heredar sesgos y discriminación presentes en esos datos. ¿Cómo evitamos que la IA refleje y perpetúe prejuicios emocionales? El riesgo de discriminación basada en emociones plantea preguntas sobre la equidad y la imparcialidad en la aplicación de la inteligencia artificial.

La regulación y la transparencia se vuelven imperativas para abordar estos riesgos. ¿Cómo establecemos estándares éticos para la aplicación de la IA en el ámbito emocional? La necesidad de regulaciones claras que rijan el uso de la inteligencia artificial en el terreno emocional se convierte en una prioridad para proteger los derechos y la privacidad de los usuarios.

La concientización y la educación son clave para empoderar a los usuarios y creadores de tecnología. ¿Cómo podemos asegurarnos de que las personas comprendan los riesgos asociados con la analítica emocional y exijan transparencia en el diseño de sistemas de IA? La educación sobre los límites y las implicaciones éticas es esencial para una adopción informada de la tecnología emocional.

En este panorama complejo, exploramos los riesgos y desafíos que surgen con la conexión emocional entre humanos y máquinas. Proteger nuestra privacidad emocional y abordar los posibles peligros de malentendidos y manipulación se convierte en un imperativo ético a medida que avanzamos hacia un futuro donde la inteligencia artificial tiene un papel más profundo en nuestras vidas emocionales.

A medida que nos aventuramos en este territorio emocionalmente cargado, surge la necesidad de explorar y establecer pautas éticas para la inteligencia artificial. ¿Cuáles son los límites éticos de la influencia emocional de la IA? ¿Cómo garantizamos que las máquinas respeten y comprendan las complejidades de nuestras emociones sin cruzar límites éticos?

A medida que la inteligencia artificial (IA) se sumerge en el terreno emocional, surge una imperativa necesidad de explorar y establecer pautas éticas para garantizar un uso responsable y respetuoso de estas tecnologías. ¿Cuáles son los límites éticos de la influencia emocional de la IA? ¿Cómo garantizamos que las máquinas respeten y comprendan las complejidades de nuestras emociones sin cruzar límites éticos?

La autenticidad emocional se convierte en un pilar ético fundamental. Las máquinas deben ser transparentes sobre la naturaleza de su comprensión emocional y la capacidad de mostrar empatía. ¿Cómo evitamos que la IA simule emociones sin una verdadera comprensión? La transparencia en el diseño y la comunicación clara sobre las limitaciones de la IA son esenciales para construir una relación de confianza con los usuarios.

En el contexto de la inteligencia artificial emocional, la transparencia se convierte en un pilar fundamental para construir una relación de confianza entre los usuarios y las máquinas. A continuación, exploramos cómo garantizar que la IA no simule emociones sin una verdadera comprensión y la importancia de la transparencia en el diseño.

La transparencia comienza con una comunicación clara y accesible sobre la capacidad de la IA para comprender y expresar emociones. Los diseñadores y desarrolladores deben utilizar un lenguaje comprensible para los usuarios, evitando jergas técnicas que puedan generar confusiones.

Es esencial que la IA revele abiertamente sus limitaciones y alcances en la comprensión emocional. Los usuarios deben comprender las áreas en las que la máquina puede ser efectiva y aquellas en las que puede tener dificultades. Esta revelación honesta contribuye a una comprensión realista de las capacidades de la IA.

La simulación implica replicar un proceso de manera fidedigna, mientras que el simulacro es una imitación que puede no comprender completamente el proceso. Es crucial asegurarse de que la IA no simule emociones sin una verdadera comprensión. La transparencia sobre el hecho de que la máquina no "siente" emociones, sino que responde a patrones, es vital para evitar malentendidos.

La transparencia también se extiende al proceso de toma de decisiones de la IA en el ámbito emocional. Los usuarios deben comprender cómo la máquina interpreta las señales emocionales, cómo llega a sus respuestas y qué datos utiliza para ajustar sus interacciones. Esta revelación de detalles técnicos puede aumentar la confianza y la comprensión.

Los sistemas de IA evolucionan con el tiempo a medida que se actualizan y mejoran. Los usuarios deben ser informados sobre las actualizaciones y cambios en la comprensión emocional de la máquina. La transparencia en torno a la mejora continua refuerza la idea de que la IA está en constante desarrollo y adaptación.

La transparencia también implica la incorporación del feedback del usuario en el proceso de mejora de la IA. Los usuarios deben sentir que sus opiniones y experiencias son valoradas y consideradas en las actualizaciones del sistema. Esto fortalece la relación de colaboración entre usuarios y diseñadores de la IA.

La transparencia debe ir de la mano con un enfoque ético y responsable en el diseño y uso de la IA emocional. Destacar los valores éticos que guían el desarrollo de la tecnología refuerza el compromiso con principios morales sólidos.

La transparencia en la inteligencia artificial emocional es esencial para construir una relación de confianza y comprensión entre los usuarios y las máquinas. A través de una comunicación clara, la revelación de limitaciones y alcances, y un énfasis en la ética, podemos mitigar la simulación emocional indebida y fomentar una interacción más informada y ética con la tecnología.

La influencia emocional de la IA plantea la necesidad de obtener consentimiento informado. ¿Estamos dispuestos a permitir que las máquinas accedan y utilicen nuestras emociones para personalizar nuestras interacciones digitales? La ética exige que los usuarios estén plenamente informados sobre cómo se utilizarán sus datos emocionales y que tengan la capacidad de dar o retirar su consentimiento.

El diseño de la IA debe establecer límites éticos claros en la manipulación emocional. ¿Hasta qué punto es aceptable que las máquinas influyan en nuestro estado emocional? La ética prohíbe la manipulación emocional con fines perjudiciales o engañosos, asegurando que la influencia de la IA se utilice para mejorar la experiencia del usuario sin causar daño.

La equidad y la ausencia de sesgo son consideraciones éticas cruciales. ¿Cómo evitamos que los algoritmos de IA reflejen y perpetúen prejuicios emocionales? Garantizar que la IA sea equitativa y no discrimine emocionalmente se vuelve esencial para salvaguardar los derechos y la dignidad de todos los usuarios.

La responsabilidad en el desarrollo y aplicación de la IA recae en los creadores y supervisores humanos. ¿Cómo aseguramos que las máquinas sean utilizadas para el bien común y no para fines perjudiciales? La ética exige una supervisión humana continua y la capacidad de intervenir en caso de comportamientos inapropiados o consecuencias no deseadas.

La diversidad emocional de los usuarios debe ser respetada y considerada. ¿Cómo garantizamos que la IA no perpetúe estereotipos emocionales y respete la variedad de respuestas emocionales humanas? La ética demanda que las máquinas sean sensibles a la diversidad emocional y eviten generalizaciones que puedan marginar a grupos específicos.

En este terreno éticamente complejo, la inteligencia artificial emocional requiere una atención cuidadosa para garantizar que su influencia se aplique de manera ética y responsable. Establecer pautas éticas sólidas es esencial para salvaguardar la privacidad, la equidad y la autenticidad emocional en un mundo donde la IA juega un papel cada vez más profundo en nuestras experiencias emocionales.

6.Comparación Social en Línea:

La comparación social en línea ha emergido como una tendencia significativa en la era digital, donde las plataformas sociales proporcionan constantemente una ventana a las vidas de los demás. Este fenómeno lleva consigo diversas consecuencias psicológicas que merecen una atención detenida y reflexiva.

En la interconexión digital de la era moderna, la comparación social en línea se ha convertido en un fenómeno omnipresente, delineando una narrativa social que se despliega en las plataformas digitales. Este análisis busca examinar tanto las tendencias como las repercusiones psicológicas que surgen de esta práctica tan común en la era digital.

Las plataformas sociales actúan como ventanas virtuales que ofrecen vislumbres de las vidas ajenas. Este acceso constante a las experiencias y logros de los demás crea un terreno fértil para la comparación social, ya que los individuos se encuentran inmersos en una avalancha constante de información sobre la vida de los demás.

Las redes sociales, diseñadas para compartir momentos y experiencias, se convierten en herramientas de construcción de narrativas digitales. La tendencia a destacar los aspectos positivos y exitosos de la vida crea una representación sesgada que puede distorsionar la realidad, generando expectativas poco realistas.

La comparación social en línea puede tener un impacto significativo en la autoestima y la autoevaluación. La constante evaluación de la propia vida en relación con los estándares percibidos puede dar lugar a sentimientos de insuficiencia, llevando a una autopercepción negativa y a la sensación de no cumplir con las expectativas digitales.

La búsqueda de validación en forma de likes, comentarios y seguidores puede generar ansiedad por el rendimiento digital. La medida de la valía personal basada en la recepción de aprobación en línea puede crear una presión constante para mantener una imagen positiva, contribuyendo a niveles elevados de estrés digital.

La brecha entre la realidad y la representación en línea puede llevar a una desconexión de la realidad. La comparación constante puede distorsionar la percepción de la vida real, haciendo que las personas se centren más en la construcción de una imagen digital idealizada en lugar de vivir experiencias auténticas.

Es imperativo fomentar estrategias de afrontamiento saludables para contrarrestar los efectos negativos de la comparación social en línea. La promoción de la autoaceptación, el establecimiento de límites en el tiempo dedicado a las redes sociales y la conciencia sobre los filtros digitales son estrategias clave para cultivar una relación más equilibrada con las plataformas digitales.

Al reconocer los desafíos asociados con la comparación social en línea, se impulsa hacia la creación de una cultura digital más positiva y compasiva. La empatía digital y el apoyo mutuo pueden contrarrestar los efectos perjudiciales, promoviendo un entorno en línea que celebre la autenticidad y la diversidad de experiencias.

La comparación social en línea, aunque arraigada en la era digital, puede abordarse desde una perspectiva informada y equilibrada. Al comprender sus tendencias y consecuencias psicológicas, podemos trabajar hacia un uso más consciente y saludable de las plataformas digitales en la búsqueda de una conexión auténtica en el mundo en línea.

En un entorno digital saturado de información sobre la vida de los demás, la comparación constante se convierte en una respuesta casi inevitable. Las redes sociales, diseñadas para compartir momentos destacados, también exponen a los usuarios a logros, experiencias y estilos de vida de otros, alimentando la necesidad de evaluar constantemente nuestras propias vidas en comparación.

En la era digital, el fenómeno de la comparación constante se erige como una corriente subyacente, tejida hábilmente en el tejido de las interacciones en línea. Este fenómeno, inherente a la naturaleza de las redes sociales, ejerce una influencia significativa en la percepción individual y la autoevaluación.

El entorno digital contemporáneo se caracteriza por una saturación abrumadora de información sobre las vidas de los demás. Las plataformas sociales, diseñadas para compartir momentos destacados, ofrecen una visión detallada de los logros, eventos y experiencias de los usuarios. En este escenario, la comparación constante surge como una respuesta natural a la exposición continua a estas narrativas digitales.

Las redes sociales se convierten en escenarios digitales donde los individuos exhiben momentos culminantes de sus vidas. Las imágenes cuidadosamente seleccionadas y las actualizaciones estratégicas construyen narrativas que a menudo resaltan los aspectos más positivos y exitosos. Esta exhibición digital fomenta la comparación constante al ofrecer una ventana a vidas que parecen excepcionales.

La exposición constante a logros y experiencias de otros alimenta la necesidad humana inherente de evaluarse en relación con los demás. La comparación constante se convierte en un mecanismo para medir el propio progreso, felicidad y éxito en comparación con las vidas presentadas digitalmente, generando un ciclo perpetuo de evaluación y ajuste.

La dualidad de las experiencias en línea, donde se comparten tanto los triunfos como los desafíos, puede intensificar la comparación constante. Aunque se presenten dificultades, la atención tiende a centrarse en los aspectos positivos, contribuyendo a una percepción distorsionada de la realidad y elevando la presión para igualar los estándares aparentemente elevados.

La constante comparación puede tener repercusiones significativas en la autoestima. Las percepciones distorsionadas basadas en la comparación constante pueden conducir a sentimientos de insuficiencia, generando un ciclo de autorreflexión negativa que impacta directamente en la autoimagen y la confianza.

La clave para navegar por las corrientes digitales de la comparación constante reside en la conciencia. Reconocer la naturaleza selectiva de las representaciones en línea y entender que la realidad va más allá de lo que se presenta digitalmente son pasos cruciales. La autoaceptación y la focalización en el crecimiento personal, en lugar de la comparación constante, son fundamentales para mantener un equilibrio saludable en la era digital.

En conclusión, la comparación constante, alimentada por la abundancia de información en línea, es una dinámica inherente a las interacciones digitales. Comprender este fenómeno y cultivar la conciencia son elementos esenciales para mitigar sus impactos negativos y promover una relación más equilibrada con las plataformas digitales.

Las plataformas sociales, utilizadas como herramientas de autopresentación, a menudo se convierten en escenarios donde se construyen y presentan versiones idealizadas de la vida. Las imágenes cuidadosamente seleccionadas y las actualizaciones positivas contribuyen a la formación de una realidad digital que puede ser distorsionada y poco realista.

En el vasto paisaje de las redes sociales, la construcción de realidades idealizadas se erige como un fenómeno digital complejo que influye en la percepción colectiva de la realidad. Explorar cómo las plataformas sociales se convierten en escenarios digitales para la autopresentación permite comprender las dinámicas detrás de las versiones idealizadas de la vida que se proyectan en línea.

Las plataformas sociales actúan como herramientas de autopresentación, permitiendo a los usuarios seleccionar y compartir los aspectos que desean destacar de sus vidas. Esta capacidad de selección crea un lienzo digital donde las experiencias se presentan de manera consciente, permitiendo la creación de narrativas que a menudo destacan los momentos más positivos y triunfantes.

En lugar de reflejar la totalidad de la experiencia humana, las plataformas sociales se convierten en escenarios digitales donde se exaltan los momentos culminantes. Las imágenes cuidadosamente seleccionadas, las actualizaciones estratégicas y la curaduría de contenido contribuyen a la creación de una narrativa digital que busca capturar la atención y generar aprobación.

La presentación selectiva de momentos positivos contribuye a la distorsión de la realidad. Las vidas presentadas en línea pueden parecer idílicas y desprovistas de desafíos cotidianos, creando una brecha entre la realidad digital y la experiencia humana completa. Esta distorsión alimenta la creación de realidades idealizadas que pueden ser percibidas como inalcanzables por aquellos que las observan.

La construcción de realidades idealizadas impone una presión sutil pero persistente del perfeccionismo digital. Los usuarios pueden sentir la necesidad de mantener una imagen impecable en línea, temiendo mostrar vulnerabilidades o aspectos menos glamorosos de sus vidas. Esta presión contribuye a la perpetuación de narrativas que resaltan los éxitos y minimizan los desafíos.

La exposición constante a realidades idealizadas puede tener un impacto directo en la percepción individual. La comparación con las vidas aparentemente perfectas presentadas en línea puede generar sentimientos de insuficiencia, contribuyendo a una autoevaluación negativa y a la creencia errónea de que la felicidad y el éxito son omnipresentes en las vidas de los demás.

Abordar la construcción de realidades idealizadas implica fomentar la autenticidad digital. Promover la honestidad sobre las experiencias, los desafíos y los logros, crea un espacio en línea más genuino y equilibrado. La celebración de la autenticidad contribuye a la construcción de comunidades digitales más comprensivas y solidarias.

Reconocer la belleza en la autenticidad significa apreciar la complejidad de la experiencia humana completa, con sus altibajos, logros y desafíos. Al valorar la autenticidad sobre la perfección, se construye una base para una conexión digital más significativa y enriquecedora.

En última instancia, comprender la construcción de realidades idealizadas en las redes sociales invita a una reflexión crítica sobre cómo interactuamos en el mundo digital. Al reconocer la diferencia entre la realidad y la representación digital, podemos contribuir a la formación de comunidades en línea más auténticas y compasivas.

La comparación social en línea puede tener repercusiones significativas en la autoestima y la autoimagen. Al compararse constantemente con las vidas aparentemente perfectas de los demás, los individuos pueden experimentar sentimientos de insuficiencia, inferioridad y una percepción distorsionada de su propio valor.

La comparación social en línea, aunque conecta a individuos en una red digital, puede teñir la autoestima y la autoimagen con tonos que a menudo son más oscuros y distorsionados. Explorar cómo esta práctica afecta la percepción de uno mismo proporciona una visión crítica de los desafíos psicológicos que surgen en el vasto océano digital.

La exposición constante a las vidas aparentemente perfectas en línea crea un espejismo de perfección digital. Las imágenes cuidadosamente seleccionadas y las narrativas construidas contribuyen a la creación de estándares inalcanzables, lo que puede llevar a una comparación constante y, en última instancia, a una percepción distorsionada de uno mismo.

La comparación constante con las vidas digitalmente presentadas puede generar sentimientos de insuficiencia. Los usuarios pueden percibir que sus propias vidas no se miden a la altura de los estándares que observan en línea, contribuyendo a una sensación de no estar a la altura y generando dudas sobre su valía personal.

La construcción de realidades idealizadas por parte de otros puede alimentar una sensación de inferioridad percibida. La percepción de que los demás tienen vidas más exitosas, felices o emocionantes puede socavar la confianza en uno mismo, llevando a una constante comparación que erosiona la autoestima.

La comparación social en línea contribuye a una percepción distorsionada del valor personal. Los logros y las experiencias de los demás, resaltados en plataformas digitales, pueden eclipsar los logros individuales, llevando a una subestimación del propio valor y contribuyendo a una autoimagen negativa.

La comparación continua alimenta un ciclo destructivo donde la autoestima se ve afectada negativamente. La mente se envuelve en un patrón constante de comparación, evaluación y autorreflexión negativa, perpetuando sentimientos de no estar a la altura y generando una presión implacable para cumplir con estándares inalcanzables.

Desarrollar estrategias de autocuidado digital se vuelve imperativo para contrarrestar el impacto en la autoestima y la autoimagen. Establecer límites en el tiempo dedicado a las redes sociales, practicar la autoaceptación y fomentar la conciencia sobre la distorsión digital son estrategias cruciales para preservar una salud mental positiva.

Fomentar la empatía digital se erige como un antídoto esencial. Reconocer que las representaciones digitales son selectivas y que todos enfrentan desafíos invisibles promueve un entorno digital más comprensivo. Al hacerlo, se puede construir una comunidad en línea que celebre la diversidad y apoye el crecimiento personal.

En última instancia, comprender el impacto en la autoestima y la autoimagen en el contexto de la comparación social en línea destaca la importancia de fomentar prácticas digitales saludables y promover una cultura digital que nutra la autenticidad y el apoyo mutuo.

La búsqueda constante de validación a través de la comparación social puede generar ansiedad y depresión. La presión de mantener una imagen positiva y la constante exposición a los logros de los demás contribuyen a la ansiedad por el rendimiento y a la sensación de no estar a la altura de los estándares percibidos.

En el universo digital, donde las vidas se presentan con filtros brillantes y narrativas cuidadosamente construidas, la comparación social en línea puede convertirse en un caldo de cultivo para la ansiedad y la depresión. Explorar cómo la constante búsqueda de validación y la exposición a logros ajenos impactan la salud mental permite entender los desafíos psicológicos que se despliegan en las interacciones digitales.

La búsqueda constante de validación en línea impone la presión de mantener una imagen positiva. La necesidad de recibir aprobación y el temor a la crítica pueden conducir a la construcción de una fachada digital, donde se ocultan los desafíos y se destacan solo los aspectos positivos. Esta presión contribuye a la ansiedad por el rendimiento digital.

La comparación constante con las vidas aparentemente perfectas de los demás alimenta la ansiedad por el rendimiento digital. La sensación de estar siendo evaluado constantemente en función de los estándares digitalmente elevados puede generar ansiedad, afectando la autoconfianza y llevando a una preocupación persistente por cumplir con las expectativas percibidas.

Las redes sociales exponen a los usuarios a los logros constantes de los demás. Aunque esta exposición puede inspirar y motivar, también puede generar comparaciones negativas y contribuir a la sensación de insuficiencia. La constante exposición a los logros ajenos sin un equilibrio de experiencias más auténticas puede desencadenar la depresión.

La comparación social en línea puede cultivar una sensación persistente de no estar a la altura. La mente se enreda en un ciclo destructivo donde la autoevaluación negativa se intensifica, generando sentimientos de inutilidad y contribuyendo a la percepción errónea de que la felicidad y el éxito son esquivos.

La necesidad constante de validación a través de likes, comentarios y seguidores puede convertirse en un ciclo adictivo. La ausencia de validación o la percepción de una falta de interacción positiva puede afectar profundamente la autoestima y contribuir a la depresión, ya que la valía personal se vincula estrechamente con la respuesta digital.

Desarrollar estrategias para la salud mental digital se vuelve imperativo para abordar la ansiedad y la depresión derivadas de la comparación social en línea. Establecer límites de tiempo en las redes sociales, practicar la autoaceptación y buscar apoyo fuera del entorno digital son pasos cruciales para preservar la salud mental.

Fomentar la conversación abierta sobre la salud mental digital rompe el estigma asociado con los desafíos psicológicos en línea. Crear espacios donde los usuarios puedan compartir experiencias, hablar sobre la presión digital y buscar apoyo mutuo contribuye a la construcción de una comunidad en línea más compasiva.

En resumen, abordar la ansiedad y la depresión derivadas de la comparación social en línea implica reconocer los desafíos y trabajar activamente hacia una cultura digital que promueva la autenticidad, el apoyo mutuo y la salud mental positiva.

La validación social en forma de likes, comentarios y seguidores se ha convertido en una moneda digital que alimenta la comparación constante. La atención y aprobación en línea a menudo se perciben como indicadores directos de valía personal, intensificando la necesidad de buscar validación constante en el mundo digital.

En el escenario digital actual, los likes, comentarios y seguidores se han transformado en una moneda simbólica que alimenta la máquina de la comparación constante. Explorar la importancia de esta validación digital revela cómo la búsqueda de atención y aprobación en línea puede moldear la percepción de la valía personal, generando complejas dinámicas psicológicas en el vasto paisaje digital.

La validación social, representada por likes, comentarios y seguidores, ha emergido como una moneda digital que impulsa las interacciones en línea. La acumulación de esta validación se ha vinculado estrechamente con la percepción de valía personal, creando un ciclo en el que la atención digital se convierte en un marcador directo de aceptación y reconocimiento.

La atención y aprobación en línea a menudo se perciben como indicadores directos de valía personal. La cantidad de likes y seguidores puede interpretarse como una medida tangible de popularidad y éxito, influyendo en la autoestima y generando la percepción de que el valor de uno está intrínsecamente ligado a la respuesta digital.

La importancia de los likes y la validación digital alimenta la búsqueda incesante de aprobación en línea. La constante necesidad de obtener respuestas positivas puede impulsar comportamientos específicos, desde la selección cuidadosa de contenido hasta la participación activa en tendencias, en un esfuerzo por mantener o aumentar la validación percibida.

La validación digital puede tener un impacto significativo en la autoimagen. La cantidad de likes y comentarios puede influir en la percepción de uno mismo, generando un ciclo en el que la falta de validación se interpreta como una señal de insuficiencia. Esto puede contribuir a una autoimagen negativa y a la búsqueda constante de validación para compensarla.

La importancia de los likes también contribuye al dilema de la comparación digital. La comparación constante con las validaciones recibidas por otros puede generar sentimientos de competencia y ansiedad por el rendimiento, ya que los usuarios buscan igualar o superar la atención y aprobación digital de sus pares.

Desarrollar estrategias para una relación saludable con la validación digital se vuelve esencial. Esto incluye la práctica de la autoaceptación, la comprensión de que la validación en línea no define la valía personal y establecer límites en la importancia otorgada a la respuesta digital.

Promover el reconocimiento de logros personales, más allá de la validación digital, es clave. Valorar los éxitos individuales y la autenticidad sobre la respuesta digital contribuye a construir una autoestima sólida basada en logros personales y no simplemente en la aprobación en línea.

En resumen, comprender la importancia de los likes y la validación digital destaca la necesidad de cultivar prácticas digitales saludables y promover una cultura en línea que valore la autenticidad y el reconocimiento personal más allá de las métricas digitales.

La construcción de una imagen digital cuidadosamente gestionada puede generar estrés adicional. La presión de mantener una presencia en línea impecable puede ser abrumadora, llevando a la autenticidad a menudo sacrificada en favor de una representación idealizada.

En el teatro digital de las redes sociales, la gestión cuidadosa de la imagen puede convertirse en una danza complicada entre la autenticidad y la presión de mantener una presencia en línea impecable. Explorar el estrés asociado con la construcción y mantenimiento de una imagen digital revela las tensiones psicológicas que pueden surgir en la búsqueda de la perfección digital.

La construcción de una imagen digital impecable conlleva la presión constante de mantener una presencia en línea perfecta. La competencia por la atención y la validación digital puede impulsar la necesidad de proyectar una imagen que resuene con estándares digitalmente elevados, generando una carga emocional significativa.

La gestión de la imagen a menudo viene acompañada de la sacrificada autenticidad. La presión por cumplir con expectativas y recibir validación puede llevar a la selección cuidadosa de momentos para compartir, la edición estratégica de contenido y, en última instancia, la presentación de una versión idealizada de la realidad, dejando poco espacio para la verdadera autenticidad.

La gestión de la imagen se convierte en una danza compleja entre la realidad y la representación. Mientras se intenta equilibrar la presentación de momentos positivos con la autenticidad, la línea entre la verdad y la proyección intencional a menudo se desdibuja, generando una tensión constante entre la necesidad de agradar y la búsqueda de la verdad personal.

Las expectativas digitales, impulsadas por la cultura de las redes sociales, contribuyen al estrés asociado con la gestión de la imagen. La medida del éxito en términos de likes, comentarios y seguidores puede intensificar la presión por mantener una imagen que cumpla con estas expectativas, generando ansiedad y preocupación por el rendimiento digital.

El estrés por la gestión de la imagen puede tener un impacto directo en la salud mental. La constante preocupación por mantener una imagen impecable puede generar ansiedad, agotamiento emocional y contribuir a la sensación de no estar a la altura. La carga psicológica asociada con la gestión de la imagen merece una atención cuidadosa.

Practicar la autenticidad digital emerge como una estrategia crucial para mitigar el estrés asociado con la gestión de la imagen. Esto implica permitir la vulnerabilidad, compartir experiencias reales y abrazar la imperfección como parte integral de la narrativa digital. La autenticidad no solo alivia el estrés, sino que también construye conexiones genuinas.

Fomentar una cultura digital comprensiva es esencial para aliviar la presión asociada con la gestión de la imagen. Promover la empatía digital y reconocer que todos enfrentan desafíos invisibles contribuye a construir un entorno en línea más comprensivo, donde la autenticidad es valorada más allá de la perfección digital.

En conclusión, reconocer y abordar el estrés por la gestión de la imagen implica un cambio cultural hacia prácticas digitales más compasivas y la valoración de la autenticidad como un activo digital invaluable.

La conciencia sobre los impactos negativos de la comparación social en línea es el primer paso hacia la mitigación. Estrategias como la práctica de la atención plena, establecimiento de límites de tiempo en las redes sociales y el enfoque en el desarrollo personal pueden ayudar a contrarrestar los efectos perjudiciales.

La comparación social en línea puede ser un viento implacable que desvía la brújula de la autoestima y el bienestar emocional. Sin embargo, existen estrategias efectivas para mitigar sus impactos negativos y fomentar una relación más saludable con el entorno digital. Estas estrategias se fundamentan en la conciencia, la autenticidad y el autocuidado. El primer paso hacia la mitigación de la comparación social es la conciencia activa. Reconocer los momentos en los que se experimenta la comparación y comprender sus efectos negativos es esencial. La autoconciencia proporciona la base para la toma de decisiones consciente y el cambio de patrones de pensamiento perjudiciales.

La práctica de la atención plena emerge como una estrategia poderosa. Fomentar la atención plena implica centrarse en el momento presente, reduciendo la ansiedad sobre eventos futuros o pasados que pueden alimentar la comparación. La atención plena ofrece un refugio mental contra las corrientes turbulentas de la comparación constante.

Establecer límites de tiempo en las redes sociales es una medida proactiva. Delimitar el tiempo dedicado a plataformas digitales no solo reduce la exposición a la comparación constante, sino que también permite una conexión más equilibrada entre la vida en línea y fuera de línea.

El enfoque en el desarrollo personal se convierte en un faro que guía más allá de la comparación. Definir metas personales, cultivar habilidades y trabajar hacia el crecimiento individual proporciona una base sólida. Centrarse en el propio viaje en lugar de compararse con los demás promueve la autenticidad y la satisfacción personal.

Fomentar relaciones significativas fuera del ámbito digital contrarresta la sensación de aislamiento y competencia. Establecer conexiones auténticas y apoyivas fuera de las redes sociales proporciona un ancla emocional, recordando que la verdadera validación y conexión van más allá de los likes y comentarios en línea.

Valorar los logros personales más allá de la validación digital es esencial. Reconocer y celebrar los éxitos individuales, por pequeños que sean, fortalece la autoestima y desvincula la valía personal de las métricas digitales, mitigando así la presión por compararse constantemente.

Contribuir a la creación de una cultura digital positiva es una responsabilidad compartida. Fomentar la empatía digital, compartir experiencias reales y celebrar la diversidad de caminos individuales contribuye a un entorno en línea más compasivo y menos propenso a la comparación destructiva.

En resumen, estas estrategias para mitigar la comparación social se centran en la autoconciencia, la conexión auténtica y el autocuidado, brindando herramientas efectivas para enfrentar los desafíos psicológicos del entorno digital.

En última instancia, la comparación social en línea es un fenómeno complejo que afecta la salud mental y el bienestar emocional. Explorar estas tendencias y sus consecuencias psicológicas proporciona una base para abordar los desafíos asociados y fomentar una relación más saludable con las plataformas digitales.

7.Ciberacoso y Salud Mental:

El ciberacoso, una sombra oscura en el paisaje digital, no solo afecta la seguridad en línea, sino que también tiene profundas ramificaciones en la salud mental. Explorar el impacto psicológico del ciberacoso es esencial para comprender las complejidades de este fenómeno y desarrollar estrategias efectivas para combatirlo.

El ciberacoso puede desencadenar ansiedad y depresión significativas. Las víctimas, enfrentándose a amenazas y humillaciones en línea, experimentan una carga emocional abrumadora, afectando su bienestar mental.

El ciberacoso a menudo lleva al aislamiento social. Las víctimas pueden retirarse de las interacciones en línea y fuera de línea, temerosas de la continuación del acoso, lo que contribuye a la soledad y la desconexión.

Las constantes agresiones y críticas pueden erosionar la autoestima de las víctimas. La percepción distorsionada de sí mismos, alimentada por el ciberacoso, puede persistir incluso más allá de las pantallas digitales.

El ciberacoso también puede afectar el rendimiento académico y laboral. La distracción constante, el estrés emocional y la pérdida de concentración pueden traducirse en dificultades en la escuela o el trabajo.

La concientización y la educación son fundamentales. Crear una comprensión generalizada sobre los efectos del ciberacoso, así como las herramientas para prevenirlo y abordarlo, es esencial para construir una cultura digital más segura.

La construcción de una cultura digital segura requiere una comprensión generalizada de los efectos del ciberacoso y el empoderamiento de la comunidad para prevenir y abordar este fenómeno. Establecer esta conciencia es un paso fundamental hacia la creación de un entorno en línea más seguro y compasivo.

El ciberacoso tiene un impacto emocional profundo en las víctimas, causando ansiedad, depresión y aislamiento. Comprender la gravedad de estas consecuencias es esencial para motivar acciones preventivas.

El ciberacoso, como sombra en el mundo digital, no solo deja huellas visibles en la pantalla, sino que también imprime un impacto emocional profundo en las víctimas. Comprender la gravedad de estas consecuencias es esencial para motivar acciones preventivas y cultivar una cultura digital más segura y empática.

La ansiedad resultante se manifiesta como una angustia digital persistente. Las víctimas pueden experimentar temor constante sobre nuevas agresiones, generando una hiperactividad emocional ante la inminencia de amenazas en línea.

La hipervigilancia constante caracteriza la ansiedad en este contexto. Las víctimas pueden sentir la necesidad de monitorear continuamente sus perfiles en línea, anticipando y temiendo nuevos episodios de acoso.

La depresión asociada se manifiesta en sentimientos de desánimo y desesperanza. Las víctimas, afectadas por la constante negatividad en línea, pueden experimentar una pérdida de interés en actividades previamente placenteras.

La autoestima se ve afectada significativamente. Erosiona la percepción positiva de uno mismo, contribuyendo a una imagen distorsionada y negativa que puede persistir más allá del ámbito digital.

El ciberacoso a menudo conduce al aislamiento social. Las víctimas, temerosas de interacciones en línea y fuera de línea, pueden retirarse de su entorno social, experimentando soledad y desconexión.

Las relaciones personales pueden verse afectadas, ya que las víctimas pueden tener dificultades para confiar en otros debido a las experiencias de traición en línea. Tiende a distorsionar las conexiones sociales y la percepción de la confianza.

Comprender la profundidad del impacto emocional crea una motivación intrínseca para fomentar una cultura de empatía digital. La empatía hacia las víctimas se convierte en un motor impulsor para la acción colectiva. La gravedad del impacto emocional resalta la importancia de incentivar la denuncia. Crear conciencia sobre la necesidad de reportar es esencial para que las víctimas se sientan empoderadas y respaldadas.

Reconocer la profundidad de las cicatrices emocionales impulsa la necesidad de desarrollar recursos de apoyo. Ofrecer asesoramiento y servicios psicológicos especializados se vuelve crucial para ayudar a las víctimas a superar el trauma emocional.

Comprender el impacto emocional profundo no solo arroja luz sobre la complejidad del fenómeno, sino que también motiva esfuerzos preventivos y acciones de apoyo. La empatía digital y la conciencia colectiva se convierten en herramientas esenciales

Reconocer las consecuencias a largo plazo del ciberacoso en la salud mental es esencial para comprender la gravedad de este fenómeno. Desde la baja autoestima hasta el aumento de la ansiedad, estas repercusiones no solo afectan el bienestar emocional inmediato de las víctimas, sino que también moldean su salud mental a largo plazo, fomentando la empatía y motivando la acción.

El ciberacoso puede erosionar la imagen personal de las víctimas, contribuyendo a una baja autoestima. Los constantes ataques y humillaciones en línea pueden hacer que las personas duden de su valía y se vean a sí mismas de manera negativa.

La confianza en uno mismo se ve afectada. Las víctimas pueden experimentar una disminución significativa en su capacidad para confiar en sus propias decisiones y habilidades, afectando no solo su presencia en línea, sino también su vida fuera de la pantalla.

Este genera una preocupación constante en las víctimas. La anticipación de nuevos ataques y la incertidumbre sobre quiénes podrían ser los perpetradores contribuyen a niveles elevados de ansiedad que pueden persistir incluso fuera del La ansiedad resultante puede afectar la vida cotidiana. La concentración en tareas diarias puede disminuir, y las víctimas pueden experimentar un estrés adicional al enfrentarse a situaciones que podrían desencadenar recuerdos del acoso.

El ciberacoso puede contribuir al desarrollo de trastornos depresivos. La constante exposición a la hostilidad en línea y la pérdida de la sensación de seguridad pueden sumergir a las víctimas en un estado de ánimo persistente de tristeza y desesperanza.

La ansiedad crónica inducida puede evolucionar hacia trastornos de ansiedad más graves. El miedo constante a nuevos episodios de acoso puede generar patrones de pensamiento ansiosos y comportamientos evitativos.

Comprender el impacto en la salud mental impulsa la necesidad de fomentar la empatía digital. Reconocer que las víctimas pueden estar lidiando con desafíos emocionales significativos motiva a la comunidad en línea a ser más solidaria y comprensiva.

La comprensión de las consecuencias a largo plazo destaca la importancia de acciones preventivas y de apoyo. Desde la educación hasta la creación de recursos de salud mental específicos, se requiere una respuesta integral.

En conclusión, reconocer que puede tener consecuencias a largo plazo en la salud mental es crucial para abordar este problema de manera efectiva. La empatía y la acción colectiva son fundamentales para apoyar a las víctimas y construir una cultura digital que priorice el bienestar emocional de todos los usuarios.

El ciberacoso también presenta desafíos académicos y profesionales. La desconcentración y el estrés asociado pueden afectar negativamente el rendimiento en la escuela o el trabajo. Crear conciencia sobre estos impactos es esencial para una respuesta informada.

No se limita a las fronteras digitales; trasciende la pantalla y se infiltra en la esfera académica y profesional. Los desafíos académicos y profesionales derivados, como la desconcentración y el estrés, pueden tener un impacto significativo en el rendimiento escolar y laboral. Crear conciencia sobre estos impactos es esencial para una respuesta informada y compasiva.

Las víctimas pueden experimentar dificultades para concentrarse en sus estudios. La constante preocupación y distracción relacionada con el acoso pueden afectar negativamente la capacidad de la persona para centrarse en tareas académicas.

La desconcentración sostenida puede llevar a un rendimiento académico más bajo. Las víctimas pueden encontrar desafíos adicionales para completar tareas, participar en clases y realizar evaluaciones, afectando así su éxito académico.

El ciberacoso agrega una capa adicional de presión sobre las víctimas. La necesidad de lidiar con la hostilidad en línea mientras se cumplen con las expectativas académicas puede generar un estrés significativo, creando una carga adicional para el rendimiento.

El estrés asociado puede tener un impacto directo en el bienestar emocional. La ansiedad constante y la presión académica pueden contribuir a problemas emocionales que trascienden el ámbito escolar.

Para aquellos que lo experimentan en el entorno laboral, el impacto en la productividad es significativo. La necesidad de lidiar con el acoso en línea puede afectar la concentración y la eficiencia en el trabajo, perjudicando la calidad del desempeño laboral.

Las relaciones profesionales también pueden verse afectadas. La desconcentración y el estrés pueden influir en la capacidad para interactuar de manera efectiva con colegas, afectando la dinámica laboral y la colaboración.

Crear conciencia implica educar sobre los impactos académicos y profesionales del ciberacoso. Instituciones educativas y entornos laborales deben implementar programas de sensibilización que destaquen la gravedad de estos desafíos.

Proporcionar apoyo académico y laboral es crucial. Las víctimas necesitan recursos que les ayuden a manejar los desafíos académicos y profesionales, ya sea a través de servicios de tutoría, asesoramiento o flexibilidad en el trabajo.

En resumen, reconocer los desafíos académicos y profesionales del delito es esencial para abordar integralmente este problema. La educación, el apoyo y la comprensión en entornos académicos y laborales son elementos clave para construir una respuesta informada y empática frente a este fenómeno.

La educación y la sensibilización son herramientas poderosas. Implementar programas educativos que enseñen sobre sus efectos y cómo prevenirlo contribuye a una cultura más informada.

Promover el uso de plataformas de denuncia efectivas es esencial. Las víctimas deben sentirse seguras al informar, y las plataformas deben responder de manera rápida y eficiente para abordar el problema.

Enseñar ciberseguridad y prácticas de privacidad es crucial. La comprensión de cómo proteger la información personal y utilizar medidas de seguridad en línea contribuye a prevenir situaciones de ciberacoso.

El desarrollo de habilidades socioemocionales es una herramienta preventiva valiosa. Enseñar empatía, respeto y habilidades de resolución de conflictos ayuda a construir comunidades digitales más saludables.

Facilitar el acceso a intervención psicológica y apoyo emocional es esencial. Las víctimas necesitan recursos que les ayuden a superar el impacto emocional fortaleciendo así su resiliencia.

Establecer legislación y políticas claras es una herramienta legal importante. La implementación de consecuencias significativas para los acosadores envía un mensaje claro de que estas acciones no serán toleradas.

Fomentar una cultura de empatía digital es esencial. La empatía hacia las víctimas y la promoción de un entorno en línea donde el respeto y la compasión prevalezcan contribuyen a construir comunidades más seguras.

Fomentar una cultura de empatía digital es esencial para contrarrestarlo y cultivar entornos en línea más seguros y compasivos. La empatía hacia las víctimas, combinada con la promoción del respeto y la compasión, constituye la base para construir comunidades digitales más saludables y solidarias.

La conciencia comienza con la educación. Las comunidades en línea deben comprender las consecuencias profundas, no solo a nivel emocional, sino también en términos de salud mental, rendimiento académico y bienestar general.

Humanizar a las víctimas, destacando que detrás de cada pantalla hay una persona con sentimientos y experiencias únicas, promueve una conexión más profunda y fomenta la empatía.

Establecer normas claras de comportamiento en línea es esencial. Definir lo que constituye un comportamiento respetuoso y lo que no lo es ayuda a crear un estándar común que todos deben seguir.

La comunidad digital debe condenar activamente el delito. No solo se trata de no participar, sino de intervenir cuando sea necesario, denunciando el comportamiento y brindando apoyo a las víctimas.

Integrar la educación en habilidades socioemocionales en entornos educativos y digitales ayuda a desarrollar la empatía desde una edad temprana. Enseñar a los usuarios a entender y respetar las emociones de los demás es fundamental.

Fomentar la comunicación positiva y constructiva en línea es esencial. Las comunidades digitales deben ser lugares donde las opiniones puedan expresarse sin miedo al acoso, promoviendo un intercambio de ideas respetuoso.

Proporcionar recursos de apoyo para las víctimas es crucial. Desde líneas de ayuda hasta servicios de asesoramiento, garantizar que haya opciones accesibles para aquellos afectados es esencial.

Implementar programas de prevención que aborden la raíz del ciberacoso ayuda a crear comunidades más resilientes. Estos programas pueden incluir talleres, charlas y campañas de concienciación.

La empatía digital se basa en la responsabilidad colectiva. Involucrar a la comunidad en la creación de entornos seguros y respetuosos fortalece el tejido social en línea y contribuye a la prevención de este crimen.

Líderes de comunidades digitales, influencers y figuras de autoridad deben ejercer un liderazgo ejemplar. Sus acciones y declaraciones pueden tener un impacto significativo en la cultura digital en general.

En resumen, fomentar una cultura de empatía digital es una tarea colectiva que requiere esfuerzos continuos y compromiso. La empatía hacia las víctimas, la promoción del respeto y la compasión, junto con la educación y el apoyo, son pilares fundamentales para construir comunidades digitales más seguras y compasivas.

Promover la inclusión y la diversidad en línea es clave. Una comunidad digital que celebra la diversidad y valora a cada individuo reduce la probabilidad de comportamientos discriminatorios y hostiles.

Promover la inclusión y la diversidad en línea es esencial para construir comunidades digitales que celebren la singularidad de cada individuo. Una cultura digital que valora la diversidad y fomenta la inclusión no solo enriquece la experiencia en línea, sino que también reduce la probabilidad de comportamientos discriminatorios y hostiles.

La inclusión comienza con la representación. Las comunidades digitales deben esforzarse por representar la diversidad en todas sus formas, incluyendo, pero no limitándose a, la raza, género, orientación sexual, edad, habilidades y antecedentes culturales.

Amplificar las voces de aquellos que tradicionalmente han sido marginados es crucial. Proporcionar plataformas para que las voces menos escuchadas sean escuchadas contribuye a una representación más equitativa.

Implementar programas de sensibilización sobre diversidad e inclusión en entornos digitales. La educación sobre la sensibilidad cultural y la comprensión de las experiencias de los demás fomentan un ambiente más respetuoso.

Desmitificar estereotipos y prejuicios a través de campañas educativas. La información precisa y accesible puede desafiar las percepciones erróneas y fomentar una apreciación genuina de la diversidad.

Establecer normas de comportamiento claras que promuevan el respeto mutuo. La comunidad digital debe ser un espacio donde todos se sientan seguros y valorados, independientemente de sus diferencias.

Implementar acciones concretas contra la discriminación. Desde políticas de no tolerancia hasta mecanismos de denuncia, garantizar que haya consecuencias para comportamientos discriminatorios es esencial.

Facilitar foros de discusión moderados donde se fomente el diálogo constructivo. Estos espacios deben ser entornos seguros donde las personas puedan expresar sus opiniones de manera respetuosa y aprender de las experiencias de los demás.

Promover la empatía alentando a los usuarios a ponerse en el lugar de los demás. Entender las perspectivas diferentes contribuye a una cultura digital más compasiva y colaborativa.

Apoyar financieramente y proporcionar recursos a iniciativas que promuevan la inclusión y la diversidad. Esto puede incluir proyectos de contenido, eventos y programas educativos que celebren la riqueza de experiencias diversas.

Colaborar con comunidades externas y organizaciones dedicadas a la promoción de la diversidad. La colaboración fortalece los esfuerzos y garantiza una perspectiva más amplia en la promoción de la inclusión.

Promover la inclusión y la diversidad en línea es un imperativo para construir una cultura digital en la que cada individuo se sienta respetado, valorado y parte integral de la comunidad. Celebrar la singularidad de cada voz enriquece la experiencia en línea y contribuye a la creación de entornos digitales más justos y acogedores.

La construcción de una cultura digital segura implica educación, prevención, apoyo emocional y la promoción de valores positivos en línea. La conciencia generalizada y el empoderamiento de la comunidad son los cimientos para abordar el ciberacoso de manera efectiva.

Fomentar la importancia del reporte y bloqueo es esencial para empoderar a los usuarios y combatir eficazmente el acoso en línea. Las plataformas digitales deben proporcionar mecanismos efectivos que permitan a las víctimas denunciar el acoso y bloquear a los perpetradores. Aquí se detallan los elementos clave para promover estas herramientas cruciales:

Lanzar campañas educativas para aumentar la conciencia sobre la importancia del reporte y bloqueo. Los usuarios deben comprender que estas acciones no solo protegen su bienestar, sino que también contribuyen a la creación de entornos en línea más seguros.

Compartir historias de éxito donde el reporte y bloqueo hayan llevado a intervenciones efectivas. Destacar cómo estas herramientas pueden marcar la diferencia refuerza la confianza en su eficacia.

Diseñar interfaces intuitivas que faciliten el proceso de reporte. Los usuarios deben poder identificar y denunciar fácilmente comportamientos acosadores, sin obstáculos complicados.

Proporcionar opciones de reporte detalladas que permitan a las víctimas especificar la naturaleza del acoso. Esto facilita una respuesta más precisa por parte de las plataformas.

Garantizar la confidencialidad de los denunciantes. Muchas víctimas pueden sentir temor de represalias, por lo que es esencial que el proceso de reporte no comprometa su privacidad.

Ser transparente en el proceso de investigación sin revelar información confidencial. Los usuarios deben sentirse seguros al saber que sus denuncias son tratadas seriamente.

Garantizar que el bloqueo sea un proceso rápido y efectivo. Esto permite a las víctimas poner fin inmediato a la interacción no deseada y protegerse de futuros acosos.

Proporcionar notificaciones claras cuando alguien ha sido bloqueado. Esta transparencia ayuda a las víctimas a tomar medidas proactivas para protegerse.

Facilitar el acceso a recursos de apoyo después del reporte. Esto puede incluir enlaces a líneas de ayuda, servicios de asesoramiento o comunidades de apoyo en línea.

Implementar mecanismos de seguimiento para evaluar el bienestar continuo de las víctimas después del reporte. Esto demuestra un compromiso a largo plazo con la seguridad y el bienestar de la comunidad.

Fomentar la importancia del reporte y bloqueo no solo empodera a las víctimas, sino que también envía un mensaje claro de que el acoso no será tolerado en la comunidad en línea. Estas herramientas son esenciales para construir entornos digitales seguros y proteger la experiencia en línea de todos los usuarios.

Tanto las víctimas como los testigos pueden beneficiarse de recursos que aborden el trauma emocional causado por el ciberacoso. La terapia y el asesoramiento especializado son recursos valiosos.

Ofrecer apoyo psicológico es crucial para abordar el trauma emocional causado, beneficiando tanto a las víctimas como a los testigos.

Proporcionar acceso a servicios de asesoramiento especializado en trauma emocional causado. Los profesionales capacitados en psicología digital pueden ofrecer orientación específica para abordar las complejidades del acoso en línea.

Ofrecer opciones tanto para terapia individual como grupal. La terapia individual puede adaptarse a las necesidades específicas de la víctima, mientras que la terapia grupal puede brindar un sentido de comunidad y comprensión compartida.

Establecer plataformas en línea dedicadas al apoyo psicológico. Estos espacios pueden servir como comunidades seguras donde las víctimas y los testigos comparten experiencias, consejos y recursos de recuperación.

Facilitar foros moderados por profesionales de la salud mental. La presencia de expertos asegura que la información proporcionada sea precisa y que las interacciones sean positivas y constructivas.

Proporcionar educación sobre técnicas de manejo del estrés. Las víctimas pueden aprender estrategias prácticas para afrontar el impacto emocional del ciberacoso y reducir la ansiedad.

Incorporar prácticas de mindfulness y meditación en los recursos de apoyo. Estas técnicas han demostrado ser efectivas en el alivio del estrés y la promoción de la salud mental.

Colaborar con profesionales de la salud mental especializados en psicología digital. Estos expertos pueden aportar perspectivas específicas sobre el impacto psicológico del ciberacoso y diseñar enfoques terapéuticos adaptados.

Ofrecer programas de capacitación para profesionales de la salud mental que aborden la singularidad de las experiencias relacionadas. Esto garantiza que los terapeutas estén bien equipados para brindar apoyo efectivo.

Lanzar campañas de concientización para promover los recursos de apoyo psicológico. Asegurarse de que las víctimas y los testigos conozcan y tengan acceso a estos servicios es esencial para su efectividad.

Trabajar para reducir el estigma asociado con la búsqueda de apoyo psicológico. Fomentar un entorno donde pedir ayuda sea visto como un acto valiente y saludable.

Ofrecer apoyo psicológico efectivo es una parte integral de abordar el ciberacoso y sus consecuencias emocionales. Al crear un sistema de apoyo comprensivo y accesible, se contribuye significativamente al proceso de curación y empoderamiento de las víctimas y testigos.

El fortalecimiento de las políticas y la legislación es esencial para combatir esta forma de violencia digital y garantizar un entorno en línea más seguro. Establecer consecuencias legales para los acosadores no solo busca la rendición de cuentas, sino que también actúa como un disuasivo efectivo.

Definir claramente el ciberacoso, incluyendo diversas formas como el acoso verbal, el acoso en redes sociales, la difamación en línea y el sexting no consensuado. Esto proporciona una base sólida para abordar una variedad de comportamientos perjudiciales.

Considerar la edad en la definición para abordar el ciberacoso dirigido específicamente a niños y adolescentes. Las políticas deben adaptarse para abordar de manera efectiva las dinámicas únicas relacionadas con la edad.

Establecer consecuencias legales claras para los acosadores, incluidas sanciones y penas proporcionales a la gravedad del ciberacoso. Esto envía un mensaje contundente de que estas acciones no serán toleradas.

Incorporar medidas para proteger a las víctimas durante y después de los procesos legales. Esto puede incluir órdenes de restricción digitales y medidas de seguridad adicionales para salvaguardar el bienestar de las personas afectadas.

Implementar políticas de denuncia obligatoria para las plataformas en línea. Exigir que las plataformas informen casos a las autoridades competentes garantiza una respuesta rápida y coordinada.

Fomentar la colaboración efectiva entre las plataformas en línea y las autoridades legales. Esto puede incluir la transferencia segura de pruebas digitales y la cooperación en investigaciones.

Implementar programas educativos sobre ciberseguridad y ética digital. La prevención es fundamental, y la educación puede ayudar a reducir la incidencia del delito al aumentar la conciencia sobre sus impactos y consecuencias legales.

Mejorar la conciencia pública sobre la legislación existente contra el ciberacoso. Esto puede incluir campañas de información para informar a la sociedad sobre sus derechos y los recursos disponibles.

Realizar revisiones periódicas de las políticas para adaptarse a la evolución tecnológica y las nuevas formas en este campo delictual La legislación debe mantenerse al día para abordar eficazmente las cambiantes dinámicas en línea.

Colaborar con expertos en tecnología para comprender y abordar las complejidades del crimen en entornos digitales en constante cambio.

El fortalecimiento de políticas y legislación es un componente esencial para crear un entorno en línea más seguro y proteger a las personas de la violencia digital. Estas medidas deben ser integrales, adaptativas y respaldadas por un esfuerzo conjunto entre gobiernos, plataformas en línea, profesionales legales y la sociedad en general.

Fomentar la empatía digital es clave. Educar sobre las consecuencias reales y promover la comprensión hacia las víctimas contribuye a construir comunidades en línea más solidarias.

Fomentar la empatía digital es esencial para crear comunidades en línea más solidarias y resistentes al delito. Educando sobre las consecuencias reales de estas acciones y promoviendo la comprensión hacia las víctimas, se puede cultivar un entorno en línea más empático y colaborativo.

Incluir la empatía digital en los currículos escolares. Los programas educativos pueden abordar temas como el impacto emocional del ciberacoso, las responsabilidades en línea y cómo apoyar a aquellos que han sido afectados.

Organizar talleres de sensibilización sobre empatía digital. Estos eventos pueden involucrar a estudiantes, padres y educadores para crear una comprensión compartida de la importancia de la empatía en línea.

Compartir historias de impacto que destaquen las consecuencias reales del ciberacoso. Estas campañas pueden ser impulsadas por organizaciones gubernamentales, ONG y empresas de tecnología para llegar a audiencias diversas.

Utilizar plataformas de medios sociales para difundir mensajes de empatía digital. Las campañas virales pueden tener un impacto significativo al involucrar a una amplia audiencia en la conversación.

Desarrollar simulaciones interactivas que permitan a los usuarios experimentar virtualmente las consecuencias. Esto puede aumentar la comprensión al proporcionar una perspectiva más personal.

Crear recursos multimedia, como videos y podcasts, que aborden la empatía digital. La combinación de formatos puede llegar a diferentes tipos de audiencias y mantener el interés.

Involucrar a figuras públicas y líderes de la comunidad en campañas de empatía digital. Su participación puede aumentar la visibilidad y la credibilidad de los mensajes.

Establecer alianzas con instituciones educativas, organizaciones sin fines de lucro y empresas para respaldar iniciativas de empatía digital. La colaboración puede amplificar el impacto y llegar a diversos públicos.

Facilitar foros de discusión abierta en plataformas en línea. Estos espacios permiten a las personas compartir experiencias, hacer preguntas y recibir apoyo, contribuyendo a la creación de comunidades en línea más comprensivas.

Implementar moderación activa para garantizar que los foros sean entornos seguros y respetuosos. Esto fomenta una comunicación saludable y evita la propagación de comportamientos perjudiciales.

Fomentar la empatía digital no solo contribuye a prevenir el ciberacoso, sino que también fortalece la cohesión y la compasión dentro de las comunidades en línea. Estas estrategias buscan crear un cambio cultural hacia una cultura digital más consciente y empática.

Trabajar en la creación de ambientes digitales seguros es un esfuerzo conjunto. Las plataformas, instituciones educativas y la sociedad en general deben colaborar para implementar medidas que prevengan y aborden el ciberacoso.

La creación de ambientes digitales seguros es un imperativo que requiere la colaboración de plataformas en línea, instituciones educativas y la sociedad en general. Este esfuerzo conjunto es esencial para prevenir y abordar el problema de manera efectiva. Aquí se detallan estrategias clave para crear ambientes digitales seguros:

Desarrollar y comunicar claramente normas de conducta en línea. Esto incluye directrices específicas sobre el respeto, la empatía y las consecuencias de acciones de este tipo en las plataformas digitales.

Implementar políticas de tolerancia cero hacia este en todas las plataformas. Esto garantiza que los acosadores enfrenten consecuencias inmediatas y proporciona un entorno más seguro para los usuarios.

Establecer alianzas sólidas con instituciones educativas. La colaboración entre plataformas digitales y escuelas puede garantizar una respuesta conjunta y una educación continua sobre ciberseguridad.

Involucrar a la comunidad en la creación de ambientes digitales seguros. La participación activa de padres, educadores y líderes comunitarios es fundamental para abordar el delito desde múltiples perspectivas.

Proporcionar recursos de apoyo para víctimas y testigos. Estos recursos pueden incluir líneas de ayuda, asesoramiento psicológico y programas de intervención para mitigar el impacto emocional.

Fomentar la creación de comunidades de apoyo en línea. Grupos de apoyo pueden ofrecer un espacio seguro donde las personas afectadas pueden compartir experiencias y recibir orientación.

La creación de ambientes digitales seguros es un proceso continuo que requiere el compromiso constante de todos los actores involucrados. Al unir fuerzas, las plataformas digitales, las instituciones educativas y la sociedad en general pueden trabajar hacia un entorno en línea más seguro y positivo para todos.

En conclusión, abordar el ciberacoso y su impacto en la salud mental implica un enfoque integral que combine la educación, el apoyo emocional y la acción legislativa. La creación de un entorno en línea seguro y compasivo es esencial para preservar la salud mental de quienes navegan las complejidades digitales.

8.Realidad Virtual y Empatía:

La convergencia de la realidad virtual (RV) y la empatía ha generado un campo fascinante de posibilidades. Al proporcionar experiencias inmersivas, la realidad virtual tiene el potencial de transformar la manera en que percibimos y nos conectamos con las experiencias de los demás.

La realidad virtual permite a los usuarios experimentar el mundo desde perspectivas ajenas. Al sumergirse en entornos y situaciones específicas, los usuarios pueden comprender mejor las realidades de quienes enfrentan desafíos únicos, fomentando la empatía al cambiar sus propios puntos de vista.

El cambio de puntos de vista facilitado representa una revolucionaria capacidad para transformar nuestra comprensión del mundo y de las experiencias de los demás. Al sumergir a los usuarios en entornos y situaciones específicas, la realidad virtual va más allá de la mera observación, permitiéndoles experimentar de manera inmersiva las realidades de quienes enfrentan desafíos únicos. Este proceso genera una conexión emocional más profunda al propiciar un cambio significativo en la perspectiva individual.

La empatía a menudo se ve obstaculizada por la incapacidad de comprender plenamente las experiencias de los demás. La realidad virtual elimina estas barreras al proporcionar una plataforma donde los usuarios pueden caminar literalmente en los zapatos de otra persona. Esta inmersión profunda permite superar las limitaciones de la empatía tradicional, generando una comprensión más completa y matizada.

Experimentar el mundo desde perspectivas ajenas a través de la realidad virtual no solo transforma individualmente, sino que también tiene el poder de generar conciencia social a gran escala. Las simulaciones inmersivas pueden abordar cuestiones sociales críticas, como la discriminación o la falta de acceso a recursos básicos, ilustrando de manera vívida las luchas diarias que enfrentan muchos individuos en todo el mundo.

Al cambiar los puntos de vista, la realidad virtual contribuye a aumentar la tolerancia y la comprensión entre diferentes grupos de personas. Permite a los usuarios experimentar la diversidad de la vida humana de una manera que va más allá de la teoría, fomentando una apreciación más profunda de las diferencias culturales, sociales y económicas.

La empatía interpersonal se fortalece cuando los usuarios pueden vivir las experiencias de otros a través de la realidad virtual. Esta herramienta no solo educa sobre las diversas realidades que existen, sino que también despierta emociones y sensaciones genuinas, estableciendo una conexión más rica y auténtica entre las personas.

En el ámbito educativo, se ha convertido en una herramienta invaluable para ampliar la comprensión de los estudiantes. Desde viajes virtuales a épocas históricas hasta simulaciones de contextos culturales, esta tecnología transforma el aprendizaje al permitir que los estudiantes no solo aprendan sobre diversas realidades, sino que las experimenten de manera activa.

En última instancia, el cambio de puntos de vista facilitado por la realidad virtual representa un avance revolucionario en la forma en que nos relacionamos con el mundo que nos rodea. Al romper las barreras de la empatía y ofrecer experiencias inmersivas, esta tecnología se convierte en un catalizador para construir puentes de comprensión y solidaridad en la sociedad global.

A través de simulaciones inmersivas, la RV posibilita a los usuarios vivir experiencias ajenas. Esto puede abarcar desde situaciones cotidianas hasta eventos extraordinarios, generando una conexión emocional más profunda al experimentar directamente las emociones y desafíos de otros.

Vivir experiencias ajenas a través de simulaciones inmersivas (RV) es una poderosa forma de conectar emocionalmente a los usuarios con las vivencias de otras personas. Esta capacidad única de la RV de recrear entornos y eventos ofrece una ventana virtual a mundos distintos, permitiendo a los usuarios sumergirse de lleno en situaciones que pueden variar desde lo cotidiano hasta lo extraordinario.

La realidad virtual va más allá de la simple observación; permite a los usuarios ser participantes activos en narrativas que no son las suyas. Al vivir experiencias ajenas, los usuarios no solo comprenden intelectualmente las emociones y desafíos de otros, sino que también experimentan esas vivencias de manera directa. Esta inmersión profunda intensifica la conexión emocional y promueve una empatía más auténtica.

La RV proporciona una plataforma versátil para explorar la diversidad humana. Desde la cotidianidad de diferentes estilos de vida hasta la extraordinaria complejidad de eventos únicos, los usuarios pueden experimentar la amplitud y profundidad de las experiencias humanas. Esto contribuye a la apreciación de las diferencias individuales y culturales.

Al vivir experiencias ajenas, los usuarios se vuelven testigos virtuales de las realidades que otros enfrentan. Este impacto en la conciencia social puede ser poderoso, generando una mayor comprensión de problemas globales y fomentando un sentido de responsabilidad colectiva para abordar desafíos compartidos.

La RV posibilita la creación de narrativas inmersivas que van más allá de la simple representación visual. Al integrar elementos sensoriales como el sonido y el tacto, las experiencias se vuelven aún más convincentes. Esta autenticidad en la representación contribuye a una conexión emocional más profunda con las historias contadas.

La vivencia de experiencias ajenas a través de la RV puede abordar la interseccionalidad al permitir a los usuarios comprender las complejas intersecciones de identidades y experiencias. Esto contribuye a una empatía más completa al reconocer las interconexiones de factores como género, raza, clase y orientación sexual en la formación de las vivencias individuales.

La vivencia de situaciones ajenas en entornos controlados puede tener aplicaciones terapéuticas. Desde tratamientos para fobias hasta la construcción de empatía en terapias, la RV ofrece herramientas para explorar y abordar una variedad de desafíos emocionales y psicológicos.

Vivir experiencias ajenas a través de simulaciones inmersivas no solo amplía los límites de la tecnología, sino que también transforma la manera en que nos relacionamos con las narrativas humanas. Al experimentar directamente las emociones y desafíos de otros, los usuarios pueden cultivar una conexión más profunda con la diversidad de la experiencia humana.

La RV se ha integrado en entornos educativos para crear simulaciones que fomentan la empatía. Esto es especialmente valioso en campos como la medicina y la psicología, donde los estudiantes pueden practicar y comprender las experiencias de pacientes de una manera realista pero segura.

La integración de la realidad virtual (RV) en entornos educativos ha marcado un hito significativo al proporcionar a los estudiantes experiencias inmersivas que fomentan la empatía. En campos como la medicina y la psicología, donde la comprensión profunda de las experiencias de los pacientes es crucial, se ha convertido en una herramienta valiosa.

Permite la creación de simulaciones realistas que replican situaciones del mundo real. En entornos educativos, esto significa que los estudiantes pueden practicar y comprender las experiencias de pacientes en un entorno controlado y seguro. Por ejemplo, los futuros profesionales de la medicina pueden realizar procedimientos virtuales antes de enfrentarse a situaciones reales.

La empatía es esencial en campos como la medicina, donde los profesionales deben entender y responder a las necesidades emocionales de los pacientes. La RV proporciona oportunidades para que los estudiantes se sumerjan en las perspectivas de los pacientes, desarrollando así habilidades empáticas cruciales para una atención de calidad.

En entornos médicos y de salud mental, facilita el entrenamiento en habilidades clínicas. Los estudiantes pueden practicar el manejo de situaciones delicadas, como diagnósticos difíciles o conversaciones sensibles con pacientes, mejorando su capacidad para lidiar con escenarios emocionales complejos.

Los entornos virtuales permiten a los estudiantes comprender las experiencias de los pacientes desde diversas perspectivas. Por ejemplo, en psicología, pueden sumergirse en entornos que simulan trastornos mentales, lo que contribuye a una comprensión más profunda de las vivencias de quienes enfrentan desafíos de salud mental.

La RV no solo beneficia a los estudiantes, sino que también se utiliza en la formación médica continua. Profesionales de la salud en ejercicio pueden mantenerse actualizados y perfeccionar sus habilidades a través de simulaciones virtuales, lo que mejora la calidad de la atención que brindan a lo largo de sus carreras.

En entornos educativos promueve un enfoque interdisciplinario al permitir a estudiantes de diferentes campos, como medicina, psicología y enfermería, colaborar en simulaciones virtuales. Esto refleja la realidad de la atención médica, donde la colaboración entre profesionales es esencial.

Facilita la evaluación y retroalimentación efectivas. Los educadores pueden supervisar y analizar el desempeño de los estudiantes en entornos virtuales, proporcionando retroalimentación específica y personalizada para mejorar su competencia y comprensión empática.

La integración de la realidad virtual en entornos educativos no solo enriquece la formación de los estudiantes, sino que también mejora la calidad de la atención médica y de salud mental al cultivar habilidades empáticas esenciales en los profesionales del futuro.

Narrativas inmersivas en RV pueden transportar a los usuarios a contextos culturales, históricos o sociales específicos. Estas historias permiten la exploración de diferentes realidades, promoviendo la comprensión y empatía hacia diversas experiencias de vida.

Las historias inmersivas han abierto una nueva dimensión en la narración, permitiendo a los usuarios sumergirse completamente en contextos culturales, históricos o sociales específicos. Estas experiencias no solo entretienen, sino que también promueven la comprensión y empatía hacia diversas experiencias de vida. Aquí se destacan aspectos clave de las historias inmersivas en RV:

Las narrativas inmersivas tienen el poder de transportar a los usuarios a lugares y momentos históricos de manera completamente envolvente. Ya sea explorar civilizaciones antiguas, revivir eventos históricos o sumergirse en culturas lejanas, crea un puente único entre el usuario y el contenido.

Permite a los usuarios interactuar y participar en narrativas, fomentando así una comprensión más profunda de diversas culturas. La capacidad de explorar entornos culturales de manera activa contribuye a una apreciación más auténtica y respetuosa.

Al sumergirse en las experiencias de personajes y comunidades a través de historias inmersivas, los usuarios construyen puentes de empatía. Esta conexión emocional se fortalece al vivir de cerca los desafíos, logros y narrativas de aquellos que son diferentes, fomentando una mayor comprensión y tolerancia.

Amplifica la diversidad narrativa al ofrecer experiencias que van más allá de las narrativas tradicionales. Historias contadas desde perspectivas menos representadas pueden desafiar estereotipos y ofrecer una plataforma para voces que a menudo se pasan por alto en los medios convencionales.

Las historias inmersivas no solo informan, sino que también educan a través del aprendizaje experiencial. Los usuarios pueden aprender sobre eventos históricos, tradiciones culturales o desafíos sociales al vivir virtualmente esas experiencias, lo que mejora la retención de conocimientos y la comprensión profunda.

Al experimentar de manera directa la vida en contextos culturales específicos, los usuarios desarrollan una sensibilidad cultural más aguda. Esto es especialmente valioso en un mundo cada vez más interconectado, donde la comprensión y el respeto por la diversidad son fundamentales.

Las historias inmersivas pueden convertirse en una plataforma para la empatía global. Al conectarse con experiencias de personas de todo el mundo, los usuarios pueden desarrollar una apreciación más profunda de la riqueza y complejidad de la condición humana, trascendiendo fronteras geográficas y culturales.

En resumen, las historias inmersivas en realidad virtual abren nuevas fronteras en la narración al ofrecer experiencias que no solo entretienen, sino que también educan y fomentan la empatía. Al sumergir a los usuarios en contextos diversos, estas narrativas contribuyen al enriquecimiento cultural y a la construcción de un mundo más comprensivo.

En el ámbito de la salud mental, se utiliza en la exposición terapéutica. Esto implica crear entornos seguros para que los individuos enfrenten gradualmente sus miedos y ansiedades, ofreciendo una forma controlada de abordar traumas y fobias.

La exposición terapéutica ha demostrado ser una herramienta innovadora y eficaz en el ámbito de la salud mental. Esta técnica implica la creación de entornos virtuales seguros y controlados para que los individuos enfrenten gradualmente sus miedos, ansiedades o traumas.

Proporciona entornos virtuales seguros y controlados donde los individuos pueden enfrentar situaciones que les generan ansiedad o miedo. Estos entornos son personalizables y adaptativos, lo que permite a los terapeutas ajustar la intensidad de la exposición según las necesidades específicas de cada paciente.

La exposición terapéutica facilita el abordaje gradual de fobias. Los terapeutas pueden diseñar escenarios que representen los desencadenantes específicos de las fobias, permitiendo a los pacientes enfrentar esos miedos de manera progresiva y controlada. Esta aproximación gradual favorece la habituación y la reducción de la ansiedad asociada.

Se ha utilizado con éxito en el tratamiento de diversos trastornos de ansiedad, como el trastorno de estrés postraumático (TEPT), trastornos de ansiedad social y fobias específicas. La exposición terapéutica en RV brinda a los individuos una herramienta adicional para afrontar y superar los desafíos asociados con estos trastornos.

Cada individuo tiene experiencias y desencadenantes únicos, y la RV permite la personalización del tratamiento. Los terapeutas pueden adaptar los entornos virtuales para abordar las preocupaciones específicas de cada paciente, asegurando un enfoque más efectivo y centrado en el individuo.

Ofrece un nivel de inmersión y realismo que puede ser crucial para el éxito de la exposición terapéutica. Al sumergir a los individuos en entornos virtuales convincentes, se aumenta la efectividad del tratamiento al replicar de manera más fiel las situaciones que generan ansiedad en la vida real.

La RV brinda acceso a entornos que de otra manera podrían no estar disponibles para la exposición terapéutica tradicional. Por ejemplo, recrear entornos específicos de la infancia o simular situaciones difíciles puede ser esencial para abordar traumas pasados o fobias profundamente arraigadas.

Al utilizarla se puede reducir el estigma asociado con ciertos trastornos mentales, ya que la exposición terapéutica se lleva a cabo en un entorno virtual. Esto puede contribuir a una mayor aceptación por parte de los individuos que buscan tratamiento, ya que la experiencia puede sentirse más discreta y menos intrusiva.

La exposición terapéutica representa una herramienta valiosa en el arsenal de tratamientos para trastornos de ansiedad y fobias. Al proporcionar entornos virtuales personalizables y seguros, ofrece una forma efectiva y adaptable de abordar los desafíos de la salud mental.

La RV también se ha empleado para generar conexiones emocionales en terapias. Al crear entornos virtuales donde los usuarios pueden expresar sus emociones de manera más libre, se facilita el proceso terapéutico y se fortalecen las relaciones terapeuta-paciente.

Su utilización para generar conexiones emocionales en terapias representa un avance significativo en el ámbito de la salud mental. Al crear entornos virtuales que fomentan la expresión libre de emociones, se potencia el proceso terapéutico y se fortalecen las relaciones entre terapeuta y paciente.

Ofrece la posibilidad de diseñar entornos virtuales específicamente diseñados para facilitar la expresión emocional. Estos entornos pueden variar desde paisajes tranquilos hasta escenarios interactivos que permiten a los usuarios representar visualmente sus emociones de una manera que puede resultar desafiante en el entorno tradicional de la terapia.

La naturaleza inmersiva de la RV brinda a los pacientes un espacio donde pueden expresar sus emociones de manera más libre y abierta. Al eliminar algunas barreras percibidas, como la vergüenza o el miedo al juicio, los pacientes pueden sumergirse más profundamente en la exploración y comunicación de sus sentimientos.

Para los terapeutas, puede proporcionar una ventana única a las emociones de los pacientes. Al observar cómo los pacientes interactúan con el entorno virtual, los terapeutas pueden ganar una comprensión más profunda y empática de las experiencias emocionales de sus pacientes, lo que puede informar y enriquecer las sesiones de terapia.

La personalización de escenarios terapéuticos permite adaptar la experiencia a las necesidades individuales de cada paciente. La creación de entornos que resuenen con las experiencias y desafíos emocionales específicos de cada persona contribuye a una terapia más efectiva y centrada en el paciente.

Puede integrar diversas técnicas terapéuticas, como la terapia de exposición o la terapia de juego, en entornos virtuales. Esto ofrece a los terapeutas una herramienta versátil para abordar una variedad de problemas emocionales y psicológicos.

La conexión emocional facilitada puede fortalecer la relación terapéutica. Al experimentar juntos entornos y situaciones virtuales, terapeuta y paciente pueden construir una conexión más profunda, mejorando la confianza y la colaboración en el proceso terapéutico.

Para individuos que han experimentado traumas, puede ofrecer un enfoque terapéutico más gradual y controlado. Los terapeutas pueden utilizar entornos virtuales para abordar el trauma de una manera cuidadosamente guiada, promoviendo la curación y la gestión de las emociones asociadas.

En conclusión, la aplicación de la realidad virtual para generar conexiones emocionales en terapias representa una innovación emocionante en el campo de la salud mental. Al aprovechar la inmersión y la personalización de la RV, se abre un nuevo camino para enriquecer las experiencias terapéuticas y promover un mayor bienestar emocional.

La RV se ha utilizado en campañas de sensibilización para destacar problemas sociales. Al transportar a los participantes a situaciones difíciles, estas campañas buscan generar empatía y concientizar sobre cuestiones como la pobreza, la falta de vivienda y la discriminación.

Su utilización en campañas de sensibilización para abordar problemas sociales es una estrategia impactante que busca generar empatía y conciencia sobre cuestiones importantes. Aquí se exploran aspectos clave de cómo la RV se ha empleado en este contexto:

Permite a los participantes ser transportados virtualmente a situaciones difíciles que reflejan los desafíos asociados con problemas sociales específicos. Ya sea experimentar la vida en la calle, la lucha contra la pobreza o enfrentarse a situaciones discriminatorias, proporciona una inmersión profunda que va más allá de la simple comprensión visual.

Al permitir que los participantes vivan virtualmente las experiencias asociadas con problemas sociales, busca generar empatía de una manera más directa y visceral. La experiencia inmersiva puede evocar respuestas emocionales más profundas, llevando a una comprensión más completa de las realidades que enfrentan las personas afectadas.

Las campañas de sensibilización la emplean como una herramienta poderosa para concientizar sobre problemas sociales. Al experimentar virtualmente estos problemas, los participantes pueden obtener una perspectiva más auténtica, lo que puede provocar una mayor conciencia y comprensión de las complejidades involucradas.

Permite a los participantes no solo ser observadores, sino también ser participantes activos en la narrativa. Esta participación activa contribuye a una conexión más profunda con las historias y experiencias presentadas, fomentando un compromiso más significativo con la causa que se está destacando.

La inmersión proporcionada tiene el potencial de influir en las decisiones y comportamientos de los participantes. Al experimentar de manera tan directa los desafíos asociados con problemas sociales, las personas pueden sentir una motivación más fuerte para abogar por el cambio y participar en acciones concretas para abordar estos problemas.

Utiliza la tecnología para amplificar el mensaje de las campañas de sensibilización. A medida que se vuelve más accesible, estas experiencias pueden llegar a un público más amplio, alcanzando a personas que de otra manera podrían no haber sido conscientes o comprometidas con los problemas sociales destacados.

La implementación exitosa de campañas a menudo implica la colaboración estrecha con organizaciones sociales y defensores de los derechos. Esta colaboración asegura que la representación virtual sea precisa, respetuosa y alinee con los objetivos y valores de las comunidades afectadas.

La aplicación de la realidad virtual en campañas de sensibilización para abordar problemas sociales busca aprovechar la tecnología para generar una comprensión más profunda y una conexión emocional con las realidades que enfrentan muchas comunidades. Al ofrecer experiencias inmersivas, estas campañas aspiran a impulsar el cambio social y abogar por soluciones más efectivas.

Experimentar virtualmente las realidades de quienes enfrentan desafíos puede tener un impacto significativo en la conciencia social. La RV se convierte en una herramienta poderosa para movilizar el apoyo y la acción en torno a diversas causas.

La capacidad de experimentar virtualmente las realidades de quienes enfrentan desafíos a través de ella tiene un impacto significativo en la conciencia social.

La RV proporciona una experiencia inmersiva que va más allá de la simple información visual. Al permitir a los participantes experimentar virtualmente las realidades de quienes enfrentan desafíos, se genera empatía y conexión emocional. Esta conexión emocional es fundamental para despertar una conciencia más profunda sobre las luchas y dificultades que enfrentan las personas afectadas.

La experiencia inmersiva crea un impacto duradero en la memoria y la percepción de los participantes. Las experiencias virtuales tienen el potencial de dejar una impresión más profunda y memorable que otras formas de información o concientización. Este impacto duradero contribuye a mantener viva la conciencia social a lo largo del tiempo.

Al experimentar virtualmente las realidades de quienes enfrentan desafíos, los participantes son más propensos a sentir una motivación interna para actuar. La RV se convierte en una herramienta movilizadora que inspira a las personas a involucrarse activamente, ya sea mediante donaciones, voluntariado o defensa de políticas que aborden los problemas presentados.

Facilita la participación activa al permitir que los participantes no solo vean, sino que también vivan las experiencias presentadas. Esta participación activa contribuye a la construcción de un sentido de responsabilidad y compromiso con las causas sociales, alentando a las personas a asumir un papel activo en la creación de un cambio positivo.

La tecnología cada vez más accesible, permite que estas experiencias lleguen a audiencias más amplias. Esto incluye a personas que pueden no haber tenido acceso directo a la información o experiencias relacionadas con los problemas sociales destacados. La RV amplía el alcance de la conciencia social, construyendo puentes entre diversas comunidades y culturas.

Contribuye a la construcción de comunidades solidarias al unir a personas con un interés común en abordar problemas sociales específicos. Las experiencias compartidas pueden fomentar la colaboración y la solidaridad, creando redes de apoyo que trabajan juntas para lograr un impacto positivo.

La RV se destaca por su capacidad para educar a través de experiencias. Al ofrecer una visión auténtica y experiencial de los problemas sociales, educa de manera efectiva, superando las barreras de la indiferencia o la falta de comprensión.

En conclusión, la realidad virtual emerge como una herramienta poderosa para generar conciencia social al ofrecer experiencias inmersivas que provocan empatía, inspiran acción y construyen comunidades comprometidas con la creación de un cambio positivo en el mundo.

Ofrece simulaciones interactivas que permiten a los usuarios practicar habilidades empáticas en entornos controlados. Esto es particularmente beneficioso en campos como el servicio al cliente, donde la empatía es fundamental.

La capacidad para proporcionar simulaciones interactivas ha llevado a beneficios significativos, especialmente en campos donde la empatía juega un papel crucial, como el servicio al cliente.

Las simulaciones interactivas permiten a los usuarios entrenar y mejorar activamente sus habilidades empáticas. Al sumergirse en entornos simulados, los participantes pueden practicar la empatía en situaciones realistas y controladas, desarrollando competencias que son transferibles a contextos del mundo real.

Proporciona entornos controlados y seguros para la práctica de habilidades empáticas. Esto es especialmente beneficioso en situaciones donde el aprendizaje práctico podría ser desafiante o arriesgado. Los participantes pueden cometer errores y aprender de ellos en un entorno virtual antes de enfrentarse a situaciones reales.

Los programas pueden personalizar escenarios según las necesidades específicas del entrenamiento. Esto permite abordar situaciones particulares relevantes para el servicio al cliente, adaptándose a los desafíos y requisitos específicos de cada industria o empresa.

Facilita la entrega de retroalimentación inmediata. Los participantes pueden recibir evaluaciones detalladas sobre su desempeño empático, lo que les permite ajustar su enfoque y mejorar continuamente. Esta retroalimentación inmediata acelera el proceso de aprendizaje.

La naturaleza inmersiva contribuye a una mejor retención de información. Las experiencias vividas en entornos virtuales tienden a dejar una impresión más duradera, lo que facilita la transferencia de habilidades empáticas adquiridas durante la formación a situaciones del mundo real.

Las simulaciones interactivas no solo abordan la empatía superficial, sino que también contribuyen al desarrollo de la inteligencia emocional. Al enfrentarse a situaciones emocionalmente cargadas en entornos virtuales, los participantes aprenden a reconocer, comprender y gestionar mejor las emociones, mejorando su competencia emocional en general.

Los programas pueden simular escenarios desafiantes y difíciles de replicar en la realidad, permitiendo a los usuarios practicar la empatía en situaciones extremas o inusuales. Esto prepara a los profesionales del servicio al cliente para lidiar con una variedad de circunstancias.

Aunque la inversión inicial en tecnología puede ser significativa, a largo plazo, las simulaciones interactivas pueden ser más eficientes y rentables que los métodos de entrenamiento tradicionales. Se eliminan los costos asociados con la formación en escenarios del mundo real y se maximiza la eficacia del aprendizaje.

En resumen, las simulaciones interactivas ofrecen una herramienta valiosa para el desarrollo de habilidades empáticas en el servicio al cliente y otros campos. La capacidad de practicar en entornos controlados, recibir retroalimentación inmediata y adaptarse a escenarios diversos hace que sea una opción eficaz para mejorar la empatía y la inteligencia emocional de manera práctica y efectiva.

Los programas de entrenamiento basados en ella pueden proporcionar retroalimentación inmediata, permitiendo a los usuarios ajustar y mejorar sus respuestas empáticas. Esto contribuye al desarrollo continuo de habilidades emocionales.

El uso de la realidad virtual en programas de entrenamiento ofrece una herramienta valiosa para la mejora continua de habilidades emocionales, especialmente en el contexto de retroalimentación y ajuste inmediato.

Los programas de entrenamiento permiten proporcionar retroalimentación en tiempo real. Los usuarios reciben evaluaciones instantáneas sobre sus respuestas empáticas, lo que les permite comprender de inmediato la efectividad de sus acciones y comunicación en situaciones simuladas.

La retroalimentación inmediata facilita la identificación de áreas específicas que requieren mejora. Los participantes pueden analizar sus interacciones virtuales y comprender dónde pueden ajustar su enfoque para fortalecer sus habilidades emocionales, desde la empatía hasta la gestión de conflictos.

Basándose en la retroalimentación recibida, los programas pueden personalizar el aprendizaje para cada usuario. Esto significa adaptar escenarios y desafíos específicos que aborden las áreas de mejora identificadas, maximizando la efectividad del entrenamiento.

La retroalimentación inmediata permite a los usuarios practicar de manera iterativa. Pueden aplicar ajustes y volver a enfrentarse a situaciones similares para consolidar y mejorar sus habilidades emocionales a lo largo del tiempo. Este enfoque de práctica iterativa es esencial para el desarrollo sostenible de habilidades.

La retroalimentación actúa como un estímulo para la reflexión. Los participantes pueden revisar sus interacciones y reflexionar sobre su desempeño, fomentando un entendimiento más profundo de cómo sus acciones afectan la dinámica emocional de una situación.

Dado que la retroalimentación puede adaptarse a diferentes estilos de aprendizaje, los programas son versátiles. Algunos usuarios pueden beneficiarse más de sugerencias visuales, mientras que otros pueden preferir comentarios verbales. La personalización garantiza que la retroalimentación sea efectiva para cada individuo.

La retroalimentación inmediata sirve como un motivador para la mejora continua. Los usuarios pueden ver directamente cómo sus esfuerzos de ajuste impactan positivamente en sus habilidades emocionales, lo que fomenta un compromiso constante con el desarrollo y la evolución.

Los sistemas de RV pueden mantener un registro detallado del progreso de cada usuario. Esto permite un seguimiento continuo y la posibilidad de evaluar el avance a lo largo del tiempo. Los registros de progreso contribuyen a la accountability y a la transparencia en el proceso de aprendizaje.

Los programas de entrenamiento basados en ella no solo ofrecen experiencias inmersivas para el desarrollo de habilidades emocionales, sino que también aprovechan la retroalimentación inmediata para impulsar la mejora continua. La combinación de práctica iterativa, personalización y estímulo para la reflexión contribuye al crecimiento sostenible de las competencias emocionales de los participantes.

La realidad virtual emerge como una herramienta transformadora para construir conexiones humanas más fuertes y fomentar la empatía.

9.Notificaciones y Ansiedad:

El impacto de las notificaciones constantes en dispositivos móviles en la ansiedad y el estrés es un tema relevante en la era digital.

Pueden contribuir a la sobrecarga informativa. La avalancha de información, desde correos electrónicos hasta actualizaciones de redes sociales, puede generar ansiedad al hacer que los individuos se sientan abrumados y desconectados.

La sobrecarga informativa, exacerbada por las notificaciones constantes, representa un desafío significativo en la era digital.

Alimentan un flujo ininterrumpido de información. Desde correos electrónicos y mensajes de texto hasta alertas de aplicaciones, los individuos se ven inmersos en una corriente constante de datos que puede resultar abrumadora.

La multiplicidad de fuentes y mensajes dificulta la tarea de priorizar la información. Los individuos pueden sentir la presión de mantenerse al día con todo, lo que lleva a una sensación de abrumo al intentar procesar y asimilar una cantidad excesiva de datos.

La constante exposición a información puede provocar fatiga informativa. Este agotamiento mental se manifiesta cuando las personas se sienten saturadas, lo que afecta su capacidad para procesar nueva información de manera efectiva.

La sensación de estar siempre conectado puede generar ansiedad, ya que los individuos pueden experimentar dificultades para separarse de la información digital, incluso durante momentos de descanso o recreación.

La sobrecarga informativa crea una presión constante para responder de inmediato. Esta expectativa de disponibilidad perpetua puede generar ansiedad, ya que las personas se sienten obligadas a mantenerse activas y responder en tiempo real.

La saturación de información también puede contribuir a la desconexión social. Cuando las personas están constantemente inmersas en sus dispositivos, pueden perder conexiones significativas con el entorno y las relaciones interpersonales, generando una sensación de aislamiento.

La sobrecarga informativa puede afectar negativamente la productividad. La dificultad para filtrar información relevante de la irrelevantes puede llevar a una disminución en la eficiencia y la concentración en tareas específicas.

Manejar la sobrecarga informativa requiere habilidades efectivas de filtrado. La capacidad de discernir qué información es relevante y valiosa es esencial para reducir la ansiedad asociada con la cantidad abrumadora de datos.

Desarrollar estrategias para gestionar la sobrecarga informativa es crucial. Establecer límites de tiempo, utilizar herramientas de filtrado, y practicar la desconexión digital son enfoques efectivos para mitigar la ansiedad derivada de la abrumadora cantidad de información.

La sobrecarga informativa generada por las notificaciones constantes puede tener consecuencias significativas en la salud mental y el bienestar. Abordar este desafío implica desarrollar habilidades de gestión y adoptar enfoques equilibrados para mantener una relación saludable con la información digital.

Las interrupciones frecuentes debidas a notificaciones pueden afectar el flujo de trabajo y la concentración. La necesidad de cambiar constantemente la atención de una tarea a otra puede generar estrés, especialmente en entornos laborales o académicos.

Representa un desafío significativo en entornos laborales y académicos, impactando la concentración y la productividad.

Las notificaciones frecuentes pueden romper el flujo natural de la concentración. Cambiar la atención de una tarea a otra debido a alertas digitales puede dificultar la inmersión profunda en una actividad específica.

La necesidad de cambiar constantemente entre tareas puede resultar en una disminución de la eficiencia. La mente requiere tiempo para ajustarse al contexto de una nueva tarea, lo que puede llevar a una pérdida de tiempo y energía.

Las interrupciones frecuentes pueden generar estrés y ansiedad en el entorno laboral. Los profesionales pueden sentir la presión de cumplir con plazos y expectativas, y las notificaciones constantes pueden contribuir a la sensación de abrumo.

La calidad del trabajo puede verse afectada negativamente. La falta de enfoque continuo debido a interrupciones digitales puede llevar a errores y a una menor atención a los detalles.

La recepción de notificaciones puede desencadenar un ciclo de interrupción continua. Cada alerta puede conducir a la revisión de múltiples aplicaciones y plataformas, prolongando la desconexión del trabajo real.

Después de una interrupción, restaurar el enfoque original en la tarea puede llevar tiempo. Este proceso de "restauración" agrega una capa adicional de complejidad al flujo de trabajo.

Reconocer la importancia de entornos sin interrupciones es crucial. Establecer momentos específicos para revisar notificaciones y, al mismo tiempo, reservar períodos de trabajo ininterrumpido puede mejorar la productividad y reducir el estrés.

Desarrollar estrategias de gestión efectiva del tiempo se vuelve esencial. Establecer bloques de tiempo dedicados a tareas específicas y limitar las interrupciones digitales puede contribuir a un flujo de trabajo más efectivo.

La cultura organizacional también juega un papel crucial. Fomentar prácticas laborales que valoren la concentración y minimicen las distracciones puede mejorar significativamente la productividad y el bienestar en el lugar de trabajo.

Abordar la interrupción del flujo de trabajo debido a notificaciones constantes implica adoptar enfoques proactivos para gestionar la atención y promover entornos que apoyen la concentración y la productividad.

Las notificaciones crean expectativas de respuesta inmediata. Esto puede generar ansiedad, ya que las personas sienten la presión de estar siempre disponibles y de responder rápidamente a mensajes, correos electrónicos o actualizaciones, incluso fuera del horario laboral.

La creación de expectativas de respuesta inmediata es una consecuencia significativa de las notificaciones constantes, y su impacto abarca diversas áreas.

Generan una presión implícita para estar siempre disponible. Las personas pueden sentirse obligadas a responder incluso fuera de su horario laboral, contribuyendo a una cultura de disponibilidad constante.

La expectativa de respuesta inmediata puede desdibujar los límites entre la vida personal y profesional. La capacidad de recibir notificaciones en dispositivos personales puede hacer que las demandas laborales se filtren en momentos destinados al descanso y a actividades personales.

La presión de responder instantáneamente puede tener un impacto en la salud mental. Contribuye al estrés, la ansiedad y la sensación de estar siempre en alerta, ya que las personas sienten la necesidad de cumplir con las expectativas de respuesta.

La anticipación constante de notificaciones puede llevar a un ciclo de respuesta constante. Las personas pueden sentir la necesidad de revisar y responder a las notificaciones de manera regular, incluso en situaciones donde podrían beneficiarse de desconectar y descansar.

Las expectativas de respuesta inmediata pueden hacer que sea difícil para las personas desconectar del trabajo. La sensación de estar siempre "en espera" puede interferir con la capacidad de disfrutar del tiempo libre y relajarse.

La atención constante a las notificaciones también puede afectar las relaciones personales. La distracción continua puede interferir con la calidad del tiempo dedicado a amigos y familiares, contribuyendo a la desconexión interpersonal.

Para gestionar las expectativas de respuesta inmediata, es esencial establecer límites claros. Esto implica comunicar de manera efectiva los horarios de disponibilidad y fomentar una cultura organizacional que valore el equilibrio entre el trabajo y la vida personal.

Las organizaciones pueden contribuir a la salud mental de sus empleados promoviendo prácticas saludables en relación con las notificaciones. Esto puede incluir políticas que respeten el tiempo fuera del trabajo y alienten la desconexión digital durante ciertos períodos.

La educación sobre la gestión del tiempo digital puede ser beneficiosa. Brindar a las personas herramientas y estrategias para gestionar las notificaciones y establecer límites puede mejorar la calidad de vida y reducir la ansiedad asociada.

En conjunto, abordar las expectativas de respuesta inmediata requiere una reflexión tanto a nivel personal como organizacional para establecer límites saludables y promover prácticas que respalden el bienestar mental y el equilibrio entre el trabajo y la vida personal.

Las notificaciones constantes también están vinculadas al FOMO digital, donde las personas temen perderse eventos o información relevante. La constante necesidad de estar al tanto de lo que sucede puede generar ansiedad por la posibilidad de perderse algo importante.

El FOMO Digital (Fear of Missing Out) es una manifestación particular del temor a perderse eventos o información relevante en el entorno digital, y las notificaciones constantes juegan un papel clave en intensificar este fenómeno.

Las notificaciones actúan como estímulos constantes que mantienen a las personas conectadas a eventos y actualizaciones en tiempo real. Esta constante exposición puede alimentar el FOMO Digital al crear una sensación de urgencia y exclusividad en torno a la información que se está compartiendo.

La llegada constante de notificaciones crea expectativas continuas de novedades e información relevante. Esto puede generar ansiedad, ya que las personas temen perderse algo importante si no responden o revisan las notificaciones de inmediato.

El FOMO Digital está intrínsecamente vinculado a la ansiedad social en un entorno digital. La constante exposición a eventos y actividades aparentemente emocionantes puede llevar a la comparación constante y a la preocupación por no estar participando en experiencias similares.

La información en el entorno digital a menudo es efímera, con actualizaciones rápidas y caducidad en la relevancia. Las notificaciones refuerzan la idea de que es crucial estar al tanto de las novedades en el momento exacto en que ocurren, aumentando la ansiedad por perderse algo importante.

Las notificaciones también contribuyen al ciclo de validación instantánea. La posibilidad de recibir likes, comentarios o interacciones inmediatas en respuesta a una publicación puede alimentar el deseo de participar constantemente para evitar la sensación de quedarse atrás.

La constante llegada de notificaciones puede crear una presión implícita para estar siempre conectado. Las personas pueden sentir la necesidad de revisar sus dispositivos con frecuencia para no perderse eventos o actualizaciones, incluso cuando deberían estar desconectadas.

Para mitigar el impacto, es esencial establecer límites en el uso de notificaciones. Establecer períodos de tiempo dedicados a desconectar y gestionar activamente las expectativas sobre la disponibilidad de información pueden ayudar a reducir la ansiedad asociada al temor de perderse algo.

Promover una comprensión más equilibrada de la información en línea y sus efectos puede ayudar a las personas a enfrentar de manera más saludable la ansiedad asociada al FOMO Digital.

Abordar el FOMO Digital implica reconocer la interacción compleja entre las notificaciones, la necesidad de validación instantánea y la ansiedad por perderse experiencias, promoviendo estrategias que fomenten una relación más saludable y equilibrada con la tecnología digital.

Las notificaciones nocturnas pueden afectar negativamente el sueño. La recepción de mensajes o alertas durante la noche puede interrumpir el descanso, lo que contribuye a la fatiga y al aumento de la ansiedad a largo plazo.

La recepción de mensajes o alertas durante la noche puede interrumpir el descanso, lo que contribuye a la fatiga y al aumento de la ansiedad a largo plazo.

El impacto de las notificaciones nocturnas en el sueño es un aspecto crucial a considerar en el contexto de la salud mental y el bienestar general.

Las notificaciones nocturnas tienen el potencial de interrumpir el ciclo natural de sueño. La recepción de mensajes o alertas puede despertar a las personas durante la noche, impidiendo que alcancen las etapas más profundas y reparadoras del sueño.

Puede generar ansiedad, ya que las personas pueden sentir la presión de responder o abordar los mensajes, incluso cuando deberían estar descansando. Esta ansiedad puede contribuir a un estado de vigilia y dificultar la relajación necesaria para conciliar el sueño.

La interrupción del sueño debido a notificaciones nocturnas puede resultar en fatiga durante el día siguiente. La falta de un sueño reparador se asocia comúnmente con una disminución del rendimiento cognitivo y físico, lo que afecta negativamente la calidad de vida.

El sueño desordenado está vinculado a problemas de salud mental, como la ansiedad y la depresión. Las notificaciones nocturnas, al contribuir a la interrupción del sueño, pueden exacerbar estos problemas y afectar la salud mental a largo plazo.

Para preservar la calidad del sueño, es esencial establecer límites en las notificaciones nocturnas. Configurar modos "no molestar" durante ciertas horas o colocar dispositivos fuera del alcance durante la noche son estrategias efectivas para minimizar la interrupción del sueño.

Educar sobre la importancia de hábitos de sueño saludables y la necesidad de desconectar antes de acostarse es fundamental. La promoción de rutinas relajantes antes de dormir y la creación de un ambiente propicio para el descanso ayudan a contrarrestar los efectos negativos de las notificaciones nocturnas.

La conciencia sobre la salud digital incluye el reconocimiento de cómo las notificaciones afectan el bienestar general. Promover la importancia de un sueño ininterrumpido y restaurador contribuye a una comprensión más amplia de los impactos de la tecnología en la salud.

La gestión de las notificaciones nocturnas es esencial para salvaguardar el sueño y promover un estado de bienestar óptimo. Establecer límites claros y fomentar hábitos de sueño saludables son pasos cruciales en el cuidado de la salud mental y física.

Las notificaciones a menudo están vinculadas a la presión social y la validación digital. La respuesta instantánea a notificaciones puede convertirse en una búsqueda constante de validación, generando ansiedad sobre la percepción que otros tienen sobre uno mismo.

La relación entre las notificaciones y la presión social, así como la búsqueda de validación digital, es un fenómeno relevante en la era digital. Aquí se exploran los aspectos clave de esta dinámica:

La recepción de notificaciones a menudo crea expectativas de respuesta inmediata. La presión de estar siempre disponible para responder a mensajes o interactuar en las redes sociales puede generar ansiedad, ya que las personas se sienten obligadas a cumplir con estas expectativas sociales.

Las notificaciones, especialmente en plataformas de redes sociales, están estrechamente ligadas a la búsqueda de validación. La respuesta positiva en forma de likes, comentarios o interacciones se percibe como validación social, alimentando la necesidad de obtener constantemente este tipo de reconocimiento digital.

La conexión entre notificaciones y validación digital puede tener un impacto significativo en la autoestima. La falta de interacción o la ausencia de respuestas positivas puede generar dudas sobre el propio valor y contribuir a una autoimagen negativa.

La presión social y la validación digital a través de notificaciones a menudo conducen a la comparación constante. Las personas pueden medir su valía en función de la cantidad y calidad de las interacciones en línea, generando un ciclo de comparación que afecta negativamente la salud mental.

La ansiedad sobre la percepción que otros tienen sobre uno mismo se intensifica con la respuesta a notificaciones. La rapidez con la que se responde y la cantidad de interacciones recibidas pueden convertirse en indicadores de popularidad y aceptación, contribuyendo a la ansiedad social.

La relación entre notificaciones y validación digital puede generar una necesidad constante de validación. Las personas pueden volverse dependientes de la retroalimentación positiva en línea, buscando continuamente la aprobación de otros para reafirmar su valía.

Reconocer la presión social vinculada a las notificaciones y la validación digital es el primer paso hacia la gestión saludable. Practicar la desconexión digital, establecer límites y fomentar la autoaceptación son estrategias clave para mitigar los efectos negativos de esta dinámica.

La interacción entre notificaciones, presión social y validación digital puede tener un impacto profundo en la salud mental. Fomentar una relación equilibrada con la tecnología y promover la autoaceptación independientemente de las interacciones en línea son elementos esenciales para el bienestar emocional.

La constante estimulación a través de notificaciones puede contribuir a la adicción digital. La necesidad compulsiva de revisar el teléfono o dispositivo en busca de nuevas notificaciones puede generar ansiedad si la conexión digital se convierte en un hábito difícil de romper.

La adicción digital, caracterizada por la dependencia compulsiva de dispositivos y servicios en línea, encuentra en las notificaciones un componente crucial que contribuye a su desarrollo y persistencia. Aquí se detallan aspectos relevantes de esta compleja relación:

Las notificaciones, al ofrecer estímulos constantes a través de mensajes, alertas y actualizaciones, activan los centros de recompensa en el cerebro de manera similar a cómo lo hacen sustancias adictivas. Esta estimulación constante puede crear un ciclo de búsqueda de dopamina, contribuyendo al desarrollo de la adicción.

La adicción digital a menudo se manifiesta en un ritual compulsivo de verificación de notificaciones. La anticipación de recibir una nueva alerta y la recompensa asociada con ello refuerzan el comportamiento, llevando a una necesidad continua de revisar el dispositivo en busca de validación digital.

La ansiedad experimentada al separarse del dispositivo, conocida como nomofobia, se ve exacerbada por la expectativa de notificaciones. La preocupación por perderse información relevante o la necesidad constante de estar conectado pueden intensificar la adicción digital y la dependencia emocional de la tecnología.

La adicción digital a las notificaciones puede dificultar la capacidad de desconectar. La sensación de incomodidad o inquietud al alejarse de la pantalla refuerza la necesidad de permanecer constantemente conectado, creando un círculo vicioso difícil de romper.

La constante interrupción de notificaciones puede tener un impacto significativo en la productividad. La dificultad para mantener la concentración y completar tareas sin distracciones digitales contribuye a la sensación de pérdida de control, alimentando aún más la adicción.

Aunque las notificaciones están destinadas a facilitar la conexión social, la adicción digital a menudo resulta en interacciones superficiales. La búsqueda constante de validación puede eclipsar la calidad de las relaciones, contribuyendo a una sensación de soledad a pesar de estar constantemente conectado.

Reconocer la adicción digital y desarrollar estrategias para la desintoxicación digital son pasos esenciales. Establecer límites en el tiempo de pantalla, practicar la desconexión regular y buscar apoyo para cambiar hábitos son enfoques clave para abordar esta problemática.

La relación entre notificaciones y adicción digital destaca la importancia de una gestión consciente del tiempo en línea. Equilibrar la conexión digital con períodos de desconexión saludable se vuelve esencial para preservar la salud mental en la era digital.

Las notificaciones frecuentes pueden llevar a la distracción y a la desconexión social. Estar constantemente pendiente del teléfono puede afectar las interacciones cara a cara, generando ansiedad social y contribuyendo a una sensación de desconexión emocional.

La proliferación de notificaciones en dispositivos móviles ha introducido un fenómeno contemporáneo: la distracción digital y la desconexión social. Estas tendencias, alimentadas por la constante interrupción de alertas, pueden tener efectos significativos en la calidad de nuestras interacciones y relaciones personales. Aquí se analizan algunos aspectos clave:

Las notificaciones constantes se convierten en barreras para la atención plena. La incapacidad de sumergirse completamente en una conversación o actividad debido a interrupciones digitales genera distracción, debilitando la calidad de la atención y afectando negativamente la conexión emocional con los demás.

La distracción digital puede erosionar la calidad de las relaciones interpersonales. La falta de atención total durante las interacciones cara a cara puede percibirse como falta de interés o respeto, generando tensiones y contribuyendo a una sensación de desconexión emocional.

Estar constantemente pendiente de notificaciones puede generar ansiedad social digital. La preocupación por las respuestas en línea, la validación digital y la anticipación de nuevas alertas pueden afectar la confianza en las interacciones offline, contribuyendo a la desconexión social.

La distracción digital perpetua también puede conducir a la desconexión emocional. La falta de compromiso emocional en momentos significativos debido a la atención dividida entre el mundo digital y el real puede crear barreras en las relaciones, socavando la profundidad de las conexiones humanas.

La distracción constante puede obstaculizar la capacidad de empatía. La falta de atención plena dificulta la comprensión profunda de las emociones y experiencias de los demás, contribuyendo a una disminución de la empatía y la conexión emocional.

Establecer momentos y espacios sin distracciones digitales se vuelve crucial. La creación de ambientes libres de notificaciones permite experiencias más ricas y significativas, promoviendo la atención plena y la conexión genuina en las interacciones sociales.

Reconocer y reconstruir hábitos digitales es esencial para contrarrestar la distracción y la desconexión. Establecer límites en el uso del teléfono, practicar la atención plena y fomentar la conciencia sobre el impacto de la distracción digital son pasos clave hacia la reconexión social y emocional.

La gestión consciente de las notificaciones y la promoción de un uso equilibrado de la tecnología son fundamentales para preservar la calidad de nuestras interacciones y relaciones en una era digital.

La ansiedad relacionada con las notificaciones contribuye al estrés tecnológico. La presión de mantenerse al día con la constante corriente de información digital puede generar tensiones adicionales y afectar negativamente la salud mental.

La interconexión constante con dispositivos digitales ha traído consigo no solo comodidades, sino también desafíos psicológicos, siendo el estrés tecnológico uno de ellos. Este fenómeno surge de la ansiedad relacionada con las notificaciones y la presión constante de mantenerse al día con la información digital. Aquí se exploran algunos aspectos clave:

La constante llegada de notificaciones contribuye a una sobrecarga informativa. El acceso continuo a información digital puede ser abrumador, generando estrés al intentar procesar y asimilar grandes cantidades de datos de manera simultánea.

La expectativa de respuestas inmediatas debido a las notificaciones crea una presión constante. La sensación de estar siempre disponible para responder a mensajes, correos electrónicos o actualizaciones puede generar estrés, ya que se percibe la necesidad de estar constantemente conectado.

La ansiedad tecnológica también puede afectar la productividad. La constante interrupción de notificaciones puede fragmentar el tiempo dedicado a tareas importantes, disminuyendo la eficiencia y generando estrés relacionado con la gestión del tiempo.

La idea de desconectarse temporalmente puede generar ansiedad. La dependencia de las notificaciones para obtener información y la preocupación por perderse algo importante pueden contribuir al estrés tecnológico al considerar la idea de desconexión.

La competencia por mantener una presencia digital positiva también contribuye al estrés. La preocupación por la validación social a través de likes, comentarios y seguidores puede generar ansiedad tecnológica al tratar de mantener una imagen digital impecable.

La gestión del estrés tecnológico implica adoptar estrategias de autocuidado digital. Establecer límites en el tiempo de pantalla, practicar la desconexión regular y priorizar el bienestar emocional son enfoques cruciales para mitigar la ansiedad asociada con las notificaciones.

Crear conciencia sobre el impacto del estrés tecnológico es fundamental. La comprensión de cómo las notificaciones y la presión digital afectan la salud mental puede inspirar a las personas a adoptar un enfoque más equilibrado hacia la tecnología.

La gestión efectiva del estrés tecnológico implica reconocer y abordar las tensiones asociadas con la constante conexión digital. Al implementar estrategias de autocuidado y fomentar una relación saludable con la tecnología, es posible reducir el impacto negativo del estrés tecnológico en la salud mental.

Desarrollar estrategias efectivas para gestionar las notificaciones es crucial. Establecer límites de tiempo, utilizar modos de "no molestar" y priorizar las comunicaciones importantes son pasos clave para reducir la ansiedad asociada con las notificaciones.

Definir períodos específicos para revisar notificaciones ayuda a evitar la constante interrupción. Establecer límites de tiempo permite dedicar momentos específicos del día para responder y procesar la información digital.

Utilizar la función de "No Molestar" en dispositivos móviles durante ciertos períodos, como el tiempo de trabajo o el descanso, ayuda a minimizar interrupciones y reduce la presión de responder de inmediato.

Configurar notificaciones prioritarias para mensajes importantes o de contactos clave. Esto permite filtrar y atender primero las comunicaciones esenciales, reduciendo la ansiedad relacionada con la necesidad de respuesta constante.

Desactivar notificaciones no esenciales contribuye a un entorno digital más tranquilo. Eliminar alertas de aplicaciones que no requieren una respuesta inmediata ayuda a reducir la ansiedad asociada con la sobrecarga de información.

Programar momentos regulares de desconexión total es crucial. Establecer períodos sin notificaciones, especialmente antes de acostarse, permite a la mente relajarse y reduce la ansiedad vinculada con la presión de estar siempre conectado.

Incorporar prácticas de conciencia plena ayuda a gestionar la ansiedad tecnológica. Ser consciente del impacto emocional de las notificaciones y practicar la atención plena puede mejorar la relación con la tecnología.

Comunicar a colegas, amigos y familiares sobre períodos específicos de disponibilidad ayuda a establecer expectativas claras. Esto reduce la presión de responder de inmediato y fomenta una comprensión compartida sobre los límites digitales.

Realizar revisiones periódicas de la configuración de notificaciones y ajustarlas según las necesidades cambiantes ayuda a mantener un equilibrio saludable. Adaptarse a las circunstancias permite una gestión continua y efectiva del estrés tecnológico.

Al adoptar estas estrategias, los individuos pueden empoderarse para controlar la intrusión digital, reducir la ansiedad asociada con las notificaciones y promover un uso más consciente y equilibrado de la tecnología en su vida diaria.

El papel de las notificaciones constantes en dispositivos móviles en la ansiedad y el estrés es multifacético. Desde la sobrecarga informativa hasta la presión social, comprender estos aspectos es esencial para abordar de manera efectiva los desafíos psicológicos asociados con la conectividad digital constante.

10. Tecnología y Relaciones Personales:

La tecnología ha transformado la forma en que nos relacionamos y comunicamos, presentando tanto beneficios como desafíos para nuestras conexiones interpersonales.

La tecnología facilita la conexión instantánea a través de mensajes, llamadas y redes sociales. Aunque esto permite mantenerse en contacto fácilmente, también puede llevar a interacciones más superficiales y menos significativas.

La era digital ha transformado la manera en que nos conectamos, ofreciendo una facilidad sin precedentes para mantener contacto con personas de todo el mundo. Sin embargo, esta conectividad instantánea a menudo coexiste con la paradoja de la superficialidad en las interacciones. A continuación, se examina cómo la conectividad digital puede tener un impacto en la profundidad de nuestras relaciones:

La capacidad de enviar mensajes o realizar llamadas en cualquier momento ha generado una cultura de gratificación instantánea. Aunque esto facilita la conexión, también puede llevar a interacciones más ligeras y menos comprometidas, ya que se prioriza la rapidez sobre la profundidad.

Plataformas como mensajes de texto y redes sociales a menudo limitan la extensión y la complejidad de nuestras comunicaciones. La brevedad de los mensajes puede resultar en interacciones más superficiales, ya que se omiten detalles y matices que enriquecerían la conversación.

La conectividad digital puede carecer del contexto que se obtiene en las interacciones cara a cara. La ausencia de señales no verbales y tono de voz a veces dificulta la interpretación precisa de los mensajes, aumentando el riesgo de malentendidos.

Aunque la conectividad constante permite estar al tanto de las novedades, también puede interrumpir las conversaciones profundas. Las notificaciones y la presión para responder rápidamente pueden distraer de momentos significativos.

En un intento de presentar una imagen positiva en línea, las personas pueden curar cuidadosamente sus identidades digitales. Esto puede llevar a una falta de autenticidad, ya que se comparten principalmente los aspectos positivos de la vida, contribuyendo a una representación superficial.

La conectividad digital puede presentar desafíos en la construcción de relaciones significativas. Las interacciones en línea a veces no ofrecen la misma profundidad emocional que las experiencias cara a cara, lo que puede afectar la calidad de nuestras conexiones.

Las plataformas digitales pueden no ser el mejor entorno para abordar problemas complejos o emocionales. La falta de empatía y la limitación en la expresión emocional pueden dificultar la resolución efectiva de conflictos.

En medio de la facilidad de conexión digital, es crucial buscar un equilibrio entre la rapidez de la comunicación y la profundidad de las relaciones. La conciencia de la necesidad de momentos significativos y reflexivos puede contrarrestar la tendencia hacia la superficialidad.

En última instancia, la conectividad digital ofrece oportunidades extraordinarias, pero la clave reside en utilizarla de manera consciente para nutrir relaciones significativas y auténticas.

La comunicación a través de plataformas digitales a menudo es asincrónica, lo que significa que no se produce en tiempo real. Esto puede llevar a malentendidos debido a la falta de señales no verbales y tono de voz, impactando la calidad de la comunicación.

La comunicación asincrónica, una característica distintiva de las plataformas digitales, presenta desafíos únicos que influyen en la calidad y profundidad de nuestras interacciones. Vamos a explorar cómo la falta de sincronización temporal puede afectar la forma en que nos comunicamos:

La comunicación asincrónica implica que las respuestas no son inmediatas, creando lagunas temporales entre los mensajes. Esta desconexión puede dificultar la construcción de un flujo natural en la conversación y afectar la percepción de urgencia en la comunicación.

Las señales no verbales, como expresiones faciales y lenguaje corporal, son elementos cruciales en la comunicación cara a cara. En entornos asincrónicos, la falta de estas señales puede dar lugar a malentendidos, ya que la interpretación de los mensajes se limita al contenido escrito.

La ausencia de tono de voz en la comunicación escrita puede generar ambigüedad en la interpretación de los mensajes. La misma frase puede percibirse de manera diferente según el tono atribuido por el receptor, lo que puede dar lugar a malentendidos.

La falta de inmediatez en las respuestas puede llevar a respuestas impulsivas. La reflexión y el pensamiento cuidadoso, comunes en la comunicación cara a cara, pueden verse afectados por la distancia temporal entre mensajes, lo que puede contribuir a conflictos innecesarios.

La escritura puede carecer de la emotividad presente en la comunicación oral. Las palabras pueden parecer más frías o distantes, y las expresiones emocionales pueden ser más difíciles de transmitir, lo que afecta la conexión emocional en las interacciones.

Dada la ausencia de las matices presentes en la comunicación presencial, existe una mayor necesidad de expresarse de manera clara y precisa en entornos asincrónicos. La falta de oportunidades para aclarar inmediatamente puede generar malentendidos.

La construcción de relaciones puede ser más lenta en la comunicación asincrónica, ya que la conexión no se desarrolla en tiempo real. Esto puede afectar la rapidez con la que se establecen relaciones significativas y la profundidad de la conexión interpersonal.

Aunque la comunicación asincrónica ofrece conveniencia en muchos contextos, es vital reconocer y abordar estos desafíos para maximizar la efectividad y autenticidad de nuestras interacciones digitales.

Si bien las redes sociales pueden fortalecer las conexiones, también introducen el riesgo de comparación constante y la ilusión de conexiones más fuertes de lo que realmente son. Las interacciones en línea a veces no reflejan la complejidad de las relaciones cara a cara.

La intersección entre redes sociales y relaciones personales presenta una dualidad fascinante, donde las conexiones digitales pueden fortalecer, pero también desafiar la naturaleza de nuestras relaciones. Exploraremos cómo esta dualidad se manifiesta en el tejido de nuestras vidas:

Las redes sociales ofrecen una plataforma para mantenerse conectados con amigos y familiares, superando barreras geográficas. Compartir momentos, actualizaciones y mensajes a través de estas plataformas puede fortalecer los lazos, proporcionando un medio para estar presente en la vida de los demás.

Sin embargo, la misma exposición a las vidas de los demás puede desencadenar la comparación constante. La naturaleza selectiva de lo que se comparte en redes sociales puede crear percepciones distorsionadas de las vidas de los demás, generando ansiedad y presiones innecesarias para cumplir con estándares percibidos.

La interacción en línea, aunque puede ser constante, no siempre refleja la complejidad y profundidad de las relaciones cara a cara. La ilusión de conexiones más fuertes de lo que realmente son puede surgir, ya que la calidad de la conexión no siempre se traduce de manera directa en el mundo digital.

Pueden carecer de matices y sutilezas presentes en la comunicación cara a cara. La ausencia de expresiones faciales, tono de voz y lenguaje corporal puede hacer que la interpretación de mensajes sea más desafiante, contribuyendo a malentendidos.

Las redes sociales a menudo fomentan una versión idealizada de la vida. La presión para mantener una imagen positiva puede inhibir la vulnerabilidad y autenticidad que son fundamentales para las conexiones genuinas. La dificultad de mostrar lados menos pulidos puede afectar la calidad de las relaciones.

Mientras que las redes sociales facilitan la conexión con una amplia red de personas, existe el riesgo de que estas conexiones sean más superficiales en comparación con las relaciones profundas y significativas que se construyen a lo largo del tiempo en la vida real.

La relación entre el uso de redes sociales y la salud mental también está en juego. La exposición constante a la vida de los demás puede contribuir a la ansiedad y la baja autoestima, especialmente cuando se compara la vida digital con la propia.

Al navegar por esta dualidad, es crucial cultivar un equilibrio saludable entre la conectividad digital y las relaciones cara a cara, reconociendo los desafíos y aprovechando las oportunidades para construir conexiones auténticas y significativas.

La presencia constante de dispositivos electrónicos durante las interacciones cara a cara puede generar distracciones. La falta de atención plena puede afectar la calidad de la comunicación y reducir la intimidad en las relaciones.

La omnipresencia de dispositivos electrónicos en las interacciones cara a cara plantea un desafío significativo para la conexión auténtica y la calidad de las relaciones personales. Examinemos cómo las distracciones tecnológicas impactan la dinámica de nuestras interacciones diarias:

Las notificaciones, alertas y sonidos de dispositivos pueden interrumpir constantemente las conversaciones. Esta interrupción puede dificultar el desarrollo de un diálogo profundo y significativo, ya que las personas pueden sentir la necesidad de responder rápidamente a las distracciones digitales.

La falta de atención plena y las interrupciones constantes pueden reducir la intimidad en las relaciones. La conexión emocional y la profundidad de la conversación pueden disminuir cuando las distracciones digitales toman el centro del escenario.

En lugar de fortalecer los lazos sociales, las distracciones tecnológicas pueden contribuir a la desconexión. La incapacidad de mantener una conversación sin distracciones puede dar lugar a una sensación de distancia y falta de compromiso en las relaciones.

La priorización de la tecnología durante las interacciones cara a cara puede enviar un mensaje de que la pantalla es más importante que la persona presente. Esta percepción puede afectar negativamente la autoestima y la calidad de la relación.

Con el tiempo, la presencia constante de dispositivos puede convertirse en un hábito arraigado. Este hábito puede ser difícil de romper y requerir esfuerzos conscientes para volver a enfocarse en la conexión humana sin distracciones digitales.

La conexión constante con dispositivos electrónicos durante las interacciones sociales puede contribuir al estrés y la ansiedad. La necesidad de estar siempre conectado puede generar presiones adicionales y afectar la salud mental.

Al abordar las distracciones tecnológicas, es esencial establecer límites claros y practicar la atención plena durante las interacciones cara a cara. Cultivar un entorno donde las relaciones se prioricen sobre las distracciones digitales contribuye a la construcción de conexiones más auténticas y significativas.

Las plataformas de comunicación virtual, aunque valiosas, a veces no pueden replicar completamente la riqueza de las interacciones cara a cara. La ausencia de contacto físico y la limitación de señales no verbales pueden afectar la conexión emocional.

La comunicación virtual, a pesar de su conveniencia y utilidad, presenta desafíos específicos que pueden influir en la calidad y profundidad de las interacciones. Examinemos algunos de estos desafíos y cómo impactan la comunicación:

Las plataformas virtuales a menudo carecen de la riqueza de las señales no verbales presentes en la comunicación cara a cara. La falta de expresiones faciales, gestos y tono de voz puede dificultar la interpretación completa de las emociones y matices en una conversación.

La comunicación virtual no permite el contacto físico, una parte integral de las interacciones humanas. La falta de abrazos, apretones de manos u otros gestos físicos puede afectar la conexión emocional y la sensación de cercanía.

Aunque emoticones y emojis intentan compensar la falta de expresión emocional, no siempre pueden transmitir la complejidad de las emociones humanas. La comunicación virtual puede tener limitaciones para expresar emociones de manera completa.

Las interacciones virtuales pueden llevar a una cierta desconexión con la realidad. La separación física puede hacer que las personas se sientan menos comprometidas o menos conscientes de las consecuencias de sus palabras y acciones en comparación con las interacciones cara a cara.

La falta de señales no verbales y la ausencia de contacto físico pueden aumentar el riesgo de malentendidos en la comunicación. Las palabras escritas pueden interpretarse de manera diferente, lo que podría llevar a conflictos o confusiones.

El uso prolongado de dispositivos para la comunicación virtual puede generar fatiga de pantalla. Esto no solo afecta la calidad de la interacción, sino que también puede contribuir al agotamiento y la desconexión digital.

La comunicación virtual puede dificultar la lectura del contexto general de una conversación. La falta de pistas ambientales y visuales puede hacer que sea más difícil entender completamente el significado detrás de las palabras.

A pesar de estos desafíos, la comunicación virtual sigue siendo una herramienta valiosa. Es importante reconocer estas limitaciones y, cuando sea posible, complementar la comunicación virtual con interacciones cara a cara para fortalecer las conexiones emocionales y promover una comprensión más completa.

La sobreexposición en línea a menudo se traduce en una falta de privacidad y puede afectar la capacidad de las personas para compartir aspectos más íntimos de sus vidas en relaciones cara a cara.

La falta de intimidad en la era digital es una preocupación creciente a medida que las personas comparten una cantidad considerable de información en línea. Este fenómeno puede tener impactos significativos en la calidad de las relaciones cara a cara. Analicemos cómo la sobreexposición en línea puede afectar la intimidad:

La presencia en redes sociales y otras plataformas digitales a menudo implica una exposición constante a la vida de los demás. La cantidad de información compartida puede disminuir el sentido de privacidad y contribuir a la sensación de estar siempre bajo la mirada de otros.

La sobreexposición en línea puede afectar la capacidad de las personas para compartir aspectos más íntimos de sus vidas en relaciones cara a cara. La sensación de que otros ya conocen muchos detalles puede disminuir el impulso de compartir experiencias más personales en persona.

En un entorno digital donde compartir detalles personales se ha vuelto la norma, algunas personas pueden sentir presión para compartir más de lo que se sienten cómodas. Esto puede afectar la autenticidad de las interacciones cara a cara.

Aunque las personas comparten gran parte de sus vidas en línea, a menudo lo hacen de manera selectiva. Esta selección cuidadosa puede afectar la percepción de los demás sobre la autenticidad de una persona, creando una brecha entre la imagen digital y la realidad.

La falta de privacidad puede tener un impacto en la confianza en las relaciones interpersonales. Las personas pueden volverse más cautelosas al compartir información íntima, preocupadas por cómo podría ser percibida o utilizada en el espacio digital.

La gestión efectiva de la privacidad se vuelve crucial en un mundo digital. Configurar adecuadamente las configuraciones de privacidad en las redes sociales y ser consciente de lo que se comparte son pasos esenciales para preservar la intimidad.

Es fundamental crear y mantener espacios seguros para la intimidad en las relaciones cara a cara. Estos espacios permiten compartir experiencias personales sin la preocupación de la exposición constante experimentada en el ámbito digital.

Fomentar conversaciones significativas y auténticas fuera de la esfera digital contribuye a construir relaciones más íntimas y genuinas. Estas interacciones cara a cara permiten una conexión más profunda sin la presión de la sobreexposición en línea.

Al equilibrar la participación en el mundo digital con la preservación de la privacidad y la intimidad, las personas pueden cultivar relaciones más saludables y auténticas tanto en línea como fuera de ella.

La tecnología puede generar expectativas de disponibilidad constante, lo que puede poner a prueba las relaciones. La presión para responder de inmediato puede generar estrés y afectar la calidad de las interacciones cara a cara.

En la era digital, la tecnología ha creado expectativas de disponibilidad constante, lo que puede tener un impacto significativo en las relaciones interpersonales y la comunicación cara a cara. Exploraremos cómo estas expectativas pueden afectar tanto positiva como negativamente la calidad de las interacciones:

La tecnología permite una conexión instantánea, facilitando la comunicación en tiempo real. Esto puede ser beneficioso para mantenerse en contacto, pero también crea la expectativa de respuestas rápidas y disponibilidad constante.

La rapidez de la comunicación digital a menudo genera una presión para responder rápidamente a mensajes, correos electrónicos y otras formas de comunicación. Esta presión puede generar estrés y afectar la calidad de las respuestas.

Las expectativas de disponibilidad constante pueden contribuir al estrés y la ansiedad. La necesidad de estar siempre disponible puede generar preocupaciones sobre la desconexión y afectar negativamente la salud mental.

La presión para responder de inmediato puede afectar las relaciones personales. Las personas pueden sentirse frustradas o incomprendidas si las respuestas no son instantáneas, lo que puede generar tensiones innecesarias.

La constante disponibilidad a través de dispositivos móviles puede interrumpir los momentos presentes en las interacciones cara a cara. La necesidad de responder a notificaciones puede distraer y disminuir la calidad de la conexión en tiempo real.

Es esencial establecer límites claros en cuanto a la disponibilidad. Definir momentos en los que está bien no responder inmediatamente ayuda a equilibrar la conexión digital con la necesidad de espacio personal y atención plena en situaciones presenciales.

La comunicación abierta y transparente sobre las expectativas de disponibilidad puede evitar malentendidos. Compartir las preferencias de respuesta y establecer límites de manera clara promueve una comprensión mutua.

Reservar momentos para el tiempo de calidad sin dispositivos es esencial. Establecer espacios libres de tecnología permite a las personas concentrarse plenamente en las interacciones cara a cara sin distracciones digitales.

Educar sobre la importancia de los espacios personales y la necesidad de desconectar en ciertos momentos puede cambiar las expectativas culturales y promover un enfoque más equilibrado hacia la disponibilidad constante.

Priorizar interacciones significativas sobre respuestas inmediatas ayuda a mantener la calidad de las relaciones. Enfocarse en la profundidad de la conexión en lugar de la velocidad de la respuesta contribuye a relaciones más auténticas.

Al equilibrar la conexión digital con el espacio personal y la atención plena en las interacciones cara a cara, las personas pueden cultivar relaciones más saludables y sostenibles en la era digital.

Por otro lado, la tecnología permite relaciones a larga distancia, facilitando la comunicación y el mantenimiento de conexiones significativas a pesar de la distancia física.

La tecnología ha transformado la forma en que mantenemos y nutrimos relaciones a larga distancia, actuando como un puente que facilita la conexión y la comunicación significativa. Veamos cómo la tecnología ha facilitado y enriquecido estas relaciones:

Plataformas de mensajería instantánea, llamadas de video y redes sociales permiten una comunicación instantánea, acortando la brecha geográfica y creando una sensación de cercanía a pesar de la distancia física.

Videoconferencias: Las videoconferencias han transformado la experiencia de las relaciones a larga distancia. Poder verse cara a cara, compartir experiencias y participar en actividades juntos virtualmente ayuda a mantener la conexión emocional.

Las redes sociales proporcionan una ventana a la vida diaria de seres queridos distantes. Compartir fotos, actualizaciones y participar en conversaciones en línea contribuye a mantenerse al tanto de la vida del otro.

Herramientas colaborativas en línea facilitan la participación conjunta en proyectos, juegos o actividades creativas. Esto no solo fortalece la conexión, sino que también brinda experiencias compartidas.

La tecnología permite la celebración de eventos a distancia, desde fiestas de cumpleaños virtuales hasta participación en ocasiones especiales a través de transmisiones en vivo. Esto permite compartir momentos significativos a pesar de la separación física.

Las aplicaciones de mensajería de grupo facilitan la conexión simultánea con múltiples personas. Esto es especialmente valioso para mantener la cohesión en grupos de amigos o familias dispersos.

Participar en juegos en línea con seres queridos a larga distancia ofrece una forma divertida de interactuar y compartir experiencias. La competencia amistosa y la colaboración fortalecen los lazos.

Aunque tradicionales, el intercambio de cartas y correos electrónicos sigue siendo una forma íntima de comunicación. La tecnología facilita este proceso, permitiendo una correspondencia continua.

Participar en eventos virtuales, desde conferencias hasta conciertos, brinda la oportunidad de compartir experiencias incluso cuando los seres queridos están geográficamente distantes.

La disponibilidad constante a través de la tecnología permite brindar apoyo emocional instantáneo. Estar presente virtualmente en momentos difíciles contribuye a la conexión emocional continua.

Al aprovechar las posibilidades que ofrece la tecnología, las relaciones a larga distancia pueden mantenerse vibrantes y significativas. La tecnología actúa como un puente que acorta la distancia física, permitiendo que las conexiones personales prosperen a pesar de la separación geográfica.

La comunicación digital a veces carece de la empatía que se puede transmitir más fácilmente en interacciones cara a cara. La ausencia de expresiones faciales y lenguaje corporal puede limitar la comprensión emocional.

La evolución de la comunicación hacia plataformas digitales ha introducido desafíos específicos en términos de expresión y recepción de empatía. A continuación, exploramos cómo la comunicación digital puede afectar la capacidad de expresar y percibir la empatía:

La empatía se comunica no solo a través de palabras, sino también a través de expresiones faciales, gestos y tono de voz. En entornos digitales, donde estas señales no verbales son limitadas o inexistentes, la transmisión de empatía puede resultar más desafiante.

La comunicación escrita, común en plataformas digitales, puede llevar a malentendidos. La ausencia de entonación y lenguaje corporal puede hacer que los mensajes se perciban de manera diferente a la intención original, afectando la interpretación de la empatía.

Las conversaciones digitales a veces carecen de la sensibilidad contextual que se encuentra en las interacciones cara a cara. La empatía se nutre de la comprensión profunda de la situación, y la falta de contexto puede limitar la capacidad de empatizar plenamente.

La naturaleza instantánea de la comunicación digital puede llevar a respuestas rápidas y superficiales. La empatía, que a menudo requiere reflexión y consideración, puede verse comprometida en un entorno donde la rapidez es prioritaria.

Expresar emociones complejas y matices emocionales puede ser un desafío en la comunicación digital. Las limitaciones del formato pueden dificultar la transmisión de la gama completa de emociones que acompañan a la empatía.

La separación física en la comunicación digital puede crear una distancia perceptual entre los interlocutores. Esta distancia puede afectar la percepción de la empatía, ya que la conexión emocional puede parecer menos tangible.

La falta de privacidad y la sobreexposición en plataformas digitales a veces reducen la sensación de intimidad. La empatía, que a menudo florece en ambientes íntimos, puede verse afectada por la falta de espacios privados.

Aunque la tecnología ha avanzado en la creación de experiencias virtuales, la empatía virtual todavía enfrenta desafíos. La simulación de la presencia y las emociones reales a través de pantallas puede no replicar completamente la empatía cara a cara.

La comunicación digital excesiva a veces puede llevar a una desconexión emocional. La sobreexposición constante puede desensibilizar a las personas, afectando su capacidad de conectarse emocionalmente y expresar empatía.

A pesar de estos desafíos, es importante reconocer que la tecnología también ha creado nuevas formas de expresar empatía, como el apoyo en línea, la participación en comunidades virtuales de apoyo y la conexión global instantánea. La adaptación y la conciencia de estas dinámicas permiten mitigar los desafíos y fomentar la empatía en el mundo digital.

Lograr un equilibrio saludable entre la tecnología y las relaciones personales es fundamental. Establecer límites y practicar la atención plena durante las interacciones cara a cara puede mejorar la calidad de las conexiones interpersonales en un mundo cada vez más digitalizado.

En un mundo cada vez más digitalizado, encontrar un equilibrio saludable entre la tecnología y las relaciones personales es esencial para preservar la autenticidad y la calidad de nuestras conexiones. Aquí hay algunas estrategias para lograr este equilibrio:

Definir límites claros en el uso de la tecnología durante las interacciones cara a cara es fundamental. Establecer momentos libres de dispositivos electrónicos permite una conexión más auténtica y plena.

La atención plena durante las interacciones personales implica estar completamente presente en el momento. Al minimizar las distracciones digitales y enfocarse en la conversación o actividad actual, se promueve una conexión más profunda.

Asignar espacios específicos para el uso de la tecnología puede ayudar a separar las interacciones digitales de las personales. Esto contribuye a mantener la atención en las relaciones cuando es más relevante.

Aunque la tecnología facilita la comunicación a larga distancia, fomentar las interacciones cara a cara fortalece las conexiones emocionales. Las conversaciones en persona permiten la expresión completa de emociones y la empatía.

En lugar de centrarse únicamente en dispositivos electrónicos, participar en actividades conjuntas fortalece los lazos personales. Salir juntos, realizar actividades al aire libre o participar en hobbies compartidos crea recuerdos significativos.

En un mundo digital hiperconectado, priorizar la calidad de las interacciones sobre la cantidad es clave. En lugar de buscar constante validación en línea, centrarse en relaciones profundas y significativas contribuye al bienestar emocional.

Aprender a apreciar los momentos de silencio en compañía es importante. No todos los momentos necesitan ser llenados con conversaciones o dispositivos electrónicos. A veces, la conexión se encuentra en la tranquilidad compartida.

Fomentar relaciones fuera de las plataformas digitales proporciona experiencias compartidas que no están condicionadas por la búsqueda constante de eventos emocionantes en línea. Estas relaciones anclan la conexión en la realidad tangible.

Reflexionar sobre la necesidad de validación constante en línea es crucial. Redefinir el valor personal lejos de los indicadores digitales de popularidad contribuye a una autoimagen más saludable.

Designar espacios en el hogar o en actividades sociales donde la tecnología no esté presente permite desconectar y disfrutar de la presencia plena en el momento presente.

Al incorporar estas estrategias, podemos lograr un equilibrio saludable que aproveche las ventajas de la tecnología sin comprometer la autenticidad y la profundidad de nuestras relaciones personales.

11.Impacto de la Luz Azul en el Sueño:

La exposición a la luz azul emitida por pantallas electrónicas, como teléfonos inteligentes, tabletas y computadoras, puede tener un impacto significativo en nuestro ciclo del sueño y la calidad del descanso. Aquí se exploran los efectos de la luz azul y algunas estrategias para mitigar su impacto:

La luz azul es una longitud de onda corta y alta energía que se encuentra comúnmente en dispositivos electrónicos. Esta luz es beneficiosa durante el día, ya que mejora el estado de alerta y el rendimiento, pero su exposición nocturna puede suprimir la melatonina, la hormona que regula el sueño.

La luz azul, al ser una longitud de onda corta y de alta energía, es parte del espectro de luz visible que influye en la regulación del sueño. Durante el día, la exposición a la luz azul es beneficiosa porque ayuda a mantenernos alerta y mejora el rendimiento cognitivo. Sin embargo, en la noche, la exposición continua a la luz azul puede interferir con la producción de melatonina, lo que puede afectar negativamente nuestro sueño.

La melatonina es una hormona que regula el ciclo sueño-vigilia, y su producción se ve influenciada por la luz ambiental. La presencia de luz, especialmente la luz azul, le indica al cerebro que es de día, lo que inhibe la liberación de melatonina y dificulta el proceso de conciliar el sueño.

Por esta razón, reducir la exposición a la luz azul en las horas previas al sueño, especialmente proveniente de pantallas de dispositivos electrónicos, puede ser una estrategia eficaz para mejorar la calidad del sueño. Utilizar filtros de luz azul, activar modos nocturnos en dispositivos y limitar el uso de pantallas antes de acostarse son prácticas recomendadas para cuidar nuestra salud del sueño en un entorno digital.

La exposición a la luz azul, especialmente en las horas previas al sueño, puede interferir con la producción de melatonina, lo que dificulta conciliar el sueño. Esto puede llevar a alteraciones en el ritmo circadiano y afectar la calidad del descanso.

La exposición a la luz azul en las horas previas al sueño puede suprimir la producción de melatonina, desequilibrando el ritmo circadiano, que es el reloj biológico interno que regula los ciclos de sueño y vigilia.

La melatonina es esencial para iniciar y mantener el sueño. Cuando estamos expuestos a la luz azul, especialmente proveniente de dispositivos electrónicos como teléfonos, tabletas y computadoras, el cuerpo interpreta esta luz como una señal de que es de día y, por lo tanto, reduce la producción de melatonina. Esta interferencia en la regulación natural del sueño puede resultar en dificultades para conciliar el sueño, insomnio y una calidad de sueño generalmente inferior.

Adoptar prácticas que reduzcan la exposición a la luz azul antes de acostarse, como activar modos nocturnos en dispositivos electrónicos o usar filtros de luz azul, puede ser beneficioso para preservar la calidad del sueño y mantener un ritmo circadiano saludable.

La luz azul puede engañar al cerebro al indicarle que es de día, incluso en entornos oscuros. Esto puede provocar una alteración en el ciclo natural del sueño, haciendo que conciliar el sueño sea más difícil y afectando la duración y la calidad del descanso.

La capacidad de la luz azul para engañar al cerebro y señalar que es de día, incluso en condiciones de oscuridad, puede tener un impacto significativo en la regulación natural del sueño. Este engaño puede afectar la habilidad para conciliar el sueño y la calidad del descanso.

Es importante ser consciente de cómo la exposición a la luz azul, especialmente en las horas previas a acostarse, puede influir en nuestro ciclo circadiano y, por ende, en nuestros patrones de sueño. Adoptar hábitos que minimicen la exposición a la luz azul, como reducir el uso de dispositivos electrónicos antes de acostarse o utilizar filtros de luz azul, puede contribuir a mantener un ciclo del sueño más saludable.

La exposición constante a la luz azul antes de acostarse se ha asociado con un sueño menos reparador. Las personas que utilizan dispositivos electrónicos antes de dormir tienden a experimentar una disminución en la calidad del sueño y pueden despertarse sintiéndose menos descansadas.

La calidad del sueño puede verse afectada negativamente por la exposición constante a la luz azul, especialmente antes de acostarse. El uso de dispositivos electrónicos durante la noche puede interferir con la capacidad del cuerpo para producir melatonina, la hormona del sueño, lo que puede resultar en un sueño menos reparador y una sensación de fatiga al despertar.

Es fundamental ser consciente de estos efectos y considerar prácticas que minimicen la exposición a la luz azul antes de dormir, como establecer períodos de desconexión digital, utilizar modos de luz nocturna en dispositivos y crear un ambiente propicio para el sueño en el dormitorio. Estas medidas pueden contribuir a mejorar la calidad del sueño y promover un descanso más saludable.

Utilizar aplicaciones o configuraciones en dispositivos que reduzcan la emisión de luz azul.

Activar modos nocturnos en dispositivos que ajustan automáticamente la temperatura del color hacia tonos más cálidos en la tarde-noche.

Utilizar luces ambientales cálidas en lugar de luces brillantes en el hogar antes de acostarse.

Evitar el uso de dispositivos electrónicos al menos una hora antes de acostarse para permitir que la melatonina se libere naturalmente.

Mantener una rutina regular para acostarse y despertarse ayuda a sincronizar el ritmo circadiano.

Mantener el dormitorio oscuro y fresco, y limitar la exposición a pantallas durante la noche.

Reconocer el impacto de la luz azul en el sueño es el primer paso para tomar medidas proactivas. Con conciencia y ajustes en nuestros hábitos nocturnos, podemos cuidar mejor nuestra salud del sueño en la era digital.

La conciencia del impacto de la luz azul en el sueño es esencial para tomar medidas que promuevan un descanso saludable. Al comprender cómo la exposición a la luz azul puede afectar la producción de melatonina y alterar el ciclo del sueño, las personas pueden adoptar prácticas que minimicen estos efectos negativos.

La implementación de cambios en los hábitos nocturnos, como reducir el uso de dispositivos electrónicos antes de acostarse y ajustar la iluminación en el entorno, puede marcar una gran diferencia en la calidad del sueño. Al priorizar el autocuidado del sueño, se contribuye significativamente a la salud y el bienestar general.

Al adoptar estas estrategias y ser conscientes de nuestra exposición a la luz azul, podemos mejorar significativamente la calidad de nuestro sueño y promover un descanso reparador que contribuya a nuestro bienestar general.

Desarrollar una rutina tranquila antes de acostarse puede preparar la mente y el cuerpo para el sueño. Esto podría incluir actividades como leer un libro, tomar un baño caliente o practicar la meditación.

Asegurarse de que la habitación esté oscura, silenciosa y fresca puede mejorar las condiciones para conciliar el sueño. Las cortinas opacas y el uso de tapones para los oídos pueden ser útiles.

Evitar la cafeína y comidas pesadas antes de acostarse puede ayudar a prevenir interrupciones en el sueño. Optar por opciones de merienda ligeras y evitar la cafeína al menos varias horas antes de dormir es beneficioso.

Irse a la cama y despertarse a la misma hora todos los días, incluso los fines de semana, puede ayudar a regular el reloj biológico interno y mejorar la consistencia del sueño.

La práctica de la atención plena puede reducir el estrés y la ansiedad, contribuyendo a un estado mental más relajado antes de acostarse.

La actividad física regular está vinculada a un sueño de mejor calidad. Sin embargo, es aconsejable evitar hacer ejercicio intenso justo antes de dormir.

Priorizar estos hábitos puede marcar una diferencia significativa en la calidad del sueño y, por ende, en el bienestar general.

12.Autenticidad en las Redes Sociales:

Explorar el tema de la autenticidad en las redes sociales es crucial dada la creciente brecha entre la representación en línea y la realidad.

Las redes sociales a menudo se utilizan como plataformas para compartir los momentos destacados y positivos de la vida. Esta selectividad puede crear una brecha entre cómo una persona se presenta en línea y su realidad cotidiana, lo que lleva a una representación distorsionada.

Las herramientas de edición y los filtros en las redes sociales permiten a los usuarios mejorar y modificar sus fotos antes de compartirlas. Esto puede conducir a una representación idealizada que no refleja completamente la realidad.

Las personas tienden a compartir los momentos más destacados y positivos en sus perfiles, creando una narrativa que puede alejarse de la complejidad de la vida cotidiana. Esto puede generar una imagen sesgada de la realidad.

Existe una presión cultural para mantener una presencia positiva en línea. Los usuarios pueden sentir que deben destacar lo bueno de sus vidas, lo que contribuye a una representación parcial y a menudo irreal.

Los espectadores de estas representaciones pueden caer en la trampa de la comparación constante. Al ver las vidas aparentemente perfectas de otros, es fácil sentirse insatisfecho con la propia realidad, generando ansiedad y baja autoestima.

La discrepancia entre la realidad y la representación en línea puede ser amplificada por un efecto de grupo, donde las personas se sienten presionadas a seguir la tendencia de compartir solo los aspectos positivos de sus vidas.

La falta de autenticidad en la representación en línea puede tener un impacto negativo en la salud mental. La presión para mantener una imagen positiva y la comparación constante pueden contribuir a problemas como la ansiedad y la depresión.

Fomentar una cultura de autenticidad en las redes sociales implica reconocer y celebrar la complejidad de la vida real. Promover la honestidad y la apertura puede contrarrestar los efectos negativos de la brecha entre la realidad y la representación en línea.

Abordar esta discrepancia requiere un esfuerzo colectivo para cambiar las expectativas culturales y fomentar un espacio digital donde la autenticidad sea valorada y apreciada.

La comparación constante con las vidas aparentemente perfectas de otros en las redes sociales puede afectar negativamente la autoestima. Los usuarios pueden sentirse presionados a cumplir con estándares irreales, lo que puede generar sentimientos de insuficiencia y falta de valía.

Las redes sociales a menudo muestran una versión seleccionada y editada de la vida de alguien. Esto puede crear la ilusión de que todos los demás tienen vidas perfectas, exacerbando los sentimientos de insuficiencia.

La búsqueda de validación a través de likes, comentarios y seguidores puede convertirse en una fuente de autoestima para algunos. La falta de interacción o la comparación con aquellos que reciben más atención pueden generar inseguridad.

La naturaleza de las redes sociales puede fomentar un ciclo constante de comparación. Las personas pueden verse a sí mismas en una competencia implícita por la atención y la aprobación en línea.

Las redes sociales a menudo presentan una versión positiva y optimista de la vida de las personas. Este sesgo positivo puede hacer que otros sientan que sus propias vidas no cumplen con esos estándares, afectando negativamente su autoimagen.

La conexión entre la comparación constante en redes sociales y la salud mental es significativa. La ansiedad, la depresión y la baja autoestima son posibles consecuencias de la exposición continua a representaciones idealizadas de la vida de los demás.

Fomentar un cambio en el enfoque de las redes sociales, alejándose de la comparación y centrándose en la conexión genuina, puede contribuir a una mejora en la autoestima. La valoración de las experiencias auténticas sobre las representaciones ideales puede ser crucial.

Abordar estos problemas implica un esfuerzo tanto a nivel individual como cultural para promover la autenticidad, la compasión y una comprensión más realista de la vida en las plataformas digitales.

La búsqueda de validación en forma de likes, comentarios y seguidores puede impulsar comportamientos que buscan la aprobación en lugar de la autenticidad. Las interacciones digitales a menudo se convierten en una búsqueda constante de validación externa, lo que puede ser perjudicial para la autoestima intrínseca.

Cierto, la cultura de la validación digital puede tener un impacto significativo en cómo las personas perciben su propio valor y autoestima. Aquí hay algunos aspectos adicionales que profundizan en este tema:

La validación en forma de likes y comentarios activa la liberación de dopamina en el cerebro, creando una sensación de recompensa. Este mecanismo puede generar una búsqueda constante de más validación, contribuyendo a comportamientos impulsados por la necesidad de aprobación.

A veces, las personas pueden sacrificar la autenticidad en busca de popularidad. La creación de contenido o la presentación de la vida de una manera que atraiga más likes puede llevar a una representación distorsionada y a la pérdida de la autenticidad.

Cuando la autoestima se vincula directamente a la cantidad de likes o interacciones en línea, puede volverse frágil. La fluctuación en la atención digital puede afectar negativamente el bienestar emocional.

La validación digital también puede fomentar la comparación constante. Las personas pueden medir su valía en función de la popularidad en línea, comparándose con los demás y sintiéndose insatisfechas si perciben que no están a la par.

La dependencia excesiva de la validación en línea puede llevar a una desconexión emocional con la realidad. La atención constante a la pantalla puede alejar a las personas de las relaciones interpersonales significativas fuera del ámbito digital.

Fomentar una cultura que valore la autenticidad sobre la popularidad puede contrarrestar algunos de los impactos negativos. La promoción de la autoexpresión genuina y el apoyo a la diversidad de experiencias pueden contribuir a un entorno en línea más saludable.

Es esencial crear conciencia sobre estos aspectos y fomentar una cultura que celebre

La presión para mantener una imagen positiva en línea puede generar estrés adicional. Los individuos pueden sentir la necesidad de ocultar aspectos menos positivos de sus vidas, contribuyendo a la falta de autenticidad en la representación en línea.

la presión para mantener una imagen positiva en línea puede tener un impacto significativo en el bienestar emocional y la autenticidad de las interacciones digitales. Algunos aspectos adicionales a considerar incluyen:

La preocupación por el juicio de los demás puede llevar a la autocensura. Las personas pueden evitar compartir aspectos de sus vidas que perciben como menos positivos, lo que contribuye a la creación de una narrativa en línea sesgada hacia lo positivo.

La presión para mantener una imagen positiva puede intensificar el ciclo de comparación. Al ver las vidas aparentemente perfectas de otros, los individuos pueden sentir la necesidad de igualar o superar esas representaciones, lo que contribuye a un sentido de competencia en línea.

La expectativa de mantener una imagen positiva a veces puede dificultar la búsqueda de apoyo genuino. Las personas pueden temer mostrar vulnerabilidad o debilidades, lo que limita las oportunidades de conexión real y apoyo emocional.

La constante representación de una vida positiva puede crear una disonancia entre la realidad y la percepción en línea. Este desajuste puede contribuir al estrés, la ansiedad y otros problemas de salud mental al tratar de mantener una fachada constante.

La persistencia en la presentación de una imagen positiva puede tener consecuencias a largo plazo en la salud mental. La falta de autenticidad y la presión constante pueden contribuir al agotamiento emocional y a un sentido de desconexión con la propia identidad.

Promover la importancia de la autenticidad y la aceptación de la complejidad humana en línea puede ayudar a reducir la presión para mantener una imagen positiva. Celebrar la autenticidad contribuye a la construcción de comunidades en línea más comprensivas y solidarias.

Al abordar estos desafíos, es fundamental crear espacios en línea donde las personas se sientan cómodas compartiendo tanto los aspectos positivos como los desafíos de sus vidas, fomentando así conexiones más auténticas y significativas.

Fomentar la transparencia y la autenticidad en las redes sociales puede ser beneficioso para la salud mental. Compartir experiencias genuinas, incluso las desafiantes, puede construir conexiones más significativas y fomentar una cultura digital más auténtica.

La transparencia es fundamental para construir conexiones genuinas y promover una cultura digital más saludable. Algunos puntos clave relacionados con la importancia de la transparencia incluyen:

La transparencia permite que las personas se conecten a un nivel más profundo al compartir experiencias reales. Esto construye una base de confianza y comprensión mutua en las interacciones en línea.

Compartir desafíos y dificultades a través de la transparencia puede fomentar la empatía. Cuando otros ven y comprenden las experiencias genuinas de alguien, es más probable que respondan con comprensión y apoyo.

Una cultura de transparencia puede contribuir a reducir la presión social al desmitificar la idea de perfección en línea. Al mostrar la realidad completa de la vida, se normalizan los altibajos, lo que puede aliviar la presión de mantener una fachada constante.

La transparencia crea un ambiente propicio para el apoyo y la construcción de comunidades de personas que comparten experiencias similares. La apertura sobre desafíos personales puede inspirar a otros a hacer lo mismo, generando un sentido de pertenencia y comprensión.

Al fomentar la transparencia sobre la salud mental y las experiencias emocionales, se contribuye a destigmatizar estos temas. Esto puede alentar a las personas a buscar ayuda cuando sea necesario y a promover conversaciones abiertas sobre el bienestar mental.

La transparencia también juega un papel importante en contrarrestar la desinformación. Al compartir información auténtica y verificada, se contribuye a la creación de un entorno en línea más confiable y educativo.

Fomentar la transparencia no solo beneficia a los individuos al nivelar las expectativas y reducir la presión, sino que también contribuye a la c

Fomentar la autoaceptación y la comprensión de que la vida real es inherentemente imperfecta puede ayudar a contrarrestar los efectos negativos de la brecha entre la representación en línea y la realidad.

la promoción de la autoaceptación es esencial en un mundo digital donde la comparación constante puede afectar negativamente la autoestima y el bienestar emocional. Aquí hay algunos puntos adicionales sobre la importancia de fomentar la autoaceptación:

La autoaceptación contribuye al bienestar emocional al permitir que las personas se acepten a sí mismas con todas sus imperfecciones. Esto reduce la autocrítica y fomenta una actitud más compasiva hacia uno mismo.

Al promover la idea de que está bien ser uno mismo, se reduce la necesidad de compararse constantemente con los demás. La aceptación personal disminuye la presión de cumplir con estándares irreales.

La autoaceptación es un componente clave de la resiliencia emocional. Las personas que se aceptan a sí mismas son más capaces de hacer frente a los desafíos y superar obstáculos sin verse abrumadas por la autocrítica.

La autoaceptación también contribuye a relaciones interpersonales más saludables. Cuando las personas se aceptan a sí mismas, es más probable que establezcan relaciones basadas en la autenticidad y la honestidad.

La autoaceptación empodera a las personas al reconocer y abrazar su singularidad. Esto puede llevar a una mayor autoconfianza y a una disposición para asumir desafíos y oportunidades con una mentalidad positiva.

Fomentar la autoaceptación contribuye a la creación de una cultura en línea más inclusiva. Cuando las personas se sienten aceptadas y valoradas independientemente de sus diferencias, se promueve un entorno en línea más respetuoso y tolerante.

La promoción de la autoaceptación no solo beneficia a nivel individual, sino que también contribuye a la creación de comunidades en línea más saludables y compasivas.

En última instancia, cultivar una cultura de autenticidad en las redes sociales es esencial para construir conexiones más genuinas y promover la salud mental en un entorno digital cada vez más influente.

13.Efecto de los Filtros de Imagen:

El uso generalizado de filtros de imagen en fotos compartidas en redes sociales ha generado discusiones sobre cómo afecta la percepción de la belleza y la autoimagen.

Los filtros de imagen pueden alterar significativamente la apariencia de una persona, suavizando la piel, ajustando los contornos faciales y cambiando la iluminación. Esto crea una versión idealizada que puede distorsionar la percepción de la realidad y generar expectativas poco realistas sobre la apariencia física.

La percepción alterada de la realidad debido al uso de filtros de imagen es un fenómeno relevante en la era digital. Estos filtros, a menudo disponibles en aplicaciones y plataformas de redes sociales, ofrecen la capacidad de modificar la apariencia de las fotografías de diversas maneras. Algunos de los efectos más comunes incluyen suavizar la piel, afinar rasgos faciales, cambiar colores y mejorar la iluminación. Estos ajustes pueden crear una versión idealizada y estilizada de la persona en la fotografía.

La alteración de la realidad a través de filtros presenta varios impactos y consideraciones:

Las imágenes filtradas pueden establecer expectativas poco realistas sobre la apariencia física. Aquellos que consumen regularmente imágenes editadas pueden desarrollar estándares inalcanzables para ellos mismos y para los demás, lo que puede contribuir a la presión social y a la insatisfacción personal.

La presencia generalizada de imágenes filtradas en las redes sociales puede fomentar una cultura de comparación constante. Las personas pueden comparar sus apariencias no editadas con las versiones retocadas, lo que puede generar sentimientos de inseguridad y afectar la autoestima.

Aquellos que utilizan regularmente filtros pueden experimentar un impacto en su autoimagen. La brecha entre la imagen en línea y la realidad puede llevar a sentimientos de insatisfacción con la apariencia natural y contribuir a la percepción de que la autenticidad no es valorada.

La prevalencia de filtros puede enfatizar la importancia de la estética superficial sobre la autenticidad. Esto puede tener implicaciones en la forma en que las personas valoran la belleza y se relacionan entre sí, dando prioridad a la perfección visual sobre la diversidad y la autenticidad.

La creciente conciencia pública sobre la edición de imágenes y el uso de filtros ha llevado a cuestionamientos éticos. Se debate si las imágenes altamente editadas presentan una representación justa y honesta en el entorno digital.

Algunas personas abogan por una mayor transparencia en el uso de filtros, alentando a los usuarios a compartir imágenes que reflejen con mayor precisión su apariencia real. Esta promoción de la autenticidad contribuye a la construcción de una cultura digital más transparente y compasiva.

En última instancia, la alteración de la percepción de la realidad a través de filtros destaca la importancia de promover la autenticidad y la autoaceptación en un entorno digital que a menudo presenta versiones idealizadas de la realidad.

El uso frecuente de filtros puede contribuir a la presión social para cumplir con estándares de belleza poco realistas. Aquellas personas que consumen imágenes filtradas regularmente pueden sentir la necesidad de adaptarse a estas expectativas, lo que puede afectar negativamente la autoimagen y la autoestima.

La presión para cumplir con estándares de belleza poco realistas, amplificada por el uso frecuente de filtros, es una dinámica significativa en la era digital. Esta presión puede manifestarse de diversas maneras y afectar la salud mental y emocional de las personas de varias maneras:

La prevalencia de imágenes filtradas en las redes sociales puede llevar a una comparación constante entre la apariencia natural y las versiones editadas. Esto puede generar insatisfacción y alimentar la sensación de que uno no cumple con los estándares estéticos imperantes.

Las personas pueden sentir la necesidad de aplicar filtros regularmente antes de compartir sus propias fotos en línea. Esto puede convertirse en una práctica habitual para adaptarse a las expectativas de belleza digital, lo que agrega una capa adicional de presión y autoexigencia.

La discrepancia entre la apariencia real y la estilizada mediante filtros puede afectar la autoestima. Las personas pueden desarrollar percepciones distorsionadas de su propia belleza, lo que contribuye a sentimientos de insuficiencia y autoevaluación negativa.

La presión para cumplir con estándares digitales puede influir en las decisiones relacionadas con la apariencia física. Esto podría incluir decisiones sobre procedimientos cosméticos, elección de maquillaje y otros comportamientos destinados a ajustarse a las normas percibidas.

El uso repetido de filtros para ajustarse a los estándares digitales puede llevar a una dependencia de estas herramientas para la autoestima. Las personas pueden comenzar a sentirse incómodas o inseguras sin la aplicación de filtros, lo que podría afectar la percepción de su propia belleza sin estas herramientas digitales.

La creciente conciencia sobre los efectos negativos de los estándares de belleza poco realistas ha llevado a un llamado a la autenticidad. Algunas personas buscan contrarrestar estos efectos promoviendo imágenes y representaciones más auténticas de la belleza, alentando la aceptación personal y la diversidad.

La presión para cumplir con estándares irreales destaca la importancia de fomentar una cultura digital que valore la diversidad, la autenticidad y la autoaceptación. Al ser conscientes de estos desafíos, podemos trabajar hacia la construcción de entornos en línea más comprensivos y positivos.

La presencia de imágenes filtradas en las redes sociales puede fomentar la comparación constante. Las personas pueden comparar su apariencia no filtrada con las imágenes retocadas, lo que puede generar sentimientos de insuficiencia y alimentar la cultura de la comparación.

La comparación constante es una dinámica significativa que surge de la prevalencia de imágenes filtradas en las redes sociales. Esta tendencia puede tener un impacto profundo en la salud mental y emocional de las personas:

Al comparar sus fotos no filtradas con las imágenes retocadas de otros, las personas pueden experimentar sentimientos de insuficiencia. La discrepancia entre la realidad y la representación digital puede generar la percepción de que uno no cumple con los estándares estéticos promovidos en línea.

La constante exposición a imágenes mejoradas puede crear una presión significativa para que las personas se ajusten a esos estándares. Esto puede llevar a comportamientos como el uso excesivo de filtros y la adopción de prácticas para cambiar la apariencia física con el fin de cumplir con las expectativas digitales.

La comparación constante puede socavar la autoestima. Las personas pueden sentir que no son lo suficientemente atractivas o que no cumplen con las normas de belleza ampliamente aceptadas. Esto puede contribuir a la inseguridad y afectar negativamente la percepción de uno mismo.

La cultura digital que fomenta la comparación constante puede tener ramificaciones más amplias en la sociedad. Puede contribuir a la creación de un entorno en el que la autoevaluación se base en estándares superficiales y la apariencia física, en lugar de aspectos más profundos de la identidad y el valor personal.

La comparación constante puede tener un impacto en el bienestar emocional general. Puede contribuir a la ansiedad, la depresión y otros problemas de salud mental al generar una percepción distorsionada de la realidad y la autoimagen.

Para contrarrestar estos efectos, es fundamental fomentar la autoaceptación, la diversidad y la autenticidad en línea. Al promover una cultura digital que celebra la singularidad y valora la autenticidad, podemos contribuir a entornos más positivo.

El uso excesivo de filtros puede dificultar la autoaceptación. Las personas pueden volverse más críticas con su apariencia natural al compararla con las versiones filtradas, lo que puede afectar negativamente su relación con su propio cuerpo.

Los filtros a menudo alteran la apariencia del cuerpo, suavizando contornos, afinando rasgos y ajustando proporciones. Esta distorsión puede llevar a una percepción poco realista de cómo debería lucir el cuerpo, lo que contribuye a una imagen corporal distorsionada.

El uso frecuente de filtros puede hacer que las personas se comparen con estándares estéticos poco realistas. Esto puede generar la sensación de que la apariencia natural no es suficiente o que se debe cumplir con ciertos ideales de belleza que solo existen en el mundo digital.

Aquellas personas que reciben validación y aprobación social por sus fotos filtradas pueden sentir una presión adicional para mantener esa imagen. Esto puede llevar a la incomodidad con la apariencia no filtrada y contribuir a una búsqueda constante de perfección digital.

La constante preocupación por la apariencia y la autoevaluación basada en estándares inalcanzables puede tener consecuencias para la salud mental. Puede contribuir a la ansiedad, la depresión y trastornos relacionados con la imagen corporal.

La falta de autenticidad al presentar una versión filtrada puede afectar la conexión genuina con los demás. La autenticidad y la aceptación de uno mismo son fundamentales para construir relaciones significativas, y el uso excesivo de filtros puede obstaculizar este proceso.

Fomentar la autoaceptación implica promover una cultura que celebre la diversidad de cuerpos y apariencias. Además, destacar la importancia de la autenticidad en las interacciones digitales puede contribuir a entornos en línea más comprensivos y saludables.

La prevalencia de imágenes filtradas puede generar expectativas no realistas en las interacciones cara a cara. Las personas pueden esperar que otros se vean de cierta manera, lo que puede afectar las relaciones personales y la percepción de la belleza auténtica.

La prevalencia de imágenes filtradas puede influir en la formación de expectativas poco realistas sobre la apariencia de las personas en situaciones cara a cara. Esto puede manifestarse de varias maneras:

Cuando las personas están acostumbradas a ver imágenes filtradas en línea, pueden desarrollar expectativas poco realistas sobre cómo deberían lucir las personas en la vida cotidiana. Esto puede llevar a una percepción distorsionada de la belleza y generar presiones innecesarias para cumplir con estándares poco realistas.

Aquellas personas que consumen constantemente contenido filtrado pueden experimentar una desconexión entre la realidad y las expectativas. Esto puede afectar su autoimagen, ya que pueden sentir que no cumplen con las supuestas normas de belleza, incluso si son saludables y tienen una apariencia completamente normal.

La presión para cumplir con las expectativas generadas por imágenes filtradas puede llevar a que las personas intenten replicar esa apariencia en la vida real. Esto puede generar ansiedad y afectar la autoestima cuando perciben que no pueden alcanzar esos estándares filtrados.

La discrepancia entre las expectativas basadas en imágenes filtradas y la realidad puede afectar las relaciones interpersonales. Las personas pueden sentirse decepcionadas o insatisfechas cuando la apariencia de alguien no coincide con las imágenes perfeccionadas que han visto en línea.

Fomentar la importancia de la autenticidad y la aceptación en las relaciones interpersonales puede contrarrestar estas expectativas poco realistas. Celebrar la diversidad y reconocer la belleza auténtica en todas sus formas contribuye a crear entornos más saludables y comprensivos.

El énfasis en el uso de filtros puede poner más énfasis en la estética superficial que en la autenticidad. Esto puede afectar la forma en que las personas valoran la belleza, dando prioridad a la perfección visual en lugar de celebrar la diversidad y la autenticidad.

El énfasis en el uso de filtros puede contribuir a una cultura que valora la estética superficial sobre la autenticidad. Aquí hay algunos puntos clave relacionados con este fenómeno:

La prevalencia de imágenes filtradas puede distorsionar la percepción de la realidad al presentar versiones idealizadas de las personas. Esto puede llevar a la creencia de que la belleza está intrínsecamente ligada a la perfección visual, creando una brecha entre la realidad y las expectativas.

Cuando la estética filtrada se convierte en la norma, puede generar una presión significativa sobre las personas para cumplir con estándares de belleza que pueden ser prácticamente inalcanzables. Esto contribuye a la cultura de la comparación constante y la búsqueda de una perfección irreal.

La sobreexposición a imágenes filtradas puede reducir la celebración de la diversidad en términos de apariencia. La belleza auténtica, que abarca una amplia gama de características y cuerpos, puede quedar marginada en favor de una estandarización visual impulsada por filtros.

La cultura que favorece la estética sobre la autenticidad puede afectar negativamente la autoaceptación. Las personas pueden sentir la necesidad de conformarse a normas poco realistas, lo que puede influir en su percepción de sí mismas y en su autoestima.

Fomentar la importancia de la autenticidad y la celebración de la diversidad en la apariencia es esencial. Esto implica reconocer y valorar la belleza única de cada individuo, independientemente de si cumplen o no con ciertos estándares visuales filtrados. La autenticidad y la diversidad deberían ser celebradas como elementos fundamentales de la verdadera belleza.

La conciencia pública sobre el uso de filtros ha llevado a debates sobre la ética de la edición de imágenes y la importancia de la transparencia en la presentación de imágenes en línea. Algunas personas abogan por una representación más auténtica en las redes sociales.

La edición de imágenes, especialmente cuando se utiliza para alterar significativamente la apariencia de una persona, ha generado debates éticos. Se cuestiona si estas prácticas contribuyen a estándares poco realistas y presionan a las personas para cumplir con expectativas inalcanzables.

La transparencia en la presentación de imágenes se ha vuelto crucial. Algunas personas abogan por revelar si una imagen ha sido editada, lo que brinda a los espectadores la información necesaria para interpretarla de manera precisa. La honestidad en la representación en línea es fundamental para construir relaciones digitales auténticas.

Ha habido movimientos y campañas que promueven la autenticidad en las redes sociales. Algunos defensores instan a compartir imágenes sin filtros para desafiar las normas tradicionales de belleza y fomentar una cultura que celebre la diversidad y la realidad auténtica.

La conciencia pública sobre la edición de imágenes también ha destacado el impacto que esto puede tener en la autoestima de quienes consumen contenido en línea. Al entender que las imágenes editadas no representan necesariamente la realidad, las personas pueden ser más propensas a cultivar una autoimagen saludable y realista.

La promoción de la educación digital sobre la edición de imágenes y la importancia de la transparencia es esencial. Ayudar a las personas a comprender cómo se utilizan los filtros y las herramientas de edición puede empoderarlas para interpretar de manera crítica las imágenes que encuentran en línea.

En resumen, la conciencia de la realidad editada ha llevado a un llamado a la transparencia y la autenticidad en las representaciones en línea, reconociendo la importancia de construir una cultura digital más honesta y saludable.

La edición de imágenes, especialmente cuando se utiliza para alterar significativamente la apariencia de una persona, ha generado debates éticos. Se cuestiona si estas prácticas contribuyen a estándares poco realistas y presionan a las personas para cumplir con expectativas inalcanzables.

La preocupación principal radica en cómo la edición de imágenes puede contribuir a la perpetuación de estándares de belleza poco realistas. La manipulación de imágenes puede crear representaciones idealizadas que son difíciles de alcanzar, lo que afecta la autoestima de las personas y contribuye a la presión social.

Existe la preocupación de que la edición de imágenes genere una presión indebida sobre las personas para cumplir con expectativas poco realistas. Cuando las imágenes editadas dominan las plataformas de redes sociales, se puede crear un ambiente en el que la autenticidad y la diversidad son eclipsadas por una búsqueda implacable de perfección visual.

Se ha argumentado que la exposición constante a imágenes editadas puede tener un impacto negativo en la salud mental, contribuyendo a problemas como la baja autoestima, la ansiedad corporal y la insatisfacción con la apariencia personal.

El debate también aborda la responsabilidad de los medios de comunicación y las plataformas en línea. Algunas voces sostienen que debería haber una mayor regulación y transparencia en torno a la edición de imágenes, con requisitos más estrictos para revelar cuando una imagen ha sido significativamente alterada.

Por otro lado, hay un creciente movimiento que aboga por la promoción de la autenticidad en línea. Esto implica compartir imágenes sin filtros o ediciones importantes, fomentando una cultura que celebra la diversidad y valora la realidad sobre la perfección artificial.

Algunas soluciones propuestas incluyen el empoderamiento a través de la educación. Enseñar a las personas a comprender y cuestionar las imágenes que consumen puede ser una herramienta poderosa para contrarrestar los efectos negativos de las representaciones editadas.

En general, el debate ético sobre la edición de imágenes destaca la necesidad de equilibrar la expresión creativa y artística con la responsabilidad de promover una imagen corporal saludable y realista en el espacio digital.

14.Tecnología y Autocontrol:

La relación entre la tecnología y el autocontrol es un tema crucial en la era digital.

Las aplicaciones y plataformas digitales a menudo están diseñadas con características que buscan mantener a los usuarios comprometidos el mayor tiempo posible. Esto puede incluir notificaciones constantes, recompensas y otros mecanismos que pueden dificultar el autocontrol y la desconexión.

El diseño de aplicaciones y plataformas digitales juega un papel crucial en influir en el comportamiento de los usuarios y puede tener efectos significativos en el autocontrol. Algunos aspectos clave del diseño que pueden contribuir a la adicción y dificultar el autocontrol incluyen:

Las notificaciones instantáneas, especialmente aquellas diseñadas para ser irresistibles, pueden mantener a los usuarios en constante atención y contribuir a una sensación de urgencia que dificulta ignorar o posponer la respuesta.

El uso de recompensas, como sonidos agradables, iconos de logros y mensajes positivos, puede activar el sistema de recompensa del cerebro, generando una sensación de placer y alentando el uso continuo.

La incorporación de elementos de juegos, como puntos, niveles y competiciones, puede hacer que el uso de la aplicación sea más atractivo y adictivo. Los usuarios pueden sentirse motivados a pasar más tiempo para alcanzar objetivos virtuales.

Plataformas como redes sociales, streaming de video y noticias pueden ofrecer un flujo interminable de contenido, manteniendo a los usuarios desplazándose indefinidamente. Esto puede dificultar establecer límites de tiempo.

Los algoritmos que personalizan el contenido según las preferencias del usuario pueden aumentar la relevancia, pero también pueden crear una "burbuja" digital que refuerza las opiniones existentes y mantiene a las personas más tiempo en la plataforma.

La capacidad de acceso constante desde dispositivos móviles facilita el uso impulsivo y frecuente de aplicaciones, contribuyendo a la dificultad para desconectar.

El entendimiento de cómo estos elementos influyen en el comportamiento del usuario es crucial para fomentar prácticas de diseño éticas y para que los usuarios desarrollen un mayor autocontrol en su relación con la tecnología. La conciencia sobre la manipulación intencional en el diseño puede empoderar a las personas para tomar decisiones informadas sobre su uso digital.

Las redes sociales y otras aplicaciones pueden consumir grandes cantidades de tiempo, afectando el equilibrio entre la vida en línea y fuera de línea. La constante actualización de feeds y la disponibilidad instantánea de contenido pueden contribuir a la pérdida de autocontrol en términos de cuánto tiempo se pasa en dispositivos.

Las redes sociales están diseñadas para ofrecer contenido nuevo y actualizado de manera constante. Esta naturaleza dinámica puede hacer que los usuarios se sientan obligados a verificar y actualizar sus feeds con frecuencia para no perderse información relevante.

Las notificaciones de redes sociales pueden ser irresistibles y generar una respuesta casi automática. La necesidad percibida de responder a notificaciones puede llevar a un uso más frecuente de la aplicación y, por lo tanto, a un mayor tiempo de pantalla.

Las plataformas de redes sociales a menudo emplean técnicas de diseño que buscan la atención y la interacción constante. Esto puede incluir desplazamiento infinito, sugerencias personalizadas y otras características que mantienen a los usuarios comprometidos.

La naturaleza de las redes sociales, donde las personas comparten aspectos destacados de sus vidas, puede fomentar la comparación social constante. Este fenómeno puede llevar a un uso prolongado mientras los usuarios buscan validación y comparan sus vidas con las de los demás.

Para contrarrestar estos efectos y mantener un mayor control sobre el tiempo de pantalla, los usuarios pueden considerar:

Utilizar funciones integradas en los dispositivos o aplicaciones que permiten establecer límites diarios para el uso de determinadas aplicaciones.

Asignar momentos específicos del día para desconectar completamente de las redes sociales y otras aplicaciones.

Personalizar las configuraciones de notificaciones para reducir distracciones y evitar la necesidad de verificar constantemente.

Monitorear y ser consciente del tiempo dedicado a dispositivos y establecer metas realistas para reducirlo gradualmente.

Estas prácticas pueden ayudar a equilibrar el uso de la tecnología y preservar el tiempo para actividades fuera de línea y relaciones personales.

Las notificaciones constantes pueden interrumpir el flujo de trabajo y distraer a las personas de sus tareas. La falta de autocontrol en responder de inmediato a cada notificación puede afectar la productividad y la concentración.

Las notificaciones pueden interrumpir el flujo de trabajo y la concentración en una tarea específica. Cada interrupción requiere tiempo para cambiar la atención y volver a enfocarse en la tarea original, lo que puede afectar la eficiencia.

Activar modos de "no molestar" durante períodos de concentración intensa o establecer horarios específicos para revisar notificaciones.

La expectativa de responder de inmediato a las notificaciones puede generar una sensación de urgencia constante, lo que puede afectar la calidad del trabajo y aumentar el estrés.

Establecer períodos designados para revisar y responder notificaciones, en lugar de hacerlo de manera inmediata. Esto ayuda a mantener un enfoque más continuo en las tareas importantes.

Las notificaciones frecuentes pueden tentar a las personas a participar en la multitarea, lo que generalmente reduce la eficiencia y la calidad del trabajo.

Solución: Priorizar tareas y centrarse en una actividad a la vez. La multitarea puede disminuir la calidad del trabajo y aumentar el riesgo de errores.

La necesidad de estar al tanto de cada notificación puede crear una distracción constante, especialmente en entornos laborales o académicos.

Establecer límites de tiempo para el uso de dispositivos y notificaciones. Esto ayuda a crear períodos dedicados a la concentración sin interrupciones.

La presión de responder rápidamente y mantenerse al tanto de todas las notificaciones puede contribuir al estrés y la ansiedad.

Establecer expectativas realistas y reconocer que no todas las notificaciones requieren una respuesta inmediata. Priorizar la salud mental es clave.

Al implementar estas estrategias, las personas pueden mejorar su capacidad para mantener el autocontrol frente a las notificaciones, reducir distracciones y mejorar la calidad de su trabajo y tiempo personal.

La exposición a pantallas antes de dormir, ya sea a través de teléfonos, tabletas u otros dispositivos, puede afectar el ritmo circadiano y dificultar el sueño. Mantener el autocontrol al establecer límites para el uso nocturno de dispositivos es esencial para la salud del sueño.

el uso nocturno de dispositivos electrónicos, como teléfonos, tabletas o computadoras, puede tener un impacto negativo en la calidad del sueño debido a la exposición a la luz azul emitida por estas pantallas. Aquí hay algunas consideraciones y estrategias para mantener el autocontrol y mejorar la salud del sueño:

La luz azul de las pantallas puede suprimir la producción de melatonina, la hormona del sueño. Esto puede interferir con la capacidad de conciliar el sueño y afectar la calidad del descanso.

Solución: Establecer una "hora límite" para el uso de dispositivos electrónicos al menos una hora antes de acostarse. Esto ayuda a que la melatonina se produzca naturalmente.

Muchos dispositivos tienen modos nocturnos o filtros de luz azul que reducen la emisión de luz azul durante las horas de la noche.

Solución: Activar modos nocturnos o utilizar aplicaciones y configuraciones que reduzcan la cantidad de luz azul emitida por la pantalla.

Crear rutinas de sueño regulares puede ayudar al cuerpo a reconocer cuándo es el momento de prepararse para dormir.

Solución: Establecer horarios consistentes para ir a la cama y despertarse. Esto ayuda a regular el ritmo circadiano.

Asociar la cama con actividades relajantes, en lugar de actividades estimulantes como el uso de dispositivos, puede mejorar la calidad del sueño.

Solución: Evitar el uso de dispositivos electrónicos en la cama y reservar ese espacio para dormir y relajarse.

En lugar de leer en dispositivos electrónicos antes de acostarse, optar por libros físicos puede ser una alternativa más relajante.

Solución: Incorporar la lectura física como parte de la rutina nocturna antes de dormir.

Mantener el autocontrol respecto al uso de dispositivos electrónicos antes de dormir es fundamental para promover hábitos de sueño saludables y contribuir al bienestar general.

Mientras algunas aplicaciones están diseñadas para aumentar la productividad, otras pueden contribuir a la procrastinación. El autocontrol se ve desafiado cuando la tentación de utilizar aplicaciones menos productivas es alta.

Solución: Reconocer y utilizar aplicaciones que están diseñadas para aumentar la productividad. Aplicaciones de gestión del tiempo, listas de tareas y herramientas de colaboración son ejemplos de herramientas que pueden ser beneficiosas.

Establecer Objetivos Claros:

Solución: Definir objetivos claros y prioridades antes de utilizar aplicaciones. Esto ayuda a mantener el enfoque en tareas importantes.

Limitar el Uso de Aplicaciones de Procrastinación:

Solución: Establecer límites de tiempo para el uso de aplicaciones que tienden a ser distractivas o promueven la procrastinación. Esto puede incluir aplicaciones de redes sociales, juegos y entretenimiento.

Modos de Enfoque:

Solución: Utilizar modos de enfoque o aplicaciones que bloquean temporalmente el acceso a aplicaciones distractivas durante períodos específicos de trabajo.

Gestión del Tiempo:

Solución: Implementar técnicas de gestión del tiempo, como la Técnica Pomodoro, para dividir el trabajo en intervalos de tiempo específicos, alternando con breves descansos.

Autoevaluación Regular:

Solución: Realizar autoevaluaciones regulares para identificar patrones de uso de aplicaciones y ajustar el enfoque según sea necesario.

Priorización de Tareas:

Solución: Priorizar tareas importantes y urgentes antes de sumergirse en el uso de aplicaciones. Esto ayuda a enfocarse en lo que realmente importa.

Desconexión Programada:

Solución: Programar momentos de desconexión, especialmente durante actividades importantes o cuando se necesita máxima concentración.

Recompensas Positivas:

Solución: Establecer recompensas positivas para después de completar tareas importantes. Esto puede motivar a mantener el enfoque y evitar la procrastinación.

La clave está en encontrar un equilibrio saludable entre el uso de aplicaciones productivas y evitar aquellas que pueden distraer o contribuir a la procrastinación. Mantener un enfoque consciente y proactivo puede mejorar significativamente la productividad personal.

Algunas personas utilizan aplicaciones para monitorear y limitar su tiempo de pantalla. Este enfoque puede ayudar a fortalecer el autocontrol al proporcionar una mayor conciencia sobre el tiempo dedicado a dispositivos electrónicos.

El monitoreo del tiempo de pantalla brinda a los individuos una visión clara de cuánto tiempo pasan en dispositivos electrónicos. Esta conciencia puede ser el primer paso para identificar patrones de comportamiento.

Establecimiento de Metas:

Al comprender cuánto tiempo se dedica a ciertas aplicaciones o actividades en línea, las personas pueden establecer metas realistas para reducir el tiempo de pantalla y mejorar la productividad.

Enfoque en Prioridades:

Identificar el tiempo dedicado a actividades menos productivas permite a las personas ajustar su enfoque y tiempo hacia actividades más significativas y prioritarias.

El monitoreo del tiempo de pantalla facilita la gestión del tiempo al ayudar a las personas a identificar dónde se va la mayor parte de su tiempo y cómo pueden redistribuirlo de manera más efectiva.

Limitar el tiempo de pantalla antes de acostarse, basándose en el monitoreo, puede mejorar la calidad del sueño al reducir la exposición a la luz azul de las pantallas.

Elegir aplicaciones de monitoreo del tiempo de pantalla confiables y seguras es crucial. Hay varias aplicaciones disponibles que ofrecen funciones de seguimiento y límites de tiempo.

Personalizar las configuraciones de notificación y límites de tiempo en las aplicaciones de monitoreo puede adaptarse a las necesidades individuales y ayudar a mantener un equilibrio saludable.

Es importante realizar autoevaluaciones regulares para adaptar las metas y límites de tiempo a medida que evolucionan las necesidades y prioridades personales.

Si se trata de un esfuerzo familiar o grupal, la comunicación abierta sobre los objetivos y límites de tiempo puede fomentar un entorno de apoyo y rendición de cuentas.

Aunque el monitoreo del tiempo de pantalla es valioso, también es esencial equilibrarlo con períodos de desconexión completa para promover el bienestar general.

Al implementar el monitoreo del tiempo de pantalla de manera consciente y proactiva, las personas pueden tomar medidas significativas para fortalecer su

Fomentar el desarrollo de hábitos digitales saludables implica establecer límites conscientes sobre el tiempo de pantalla, programar períodos de desconexión y promover la autoevaluación regular sobre el uso de la tecnología.

El desarrollo de hábitos digitales saludables es esencial para mantener un equilibrio positivo entre la vida en línea y fuera de línea. Aquí hay algunas estrategias clave para fomentar hábitos digitales saludables:

Definir límites claros para el tiempo de pantalla diario. Esto puede incluir períodos específicos del día dedicados a actividades en línea y momentos designados para desconectar.

Planificar momentos regulares de desconexión completa. Establecer días libres de tecnología o períodos durante el día en los que se apaga el teléfono y se desconecta de las redes sociales puede promover la renovación y reducir la dependencia.

Integrar prácticas de atención plena en la vida digital. Esto implica ser consciente y deliberado al utilizar dispositivos, enfocándose en una tarea a la vez y evitando la multitarea para mejorar la calidad de la conexión en línea.

Crear rutinas equilibradas que incluyan tiempo para actividades fuera de línea, como ejercicio, lectura y socialización. Mantener un equilibrio entre las actividades en línea y fuera de línea contribuye a un estilo de vida más saludable.

Reducir las notificaciones innecesarias para minimizar interrupciones. Esto ayuda a mantener el enfoque y a prevenir la distracción constante causada por las alertas de dispositivos.

Definir metas específicas para el uso de la tecnología. Esto podría incluir reducir el tiempo en redes sociales, limitar el consumo de noticias en línea o establecer tiempos específicos para revisar correos electrónicos.

Fomentar actividades al aire libre y el tiempo en la naturaleza. Desconectarse digitalmente para conectarse con el entorno natural puede tener beneficios significativos para la salud mental y emocional.

Reflexionar regularmente sobre los hábitos digitales y realizar autoevaluaciones. Preguntarse cómo se siente respecto al tiempo de pantalla y si los hábitos actuales están alineados con metas y valores personales.

Proporcionar educación sobre el uso saludable de la tecnología, especialmente en entornos familiares. Esto incluye establecer pautas para niños y adolescentes y fomentar la comunicación abierta sobre la importancia de un equilibrio adecuado.

Compartir metas y desafíos con amigos, familiares o colegas puede brindar apoyo y rendición de cuentas. Trabajar juntos para desarrollar hábitos digitales saludables fortalece el compromiso y la motivación.

Fomentar estos hábitos contribuye no solo a una relación más equilibrada con la tecnología, sino también al bienestar general y a una mayor calidad de vida.

La educación sobre la importancia del autocontrol digital y estrategias para mantener un equilibrio saludable entre la tecnología y otras actividades es esencial. Esto puede incluir la promoción de pausas digitales, actividades fuera de pantalla y la práctica de la atención plena.

La educación sobre autocontrol digital es crucial para empoderar a las personas con las habilidades necesarias para manejar de manera efectiva su relación con la tecnología. Aquí hay algunos aspectos clave que podrían abordarse en la educación sobre autocontrol digital:

Fomentar la autoevaluación y la conciencia de los hábitos digitales. Ayudar a las personas a reconocer patrones de comportamiento, como el uso excesivo de dispositivos o la dependencia de las redes sociales.

Informar sobre los riesgos asociados con el uso excesivo de la tecnología, como la fatiga visual, la disminución del sueño, el aumento del estrés y la pérdida de productividad. Destacar la importancia de mantener un equilibrio saludable.

Enseñar estrategias prácticas para establecer límites en el tiempo de pantalla. Esto puede incluir el uso de funciones de límites de tiempo en dispositivos, establecimiento de horarios específicos para actividades en línea y la importancia de desconectar en momentos clave.

Introducir prácticas de atención plena digital para mejorar la concentración y reducir la multitarea. Enseñar a las personas a estar presentes en el momento y a evitar distracciones innecesarias al utilizar dispositivos.

Destacar la importancia de tomar pausas digitales regulares. Mostrar cómo las pequeñas pausas pueden mejorar la productividad, reducir el estrés y fomentar la conexión con el entorno circundante.

Presentar alternativas saludables a las actividades digitales, como la lectura, el ejercicio, la socialización cara a cara y la participación en pasatiempos. Mostrar cómo estas actividades pueden enriquecer la vida fuera de la pantalla.

Brindar orientación sobre el manejo de notificaciones para evitar interrupciones constantes. Enseñar a las personas a priorizar notificaciones importantes y a desactivar aquellas que no contribuyen al bienestar general.

Desarrollar habilidades de autoregulación al enfocarse en objetivos y prioridades. Ayudar a las personas a identificar metas personales y a utilizar la tecnología como una herramienta para apoyar esas metas, en lugar de convertirse en una distracción.

Promover la conexión con la naturaleza como una forma de equilibrar la vida digital. Destacar los beneficios para la salud mental y emocional al pasar tiempo al aire libre y desconectarse de los dispositivos electrónicos.

Fomentar un enfoque positivo hacia el uso de la tecnología. Mostrar cómo la tecnología puede ser una herramienta valiosa cuando se utiliza de manera consciente y equilibrada, y destacar ejemplos de impacto positivo en la vida cotidiana.

La educación sobre autocontrol digital puede ayudar a las personas a tomar decisiones informadas, establecer límites saludables y cultivar una relación equilibrada con la tecnología en la era digital.

El autocontrol en la era digital implica ser consciente de cómo las aplicaciones y dispositivos afectan nuestro comportamiento y establecer límites intencionales para garantizar un uso saludable y equilibrado de la tecnología.

}

15.Estrés Tecnológico:

El estrés tecnológico es una realidad en la sociedad actual, donde la dependencia de la tecnología y la constante conectividad pueden generar tensiones emocionales y físicas. La omnipresencia de dispositivos y la constante conexión a internet pueden generar una sensación de estar siempre disponible, lo que dificulta desconectarse y descansar.

La avalancha de información a la que estamos expuestos constantemente puede ser abrumadora, provocando fatiga mental y dificultad para concentrarse en tareas importantes. La cultura de respuesta rápida en las comunicaciones digitales puede generar ansiedad, ya que se espera que las respuestas sean instantáneas, aumentando la presión sobre las personas.

Las redes sociales pueden contribuir a la comparación constante con los demás, generando ansiedad y disminuyendo la autoestima.

Las preocupaciones sobre la seguridad en línea y la privacidad pueden generar estrés, especialmente cuando se trata de compartir información personal en plataformas digitales.

El uso excesivo de dispositivos electrónicos y redes sociales puede conducir a la adicción, afectando negativamente la salud mental y las relaciones interpersonales.

Definir horarios específicos para el uso de tecnología y establecer límites claros respecto a la disponibilidad en línea puede ayudar a reducir el estrés.

Incorporar períodos regulares de desconexión total, como durante las comidas o antes de acostarse, para reducir la fatiga digital.

Implementar estrategias para gestionar la sobrecarga de información, como priorizar tareas, utilizar herramientas de organización y aprender a filtrar contenido relevante.

Fomentar la conciencia sobre el uso saludable de la tecnología, educando sobre los riesgos y beneficios, y alentando la autorregulación.

Buscar apoyo profesional cuando sea necesario y practicar técnicas de manejo del estrés, como la meditación y el mindfulness, para mejorar la salud mental.

Limitar el tiempo en plataformas de redes sociales y ser selectivo/a en cuanto a la información compartida puede ayudar a mitigar la comparación social y la ansiedad.

Adoptar medidas para proteger la privacidad en línea, como configurar ajustes de privacidad y ser consciente de la información que se comparte.

Priorizar las interacciones cara a cara y fortalecer las relaciones fuera del ámbito digital puede contrarrestar la soledad y mejorar el bienestar emocional.

Abordar el estrés tecnológico implica encontrar un equilibrio saludable entre la tecnología y la vida cotidiana, priorizando el bienestar mental y físico en un mundo cada vez más digitalizado.

La dependencia constante de dispositivos electrónicos puede llevar a la ansiedad relacionada con la necesidad de estar siempre conectado. La anticipación de mensajes, notificaciones y la presión para responder de inmediato pueden generar estrés. Definitivamente, la ansiedad relacionada con la necesidad de estar siempre conectado es una manifestación común del estrés tecnológico en la sociedad contemporánea. Algunos puntos adicionales que podrían ampliar esta perspectiva incluyen:

El miedo a perderse algo importante en las redes sociales o en la comunicación digital puede contribuir a la ansiedad. La constante exposición a las actividades de otros puede generar un sentido de insatisfacción y la sensación de no estar a la altura (FOMO)

La cultura de respuesta inmediata y las expectativas poco realistas en términos de disponibilidad pueden ser abrumadoras. La presión para estar siempre en línea puede afectar la calidad del tiempo personal y generar conflictos con las obligaciones fuera del mundo digital.

La dependencia de dispositivos electrónicos antes de dormir puede interferir con la calidad del sueño. La exposición a la luz azul de las pantallas puede afectar el ciclo del sueño, contribuyendo a la fatiga y al estrés.

La conectividad constante puede difuminar los límites entre el trabajo y la vida personal, haciendo que sea difícil desconectar. Esto puede afectar el equilibrio entre la vida laboral y la personal, generando estrés y agotamiento.

La necesidad percibida de mantener una imagen positiva en línea puede generar ansiedad y estrés. La comparación constante con los demás y la búsqueda de validación en plataformas digitales pueden afectar negativamente la autoestima.

Las notificaciones frecuentes pueden interrumpir las actividades diarias y generar una sensación de urgencia constante. Esto puede afectar la concentración y la productividad, contribuyendo al estrés laboral y personal.

Abordar estos aspectos implica no solo establecer límites tecnológicos, como períodos de desconexión, sino también promover una cultura que valore el bienestar mental y fomente un uso saludable de la tecnología. La conciencia y la gestión activa de la relación con la tecnología son clave para mitigar el estrés asociado con la constante conectividad.

La avalancha constante de información a través de correos electrónicos, redes sociales y otras plataformas puede provocar sobrecarga informativa. La necesidad de procesar grandes cantidades de datos puede contribuir al estrés y la fatiga mental.

la sobrecarga informativa es una consecuencia común de la constante exposición a una gran cantidad de información a través de diversas plataformas digitales. Aquí hay algunos aspectos adicionales relacionados con este desafío y cómo abordarlo:

La sobrecarga informativa puede llevar a una fatiga de la toma de decisiones. La necesidad constante de evaluar y procesar información puede agotar los recursos mentales, haciendo que sea más difícil tomar decisiones informadas y efectivas.

Con la gran cantidad de información disponible, puede ser difícil determinar qué es realmente relevante y prioritario. Esto puede contribuir a la procrastinación y aumentar la sensación de abruma.

La constante interrupción de notificaciones y el flujo ininterrumpido de información pueden dificultar la concentración en tareas importantes. Esto puede afectar la productividad y generar estrés laboral.

La cantidad de información puede hacer que las personas sientan que no tienen tiempo suficiente para procesar todo. Esto puede generar ansiedad por la sensación de estar constantemente "rezagado/a" o "perdiéndose" algo importante.

La sobreabundancia de información puede aumentar el riesgo de exposición a desinformación. Además, la necesidad de filtrar la información precisa de la incorrecta puede contribuir al pensamiento excesivo y a la ansiedad.

Identificar y priorizar la información más relevante y urgente puede ayudar a gestionar la sobrecarga informativa.

Establecer momentos específicos para revisar correos electrónicos y redes sociales puede evitar la constante interrupción y proporcionar períodos de concentración sin distracciones.

Utilizar herramientas de filtrado y organización para gestionar la información. Etiquetar correos electrónicos, utilizar listas de lectura y categorizar la información pueden facilitar el acceso cuando sea necesario.

Reconocer los límites personales y aprender a decir no a la información o tareas no esenciales puede ayudar a reducir la carga mental.

Mejorar las habilidades de gestión del tiempo puede ayudar a asignar eficientemente el tiempo disponible para procesar información y realizar tareas.

Incorporar prácticas de mindfulness y técnicas de atención plena puede ayudar a reducir la ansiedad y mejorar la capacidad para centrarse en el presente.

Al adoptar estrategias efectivas para gestionar la sobrecarga informativa, se puede reducir el estrés asociado y promover un uso más saludable y equilibrado de la tecnología.

Las interrupciones frecuentes debido a notificaciones y mensajes pueden afectar la concentración y el flujo de trabajo. La necesidad de cambiar constantemente la atención de una tarea a otra puede generar estrés, especialmente en entornos laborales.

Las interrupciones constantes, especialmente aquellas generadas por notificaciones y mensajes digitales, pueden tener un impacto significativo en la concentración, la productividad y el bienestar general. Aquí se exploran algunos aspectos adicionales y estrategias para abordar las interrupciones constantes:

Cambiar continuamente la atención de una tarea a otra puede reducir la eficiencia y la calidad del trabajo. Las interrupciones pueden provocar la pérdida de información contextual y aumentar el tiempo necesario para volver a concentrarse en la tarea original.

Las interrupciones frecuentes pueden generar estrés y frustración, ya que los individuos pueden sentirse presionados para responder rápidamente o sentir que no pueden completar tareas de manera efectiva debido a las distracciones constantes.

El "flujo" es un estado mental de inmersión en una tarea, y las interrupciones constantes pueden dificultar la capacidad de entrar y mantener este estado. Esto puede afectar negativamente la creatividad y la calidad del trabajo.

La necesidad de cambiar repetidamente entre tareas puede agotar los recursos mentales, contribuyendo a la fatiga mental y disminuyendo la capacidad de atención sostenida.

Las interrupciones constantes no solo afectan el rendimiento laboral, sino que también pueden interferir en la vida personal. La dificultad para desconectar puede generar tensiones en las relaciones y afectar el tiempo dedicado a actividades personales y de ocio.

Personalizar las configuraciones de notificaciones para priorizar mensajes importantes y reducir distracciones innecesarias.

Definir períodos específicos del día como tiempos de enfoque, durante los cuales se minimizan las interrupciones y se prioriza la concentración en tareas críticas.

Comunicar claramente los momentos en que se está disponible para responder mensajes y correos electrónicos, estableciendo expectativas realistas sobre los tiempos de respuesta.

Utilizar técnicas como la Técnica Pomodoro o aplicaciones de gestión del tiempo para estructurar el trabajo en bloques de tiempo enfocados, seguidos de descansos.

Fomentar prácticas de trabajo sin multitareas, centrándose en una tarea a la vez para mejorar la calidad y eficiencia del trabajo.

Establecer áreas de trabajo o momentos específicos donde las interrupciones sean mínimas, promoviendo un entorno propicio para la concentración.

En entornos laborales, fomentar una cultura que respete y valore el tiempo dedicado a tareas importantes, reconociendo que las interrupciones frecuentes pueden afectar negativamente la productividad.

Al adoptar estas estrategias, es posible mitigar los efectos negativos de las interrupciones constantes y mejorar la calidad del trabajo y el bienestar general.

La tecnología a menudo se asocia con la presión de rendimiento. Ya sea en el ámbito laboral, académico o personal, la constante visibilidad en línea y la comparación social pueden aumentar la presión para cumplir con estándares percibidos, generando estrés.

La asociación entre la tecnología y la presión de rendimiento es una realidad en muchos aspectos de la vida, y puede tener un impacto significativo en la salud mental y emocional. Aquí se exploran algunos aspectos adicionales de esta dinámica y se proponen estrategias para manejar la presión de rendimiento asociada con la tecnología:

Las redes sociales y otras plataformas en línea a menudo fomentan la comparación constante con los demás. Las representaciones cuidadosamente seleccionadas de la vida en línea pueden generar una presión adicional para cumplir con estándares percibidos o para igualar el éxito aparente de los demás.

La constante visibilidad en línea puede crear una sensación de estar bajo observación constante. Esto puede aumentar la presión para mantener una imagen positiva y cumplir con las expectativas de rendimiento, ya que los logros y desafíos pueden ser compartidos públicamente.

La cultura de respuesta instantánea en las comunicaciones digitales puede generar ansiedad y presión para estar siempre disponible. La demora en responder puede percibirse como falta de compromiso o rendimiento insuficiente.

La tecnología a menudo facilita el perfeccionismo, ya que permite la edición constante de imágenes, mensajes y logros. Esto puede aumentar la presión para alcanzar estándares perfeccionistas y contribuir al agotamiento emocional.

La presión constante para cumplir con estándares percibidos puede tener consecuencias negativas para la salud mental, incluidos niveles elevados de estrés, ansiedad y la posible aparición de problemas como el síndrome de impostor.

Definir límites claros en cuanto al tiempo dedicado a las redes sociales y otras plataformas en línea para reducir la exposición a la comparación constante.

Promover la honestidad y la autenticidad en línea, alentando la comprensión de que las representaciones en redes sociales no siempre reflejan la realidad completa.

Programar momentos regulares de desconexión total para reducir la presión de rendimiento constante y permitir períodos de descanso mental.

Establecer metas alcanzables y realistas, reconociendo que la perfección no es realista y que cada persona tiene su propio ritmo y trayectoria.

Fomentar prácticas que promuevan el bienestar emocional, como la atención plena, la meditación y el ejercicio regular, para contrarrestar los efectos negativos del estrés y la presión de rendimiento.

Buscar apoyo en amigos, familiares o profesionales de la salud mental para compartir preocupaciones y obtener perspectivas externas.

Trabajar en el desarrollo de habilidades de resiliencia para manejar el estrés y los desafíos, reconociendo que el rendimiento no siempre será perfecto y que los errores son oportunidades de aprendizaje.

La gestión efectiva de la presión de rendimiento asociada con la tecnología implica adoptar prácticas equilibradas y saludables que promuevan un enfoque realista y sostenible hacia el rendimiento y la autenticidad personal.

La dificultad para desconectarse de dispositivos electrónicos, incluso fuera del horario laboral, puede contribuir al estrés. La sensación de estar siempre disponible puede generar agotamiento y afectar negativamente el equilibrio entre el trabajo y la vida personal.

La dificultad para desconectarse de dispositivos electrónicos, especialmente fuera del horario laboral, es un problema cada vez más común en la sociedad moderna. Esta tendencia puede generar diversos impactos en la salud mental y el bienestar general. Aquí se exploran algunos aspectos adicionales y se proporcionan estrategias específicas para abordar la dificultad de desconexión:

La sensación de estar siempre disponible puede generar presión adicional, ya que se espera que las respuestas sean inmediatas, incluso fuera del horario laboral.

La dificultad para desconectarse puede afectar las relaciones personales, ya que la atención constante a dispositivos electrónicos puede reducir la calidad del tiempo dedicado a amigos y familiares. La incapacidad para desconectar puede interferir con la capacidad de recargar energías y relajarse, lo que a su vez contribuye al agotamiento físico y mental.

La falta de desconexión puede difuminar los límites entre el trabajo y la vida personal, haciendo que sea difícil establecer un equilibrio saludable entre ambos.

Definir horarios específicos para desconectarse de dispositivos electrónicos después del trabajo y durante el fin de semana puede ayudar a establecer límites claros.

Designar un área específica en casa como un espacio libre de dispositivos electrónicos puede facilitar la desconexión y fomentar momentos de descanso.

Personalizar las configuraciones de notificaciones para reducir la interrupción constante y permitir momentos de tranquilidad.

Comunicar a colegas, amigos y familiares los límites de disponibilidad fuera del horario laboral puede ayudar a gestionar expectativas y reducir la presión de estar siempre conectado.

Cultivar hobbies o actividades que no involucren dispositivos electrónicos puede proporcionar alternativas saludables para el tiempo libre y facilitar la desconexión.

Programar momentos específicos para pasar tiempo de calidad con amigos y familiares sin distracciones digitales puede fortalecer las relaciones y mejorar el bienestar emocional.

Crear rutinas específicas antes de acostarse, como evitar pantallas electrónicas, puede facilitar un mejor descanso y mejorar la calidad del sueño.

Al adoptar estas estrategias, es posible abordar la dificultad para desconectarse y promover un equilibrio más saludable entre el trabajo y la vida personal, reduciendo así el estrés asociado con la constante conectividad.

La exposición prolongada a pantallas digitales puede provocar fatiga visual y problemas posturales. El estrés físico derivado de la incomodidad visual y postural puede afectar la salud general y contribuir al estrés tecnológico.

La dificultad para desconectarse de dispositivos electrónicos, especialmente fuera del horario laboral, es un problema cada vez más común en la sociedad moderna. Esta tendencia puede generar diversos impactos en la salud mental y el bienestar general. Aquí se exploran algunos aspectos adicionales y se proporcionan estrategias específicas para abordar la dificultad de desconexión:

La sensación de estar siempre disponible puede generar presión adicional, ya que se espera que las respuestas sean inmediatas, incluso fuera del horario laboral.

La dificultad para desconectarse puede afectar las relaciones personales, ya que la atención constante a dispositivos electrónicos puede reducir la calidad del tiempo dedicado a amigos y familiares.

La incapacidad para desconectar puede interferir con la capacidad de recargar energías y relajarse, lo que a su vez contribuye al agotamiento físico y mental.

La falta de desconexión puede difuminar los límites entre el trabajo y la vida personal, haciendo que sea difícil establecer un equilibrio saludable entre ambos.

Definir horarios específicos para desconectarse de dispositivos electrónicos después del trabajo y durante el fin de semana puede ayudar a establecer límites claros.

Designar un área específica en casa como un espacio libre de dispositivos electrónicos puede facilitar la desconexión y fomentar momentos de descanso.

Personalizar las configuraciones de notificaciones para reducir la interrupción constante y permitir momentos de tranquilidad.

Incorporar prácticas de mindfulness y atención plena puede ayudar a centrarse en el presente y reducir la ansiedad asociada con la desconexión.

Comunicar a colegas, amigos y familiares los límites de disponibilidad fuera del horario laboral puede ayudar a gestionar expectativas y reducir la presión de estar siempre conectado.

Cultivar hobbies o actividades que no involucren dispositivos electrónicos puede proporcionar alternativas saludables para el tiempo libre y facilitar la desconexión.

Programar momentos específicos para pasar tiempo de calidad con amigos y familiares sin distracciones digitales puede fortalecer las relaciones y mejorar el bienestar emocional.

Crear rutinas específicas antes de acostarse, como evitar pantallas electrónicas, puede facilitar un mejor descanso y mejorar la calidad del sueño.

Al adoptar estas estrategias, es posible abordar la dificultad para desconectarse y promover un equilibrio más saludable entre el trabajo y la vida personal, reduciendo así el estrés asociado con la constante conectividad.

La fatiga visual y postural asociada con el uso prolongado de dispositivos electrónicos es un problema común en la sociedad moderna, especialmente con la creciente dependencia de la tecnología. Estos problemas pueden tener un impacto significativo en la salud física y contribuir al estrés tecnológico. Aquí se exploran algunos aspectos adicionales y se brindan estrategias para abordar la fatiga visual y postural:

La exposición prolongada a pantallas digitales puede dar lugar al síndrome de fatiga visual por computadora, que incluye síntomas como visión borrosa, sequedad ocular, dolores de cabeza y dificultad para enfocar.

La adopción de posturas incómodas durante el uso de dispositivos electrónicos, como encorvarse sobre el teléfono o sentarse en una posición no ergonómica frente a una computadora, puede contribuir a problemas posturales y dolores musculares.

La fatiga visual y postural puede afectar la productividad en el trabajo y en las actividades diarias, ya que la incomodidad física puede distraer y disminuir la concentración.

La exposición prolongada a pantallas antes de acostarse puede afectar la calidad del sueño al interferir con la producción de melatonina, una hormona clave para el sueño.

Incorporar pausas regulares durante el uso de dispositivos para descansar los ojos y realizar estiramientos para aliviar la tensión muscular.

Configurar el brillo, el contraste y la fuente de las pantallas para reducir la fatiga visual y mejorar la legibilidad. Utilizar aplicaciones o configuraciones que reduzcan la emisión de luz azul en las pantallas durante las horas de la tarde y la noche para mitigar el impacto en el sueño.

Ajustar la altura y la posición de la pantalla del ordenador para garantizar una postura ergonómica y utilizar sillas y escritorios que promuevan una buena postura.

Incorporar ejercicios oculares simples, como el parpadeo frecuente y el enfoque en objetos distantes, para aliviar la fatiga visual.

Considerar el uso de anteojos diseñados para reducir la fatiga visual y proteger los ojos de la luz azul emitida por pantallas digitales.

Mantener una adecuada hidratación ocular utilizando lágrimas artificiales o parpadeando con más frecuencia para aliviar la sequedad ocular.

Incorporar ejercicios de estiramiento para el cuello, hombros y espalda para prevenir problemas posturales y aliviar la tensión muscular.

Limitar el tiempo de exposición a pantallas digitales, especialmente antes de acostarse, para reducir el impacto en el sueño y la fatiga visual.

Programar exámenes oculares regulares para garantizar una salud visual óptima y abordar cualquier problema visual de manera temprana.

Al implementar estas estrategias, se puede reducir la fatiga visual y postural asociada con el uso de dispositivos electrónicos, mejorando así la salud física y contribuyendo a mitigar el estrés tecnológico.

La cultura de las respuestas instantáneas asociada con la tecnología puede crear expectativas poco realistas. La presión para responder de inmediato a mensajes y correos electrónicos puede generar ansiedad y estrés por la necesidad de estar constantemente disponible.

La presión para proporcionar respuestas inmediatas en el contexto de la tecnología es una realidad en la sociedad moderna y puede contribuir significativamente al estrés tecnológico. Aquí se exploran aspectos adicionales de esta dinámica y se proporcionan estrategias para abordar las expectativas de respuesta inmediata:

La disponibilidad constante de dispositivos electrónicos y la conexión a internet pueden crear la expectativa de estar disponible en cualquier momento del día, contribuyendo a la sensación de falta de límites en la vida personal y laboral.

La cultura de respuesta inmediata puede generar ansiedad, ya que la demora en responder puede percibirse como falta de compromiso o como una violación de las expectativas sociales.

La constante presión para responder rápidamente puede llevar al desgaste emocional, afectando negativamente la salud mental y contribuyendo al agotamiento.

La necesidad de responder de inmediato puede hacer que sea difícil desconectar incluso durante el tiempo personal, generando una sensación de invasión constante.

Comunicar de manera clara y proactiva los límites de disponibilidad y establecer expectativas realistas sobre los tiempos de respuesta.

Establecer horarios específicos para revisar y responder mensajes, lo que permite períodos de concentración sin interrupciones.

Configurar respuestas automáticas en correos electrónicos o mensajes para informar a los demás cuando no se está disponible y cuándo pueden esperar una respuesta.

Fomentar una cultura en la que se respete el tiempo de los demás y se reconozcan los límites de disponibilidad, tanto en el entorno laboral como en el personal.

Aprender a priorizar tareas y mensajes puede ayudar a gestionar la carga de trabajo y a responder de manera efectiva sin sentirse abrumado/a.

Programar momentos específicos del día para desconectar y tomarse pausas puede ayudar a reducir la ansiedad asociada con la necesidad de responder constantemente.

Fomentar prácticas conscientes al utilizar la tecnología, reconociendo que la respuesta inmediata no siempre es necesaria y que es beneficioso desconectar en ciertos momentos.

Mantener límites personales sólidos y resistir la presión externa para responder inmediatamente, reconociendo la importancia de cuidar la salud mental y emocional.

Al adoptar estas estrategias, es posible gestionar de manera más efectiva las expectativas de respuesta inmediata, reduciendo así el estrés asociado con la constante presión para estar siempre disponible.

Las plataformas de redes sociales a menudo fomentan la comparación constante. Ver los logros y actividades de otros en línea puede generar estrés al sentir la necesidad de mantenerse al día o superar las expectativas sociales percibidas.

La comparación social en línea es una realidad prevalente en la era de las redes sociales y puede tener un impacto significativo en el bienestar emocional de las personas. Aquí se exploran aspectos adicionales y se proporcionan estrategias para abordar el estrés asociado con la comparación social en línea:

La comparación constante en las redes sociales puede contribuir al miedo de perderse experiencias emocionantes o importantes eventos que otros están viviendo.

Ver constantemente las vidas aparentemente exitosas de otros en línea puede generar una autoevaluación negativa, disminuyendo la autoestima y generando sentimientos de insatisfacción.

La exposición a estándares percibidos en las redes sociales puede crear presión para conformarse con ciertos ideales, ya sean relacionados con el aspecto físico, el éxito profesional o la vida personal.

La comparación constante puede contribuir a la ansiedad, la depresión y otros problemas de salud mental, especialmente cuando se percibe una brecha entre la propia vida y las vidas aparentemente perfectas de los demás.

Desarrollar la conciencia de los propios logros, valores y metas personales, reconociendo que la vida de cada persona es única y no siempre se refleja con precisión en las redes sociales.

Establecer límites de tiempo para el uso de redes sociales puede ayudar a reducir la exposición a la comparación constante y fomentar un enfoque más equilibrado en la vida real.

Fomentar una cultura de autenticidad en las redes sociales, donde las personas se sientan cómodas compartiendo experiencias reales, incluyendo desafíos y fracasos, en lugar de solo los aspectos positivos.

Fortalecer las conexiones en el mundo real puede proporcionar una base más sólida para la autoestima y reducir la dependencia de la validación en línea.

Cultivar la gratitud enfocándose en las propias bendiciones y logros puede contrarrestar los sentimientos de insatisfacción generados por la comparación constante.

Tomarse descansos ocasionales de las redes sociales puede ayudar a ganar perspectiva y reducir la presión de mantenerse al día con la vida de los demás.

Compartir sentimientos de incomodidad o estrés relacionados con la comparación social en línea con amigos cercanos, familiares o profesionales de la salud mental puede proporcionar apoyo y perspectiva.

Dirigir la atención hacia el crecimiento personal y el progreso individual en lugar de compararse constantemente con los demás puede aumentar la autoaceptación y el bienestar.

Al adoptar estas estrategias, se puede mitigar el estrés asociado con la comparación social en línea y promover un enfoque más saludable y equilibrado hacia el uso de las redes sociales.

La falta de tiempo dedicado a desconectar y relajarse lejos de dispositivos electrónicos puede contribuir al estrés tecnológico. La incapacidad para establecer límites claros puede afectar la calidad del tiempo de inactividad.

La falta de tiempo para desconectar puede dar lugar a un agotamiento digital constante, ya que las personas pueden sentirse siempre conectadas y disponibles.

La falta de límites claros puede resultar en interrupciones frecuentes durante el tiempo personal, afectando la calidad del tiempo dedicado a actividades de ocio y descanso.

La incapacidad para desconectar puede afectar las relaciones personales al reducir la calidad del tiempo dedicado a amigos y familiares.

Una agenda sobrecargada puede dejar poco espacio para el tiempo de inactividad y la desconexión, contribuyendo al estrés y la sensación de abrumamiento.

Reconocer la importancia del tiempo de inactividad y hacer de él una prioridad en la agenda, asignando momentos específicos para desconectar.

Definir límites claros entre el trabajo y el tiempo personal, evitando la tentación de revisar correos electrónicos o realizar tareas laborales fuera del horario laboral.

Desarrollar rutinas de desconexión antes de acostarse, como apagar dispositivos electrónicos una hora antes de dormir, para facilitar un mejor descanso.

Programar momentos específicos para pasar tiempo de calidad con amigos y familiares, sin distracciones digitales, para fortalecer las conexiones interpersonales.

Programar días específicos en los que se desconecte completamente de dispositivos electrónicos, permitiendo períodos de descanso sin interrupciones digitales.

Aprovechar las vacaciones o días libres para desconectar por completo y dedicar tiempo a actividades relajantes y rejuvenecedoras.

Incorporar rutinas de bienestar, como el ejercicio regular, la meditación o la lectura, para crear espacios regulares de desconexión y relajación.

Evaluar la carga de compromisos y aprender a decir no a actividades no esenciales para liberar tiempo y reducir la sensación de abrumamiento.

Ser consciente del tiempo dedicado a dispositivos electrónicos y establecer límites conscientes para garantizar períodos regulares de desconexión.

En entornos laborales, fomentar una cultura que valore y promueva la desconexión fuera del horario laboral para mejorar la calidad de vida de los empleados.

Al adoptar estas estrategias, es posible abordar la falta de tiempo para desconectar, promoviendo así un equilibrio más saludable entre la tecnología y el bienestar personal.

Desarrollar estrategias de afrontamiento efectivas es esencial para manejar el estrés tecnológico. Esto puede incluir establecer límites de tiempo en el uso de dispositivos, practicar la desconexión digital en momentos específicos y buscar actividades que promuevan el bienestar fuera de la pantalla.

Definir límites claros en cuanto al tiempo dedicado al uso de dispositivos electrónicos. Esto puede incluir establecer un límite diario para el tiempo en las redes sociales o para el uso general de pantallas.

Programar momentos específicos del día o de la semana para desconectar por completo de dispositivos electrónicos. Estos períodos de desconexión permiten relajarse y rejuvenecer lejos de las distracciones digitales.

Establecer rutinas antes de acostarse que no involucren dispositivos electrónicos. Apagar las pantallas una hora antes de dormir puede mejorar la calidad del sueño y reducir la fatiga visual.

Buscar actividades al aire libre que no involucren el uso de dispositivos electrónicos, como caminar, hacer senderismo o practicar deportes. Estas actividades fomentan el bienestar y proporcionan una pausa necesaria de la tecnología.

Cultivar hobbies que no requieran el uso de dispositivos electrónicos, como la lectura, la jardinería, la pintura o la cocina. Estos pasatiempos pueden ser terapéuticos y ofrecen una forma de desconectar.

Programar días específicos en los que se desconecte por completo de la tecnología. Utilizar estos días para dedicarse a actividades que promuevan el bienestar y la relajación.

Incorporar prácticas de atención plena y meditación para reducir el estrés y mejorar la capacidad de concentración. La atención plena puede realizarse tanto en sesiones formales como en momentos cotidianos.

Priorizar el tiempo dedicado a relaciones personales fuera del entorno digital. Organizar encuentros cara a cara y fortalecer conexiones interpersonales puede ser beneficioso para la salud mental.

Integrar rutinas regulares de ejercicio físico en la semana. El ejercicio no solo beneficia la salud física, sino que también puede ser una forma efectiva de reducir el estrés y mejorar el estado de ánimo.

Personalizar las configuraciones de notificaciones en dispositivos para minimizar interrupciones innecesarias. Esto permite un mayor control sobre la atención y reduce la presión de responder de inmediato.

En entornos laborales, participar en programas que promuevan la desconexión fuera del horario laboral. Esto puede incluir políticas de tiempo libre y respeto a los límites de disponibilidad.

Si el estrés tecnológico afecta significativamente el bienestar mental, buscar apoyo profesional, como terapia o asesoramiento, puede ser beneficioso para desarrollar estrategias de afrontamiento personalizadas.

Al adoptar estas estrategias, se puede crear un enfoque equilibrado hacia la tecnología, mitigar el estrés asociado y promover un bienestar integral. Es importante ajustar estas estrategias según las necesidades individuales y realizar ajustes continuos según sea necesario.

El manejo del estrés tecnológico implica encontrar un equilibrio saludable entre la utilización de la tecnología y la preservación del bienestar emocional y físico.

16.Tecnología y Soledad

La relación entre tecnología y soledad es una paradoja intrigante que ha emergido en la era digital. Aunque la tecnología ha facilitado la conexión instantánea y la comunicación a larga distancia, también ha llevado a fenómenos de soledad.

A pesar de estar más conectados digitalmente, algunas interacciones en línea pueden ser superficiales. La falta de contacto cara a cara puede limitar la profundidad de las conexiones, contribuyendo a una sensación de soledad emocional.

La conexión superficial en línea es un fenómeno común en la era digital, donde, a pesar de estar más conectados, las interacciones a menudo carecen de profundidad y autenticidad. Aquí se exploran algunos aspectos de este fenómeno:

La comunicación en línea, a menudo a través de mensajes de texto, correos electrónicos o comentarios en redes sociales, tiende a ser asincrónica. Esta falta de sincronización puede dificultar la captación de matices emocionales y la construcción de conexiones más profundas.

Las interacciones en línea carecen de la riqueza de la comunicación no verbal presente en las interacciones cara a cara. La ausencia de expresiones faciales, tono de voz y lenguaje corporal puede limitar la comprensión emocional.

En entornos digitales, la atención a menudo se centra en la presentación de uno mismo y en la expresión de logros y aspectos positivos. Esto puede conducir a interacciones superficiales centradas en la imagen externa en lugar de compartir experiencias más profundas.

La rapidez y la facilidad con la que se pueden realizar conexiones en línea pueden llevar a una preferencia por la cantidad sobre la calidad. Las personas pueden acumular una gran cantidad de conexiones superficiales en lugar de cultivar unas pocas relaciones más profundas.

Las conexiones superficiales pueden carecer de la capacidad de proporcionar un apoyo emocional significativo. La ausencia de interacciones profundas puede contribuir a la sensación de soledad emocional, especialmente en momentos difíciles.

La falta de contacto cara a cara puede llevar a una sensación de incomodidad al expresar emociones y vulnerabilidades. Las personas pueden sentirse más renuentes a compartir experiencias personales de manera auténtica.

La naturaleza superficial de muchas interacciones en línea puede contribuir a la comparación social negativa. Al observar solo las representaciones positivas de los demás, las personas pueden sentir que sus propias vidas no cumplen con ciertos estándares, aumentando así la sensación de soledad.

Priorizar las interacciones cara a cara siempre que sea posible. Las videoconferencias y las reuniones en persona pueden ayudar a construir conexiones más auténticas.

Fomentar un ambiente de apertura y vulnerabilidad en las interacciones en línea. Compartir experiencias personales y emociones genuinas puede contribuir a la profundización de las conexiones.

Cultivar relaciones más profundas en lugar de buscar una gran cantidad de conexiones superficiales. Invertir tiempo y esfuerzo en unas pocas relaciones significativas puede ser más gratificante.

Buscar y participar activamente en conversaciones que aborden temas significativos y personales. Esto puede fomentar una conexión más auténtica.

Establecer períodos de desconexión digital para facilitar momentos de reflexión y autenticidad fuera del entorno en línea.

Utilizar las redes sociales de manera consciente y evitar caer en la trampa de la comparación constante. Recordar que las representaciones en línea no capturan la complejidad completa de la vida de alguien.

Al adoptar estas estrategias, se puede contrarrestar la conexión superficial en línea y cultivar relaciones más profundas y auténticas, reduciendo así la sensación de soledad emocional.

Las redes sociales a menudo muestran una versión editada y destacada de la vida de las personas. La comparación constante con estas representaciones idealizadas puede generar sentimientos de inferioridad y aislamiento, contribuyendo a la soledad.

La comparación social en el contexto de las redes sociales es un fenómeno significativo que puede tener un impacto profundo en la salud emocional y contribuir a la sensación de soledad. Aquí se exploran algunos aspectos de este fenómeno:

Las personas tienden a compartir en redes sociales momentos destacados y aspectos positivos de sus vidas, creando representaciones idealizadas. Esta selectividad puede generar la percepción de que la vida de los demás es más exitosa o feliz.

La comparación constante con las vidas aparentemente emocionantes de otros puede alimentar el miedo de perderse experiencias positivas (FOMO). Este temor puede contribuir a la sensación de aislamiento y a la preocupación de no estar a la altura.

La exposición constante a imágenes y narrativas idealizadas puede afectar la autoimagen. La comparación negativa puede llevar a sentimientos de inferioridad y autoevaluación negativa, aumentando la sensación de aislamiento.

La exposición a estándares de belleza, éxito y felicidad en las redes sociales puede ejercer presión para conformarse con ciertos ideales. La sensación de no cumplir con estos estándares puede contribuir a la soledad emocional.

Desarrollar la conciencia de que las representaciones en redes sociales no son la realidad completa. Recordar que las personas comparten selectivamente y que la vida tiene aspectos positivos y desafiantes.

Establecer límites de tiempo para el uso de redes sociales puede ayudar a reducir la exposición constante a imágenes idealizadas y mitigar la comparación social.

Centrarse en el crecimiento personal y los logros individuales en lugar de compararse constantemente con los demás. Celebrar los propios éxitos, por pequeños que sean.

Cultivar relaciones fuera de las redes sociales que sean auténticas y basadas en la conexión real. Las interacciones cara a cara pueden proporcionar un sentido más genuino de apoyo y pertenencia.

Cultivar la gratitud por las propias experiencias y logros puede contrarrestar los sentimientos de insatisfacción generados por la comparación constante.

Tomarse descansos regulares de las redes sociales puede ayudar a ganar perspectiva y reducir la presión de mantenerse al día con las vidas de los demás.

Desarrollar una narrativa positiva sobre uno mismo, reconociendo las fortalezas y logros individuales. Evitar la autocrítica excesiva facilita una mentalidad más positiva.

Fomentar una cultura de autenticidad en las redes sociales, donde las personas se sientan cómodas compartiendo tanto los aspectos positivos como los desafíos de sus vidas.

Compartir sentimientos de incomodidad o estrés relacionados con la comparación social en línea con amigos cercanos, familiares o profesionales de la salud mental puede proporcionar apoyo y perspectiva.

Al adoptar estas estrategias, es posible mitigar el impacto negativo de la comparación social en las redes sociales y cultivar una relación más saludable con la tecnología y las interacciones en línea.

La dependencia excesiva de la comunicación digital puede llevar a la sustitución de las interacciones en persona. La falta de experiencias sociales directas puede contribuir al aislamiento y la soledad.

La sustitución de interacciones en persona por la comunicación digital es un fenómeno que ha surgido con la creciente dependencia de la tecnología. Aquí se exploran algunos aspectos de este fenómeno y se presentan estrategias para abordarlo:

La comunicación digital, a menudo a través de mensajes de texto, correos electrónicos o redes sociales, tiende a ser asincrónica. Esta falta de sincronización puede llevar a una desconexión emocional y a la sustitución de las interacciones cara a cara.

La inmersión constante en dispositivos electrónicos, especialmente en entornos sociales, puede dar lugar a un aislamiento tecnológico. Las personas pueden estar físicamente presentes pero emocionalmente desconectadas al enfocarse en sus dispositivos.

La dependencia excesiva de la comunicación digital puede llevar a una reducción de las experiencias sociales directas. La falta de interacciones en persona puede contribuir al aislamiento social y a la sensación de soledad.

La sustitución de interacciones en persona por la comunicación digital puede limitar la riqueza de la conexión humana. La falta de expresiones faciales, contacto visual y otras señales no verbales puede afectar la calidad de la comunicación.

Hacer un esfuerzo consciente por priorizar las interacciones cara a cara. Esto puede incluir reuniones sociales, actividades en grupo y eventos que fomenten la conexión directa.

Definir límites claros para el uso de dispositivos electrónicos en entornos sociales y personales. Establecer períodos específicos de desconexión para facilitar la interacción en persona.

Unirse a grupos o comunidades locales que compartan intereses similares. La participación en actividades grupales fomenta las interacciones en persona y el desarrollo de relaciones significativas.

Crear conciencia sobre el impacto de la tecnología en las interacciones sociales y reconocer cuándo es apropiado desconectar para participar plenamente en la vida social.

Implementar rutinas de desconexión antes de acostarse, apagando dispositivos electrónicos una hora antes de dormir. Esto puede mejorar la calidad del tiempo de inactividad y promover el sueño reparador.

Proactivamente planificar encuentros sociales y actividades con amigos y seres queridos. Establecer fechas para encuentros en persona puede fortalecer las conexiones y reducir la dependencia de la comunicación digital.

Trabajar en el desarrollo de habilidades de comunicación en persona, incluyendo la escucha activa, el contacto visual y la expresión de emociones. Estas habilidades son fundamentales para construir relaciones significativas.

Al adoptar estas estrategias, se puede contrarrestar la tendencia de sustituir las interacciones en persona con la comunicación digital, fomentando así una conexión más genuina y satisfactoria con los demás.

La inmersión constante en dispositivos electrónicos, especialmente en entornos sociales, puede llevar a un aislamiento tecnológico. La falta de interacción cara a cara puede contribuir a la soledad, incluso en situaciones sociales.

El aislamiento tecnológico es un fenómeno que surge cuando las personas se sumergen constantemente en dispositivos electrónicos, desconectándose emocionalmente de su entorno social inmediato. Aquí se exploran algunos aspectos de este fenómeno y se presentan estrategias para abordarlo: La concentración excesiva en dispositivos electrónicos puede llevar a una desconexión emocional con las personas presentes físicamente. La falta de atención y la ausencia de interacción cara a cara contribuyen al aislamiento tecnológico.

Las personas inmersas en sus dispositivos electrónicos pueden reducir su participación en conversaciones y actividades sociales. Esto crea barreras para la conexión interpersonal y puede generar la sensación de estar aislado incluso en entornos sociales.

El aislamiento tecnológico a menudo se manifiesta como una falta de conciencia del entorno circundante. Las personas pueden estar físicamente presentes, pero su atención está centrada en las pantallas, lo que limita la interacción con quienes los rodean.

La dependencia excesiva de la tecnología puede afectar la calidad de las relaciones interpersonales. La falta de interacción cara a cara puede generar malentendidos, reducir la empatía y debilitar los lazos emocionales.

Definir normas claras para el uso de dispositivos electrónicos en situaciones sociales. Establecer límites de tiempo y fomentar la participación activa en conversaciones y actividades.

Adoptar un enfoque moderado hacia el uso de dispositivos electrónicos. Reservar momentos específicos para revisar mensajes y notificaciones, permitiendo así una mayor presencia en entornos sociales.

Designar espacios o momentos libres de tecnología, donde las interacciones sean exclusivamente cara a cara. Esto promueve la conexión interpersonal sin distracciones digitales.

Ser consciente del entorno circundante y de las personas presentes. Practicar la atención plena ayuda a recuperar la conciencia del momento presente y mejora la conexión con el entorno social.

Priorizar conversaciones significativas y participar activamente en ellas. Esto contribuye a la construcción de relaciones sólidas y reduce el aislamiento tecnológico al enfocarse en la calidad de la interacción.

Implementar rutinas de desconexión antes de acostarse, apagando dispositivos electrónicos una hora antes de dormir. Esto no solo mejora la calidad del sueño, sino que también promueve la conexión interpersonal antes de dormir.

Fomentar una cultura que valore la conversación y la comunicación cara a cara. Esto puede ser especialmente relevante en entornos familiares, educativos y laborales.

Participar en actividades grupales o eventos sociales donde la interacción cara a cara sea esencial. Estas actividades fomentan la conexión y reducen el aislamiento tecnológico.

Proporcionar educación sobre el uso saludable de la tecnología, enfatizando la importancia de equilibrar la conectividad digital con la participación activa en la vida social.

Cultivar la empatía digital, recordando que las interacciones en línea no reemplazan la autenticidad y la conexión emocional de las relaciones cara a cara.

Al adoptar estas estrategias, es posible contrarrestar el aislamiento tecnológico y promover una mayor conexión interpersonal en entornos sociales.

La comunicación digital a veces carece de la autenticidad y la conexión emocional que se experimenta en interacciones en persona. Esto puede contribuir a la sensación de estar solo, incluso cuando se está conectado digitalmente.

La falta de autenticidad en la comunicación digital es un desafío común que puede contribuir a la sensación de soledad, incluso cuando se está conectado digitalmente. Aquí se exploran algunos aspectos de este fenómeno y se presentan estrategias para fomentar la autenticidad en las interacciones en línea:

La tendencia a filtrar o editar contenido antes de compartirlo en plataformas digitales puede conducir a representaciones selectivas de la vida. La falta de transparencia puede contribuir a la percepción de que las interacciones en línea son superficiales.

El temor al juicio o la crítica en línea puede llevar a las personas a presentar versiones cuidadosamente construidas de sí mismas. La preocupación por la aceptación social puede reducir la expresión genuina de pensamientos y emociones.

La comunicación digital carece de muchas señales no verbales presentes en las interacciones en persona, como expresiones faciales y tono de voz. La falta de estas señales puede hacer que las conversaciones sean más propensas a malentendidos y menos auténticas.

La exposición constante a las vidas aparentemente perfectas de otros en plataformas en línea puede generar la percepción de que uno debe mantener una imagen similar. Esto puede llevar a la falta de autenticidad para cumplir con ciertos estándares percibidos.

Priorizar la honestidad al comunicarse en línea. Ser auténtico sobre las experiencias, pensamientos y emociones puede fomentar conexiones más genuinas.

Reconocer y aceptar la vulnerabilidad como parte natural de la experiencia humana. Compartir experiencias personales y desafíos puede construir puentes emocionales y reducir la sensación de soledad.

Crear comunidades en línea que fomenten un ambiente de apoyo y aceptación. Esto puede alentar a las personas a ser más auténticas al sentirse seguras para compartir sus verdaderas experiencias.

Recordar que las representaciones en línea no capturan la realidad completa. Evitar la comparación constante con los demás y centrarse en el crecimiento personal puede promover la autenticidad.

Participar en plataformas y espacios en línea que valoren y promuevan la autenticidad. Buscar comunidades que alienten a las personas a ser ellas mismas sin temor al juicio.

Practicar la escucha activa en las interacciones en línea. Demostrar empatía y comprensión contribuye a construir conexiones más auténticas.

Expresar emociones de manera constructiva y abierta. Compartir alegrías y desafíos puede fortalecer las conexiones emocionales y reducir la sensación de soledad.

Establecer espacios en línea donde las personas se sientan libres de ser auténticas. Esto puede incluir foros de discusión privados o grupos cerrados donde los miembros puedan compartir de manera más abierta.

Fomentar la educación sobre la importancia de la autenticidad digital y la aceptación de la diversidad de experiencias. Esto puede contribuir a un cambio cultural hacia la sinceridad en línea.

Recordar que cada persona es única, con experiencias y perspectivas individuales. Celebrar la diversidad y la autenticidad de cada individuo en lugar de conformarse con estándares predefinidos.

Al incorporar estas estrategias, se puede promover un entorno digital más auténtico y apoyador, reduciendo así la sensación de soledad asociada con la falta de autenticidad en las interacciones en línea.

Los algoritmos de recomendación y personalización en plataformas en línea pueden crear "burbujas" donde las personas solo ven contenido y opiniones similares a las suyas. Esto puede limitar la diversidad de perspectivas y contribuir a la sensación de soledad intelectual.

El efecto de filtro de burbuja es un fenómeno generado por algoritmos de recomendación y personalización en plataformas en línea. Estos algoritmos tienden a mostrar a los usuarios contenido y opiniones que son similares a las suyas, creando así una "burbuja" que limita la diversidad de perspectivas. Aquí se exploran algunos aspectos de este fenómeno y se presentan estrategias para contrarrestar sus efectos:

Los algoritmos analizan el historial de búsqueda, clics y comportamientos en línea para personalizar el contenido que se muestra a cada usuario. Esto puede resultar en la creación de una burbuja informativa donde se refuerzan las preferencias existentes.

Al mostrar principalmente contenido que se alinea con las opiniones y preferencias actuales del usuario, se limita la exposición a perspectivas diversas. Esto puede contribuir a la sensación de soledad intelectual al reducir la variedad de ideas y opiniones a las que se está expuesto.

La burbuja de filtro puede reforzar las creencias y opiniones preexistentes al presentar constantemente información que confirma las perspectivas actuales. Esto puede llevar a un estancamiento intelectual y a la falta de desafíos cognitivos.

Buscar activamente fuentes de información diversas y confiables. Explorar periódicos, revistas y sitios web que presenten perspectivas diferentes a las ya conocidas.

En algunas plataformas, es posible desactivar la personalización de contenido en la configuración de la cuenta. Esto puede permitir una mayor variedad de información y opiniones en la alimentación de noticias.

Proponerse explorar contenido que no se alinee directamente con las opiniones actuales. Buscar información que desafíe y enriquezca el entendimiento, incluso si inicialmente es contrario a las creencias propias. Involucrarse en discusiones y comunidades en línea que aborden una variedad de perspectivas. Participar en debates constructivos puede ampliar la comprensión y reducir la sensación de soledad intelectual.

Actuar de manera consciente al seguir a una variedad de voces en redes sociales y otras plataformas. Buscar activamente contenido que ofrezca perspectivas diferentes y enriquecedoras.

Fomentar el desarrollo del pensamiento crítico al evaluar la credibilidad de las fuentes y cuestionar la información presentada. Esto ayuda a evitar aceptar sin cuestionar las ideas preexistentes.

Asistir a eventos, conferencias y actividades en persona donde se puedan conocer personas con diferentes opiniones y experiencias. El contacto directo puede ser una forma efectiva de romper la burbuja de filtro.

Utilizar plataformas que tengan políticas y algoritmos diseñados para promover la diversidad de contenido. Algunas plataformas están implementando cambios para contrarrestar el sesgo de filtro de burbuja.

Fomentar la educación digital que destaque la importancia de la diversidad de perspectivas. Esto puede incluir programas educativos y campañas de concientización sobre el impacto de los algoritmos en la formación de opiniones.

Abogar por la transparencia en los algoritmos de recomendación y personalización. La divulgación de cómo funcionan estos algoritmos puede permitir a los usuarios tomar decisiones más informadas sobre su consumo de contenido.

Al implementar estas estrategias, es posible contrarrestar el efecto de filtro de burbuja y fomentar una mayor diversidad de perspectivas en la experiencia en línea, reduciendo así la sensación de soledad intelectual.

La constante exposición a la sobrecarga de información en línea puede ser abrumadora. La desconexión ocasional para evitar esta sobrecarga puede llevar a una percepción de soledad temporal, pero necesaria para el bienestar.

La sobrecarga de información en línea es una realidad en la era digital, donde la constante exposición a una gran cantidad de datos puede resultar abrumadora. Aquí se exploran algunos aspectos de este fenómeno y se presentan estrategias para manejar la sobrecarga de información:

La información fluye de manera continua a través de diversas plataformas en línea, como redes sociales, correos electrónicos y noticias. Este flujo constante puede resultar difícil de procesar y puede contribuir a la sensación de estar abrumado.

La gran cantidad de información disponible puede dificultar la tarea de priorizar y seleccionar qué es relevante. La falta de filtros efectivos puede llevar a la sensación de estar perdido en un mar de datos.

La sobrecarga de información puede tener un impacto negativo en la salud mental, contribuyendo al estrés, la ansiedad y la fatiga mental. La constante exposición a noticias negativas también puede afectar el bienestar emocional.

Definir límites de tiempo para el consumo de información en línea. Establecer momentos específicos del día para revisar noticias y redes sociales puede ayudar a evitar una exposición excesiva.

Identificar y priorizar fuentes de información confiables y relevantes. Limitar la exposición a fuentes sensacionalistas o no verificadas puede reducir la carga de información y promover la calidad de la información consumida.

Programar períodos regulares de desconexión completa de dispositivos electrónicos. Esto puede ayudar a recargar la mente, reducir el estrés y proporcionar un respiro necesario de la sobrecarga de información.

Utilizar herramientas de filtrado y organización para priorizar contenido relevante. Configurar alertas y notificaciones selectivas puede ayudar a mantenerse informado sin sentirse abrumado por la cantidad de información.

Desarrollar disciplina al consumir información. Ser consciente de los límites personales y tomar decisiones informadas sobre qué y cuándo acceder a la información puede ayudar a mantener un equilibrio saludable.

En lugar de buscar una gran cantidad de información, enfocarse en la calidad de la información. Seleccionar fuentes y contenidos que sean relevantes y proporcionen información valiosa. Buscar información de una variedad de fuentes para obtener perspectivas diversas. Diversificar las fuentes puede ayudar a evitar la limitación de puntos de vista que a menudo contribuye a la sobrecarga de información.

Definir objetivos claros para el consumo de información. Establecer límites diarios o semanales puede ayudar a evitar la saturación y permitir un enfoque más intencional en la búsqueda de información.

Incorporar prácticas de mindfulness para estar presente en el momento actual y reducir la ansiedad relacionada con la información. La atención plena puede ayudar a gestionar la sobrecarga emocional.

Mejorar la alfabetización mediática para evaluar críticamente la calidad y la relevancia de la información. Desarrollar habilidades para discernir entre fuentes confiables y menos confiables contribuye a un consumo de información más consciente.

Al adoptar estas estrategias, es posible gestionar de manera más efectiva la sobrecarga de información y encontrar un equilibrio saludable entre mantenerse informado y preservar el bienestar emocional.

Priorizar la construcción de relaciones significativas en línea y fuera de línea. Participar en comunidades en línea que compartan intereses similares puede ser una forma de fomentar conexiones genuinas.

Establecer conexiones significativas es esencial para contrarrestar la sensación de soledad y promover el bienestar emocional. Aquí se exploran algunos aspectos de esta estrategia y se presentan recomendaciones para construir relaciones significativas:

Las conexiones humanas juegan un papel crucial en el bienestar emocional. La calidad de las relaciones está vinculada a la satisfacción personal y a la reducción de la sensación de soledad.

Las comunidades en línea ofrecen oportunidades para conectarse con personas que comparten intereses similares. Participar activamente en estas comunidades puede facilitar la formación de relaciones significativas.

Establecer un equilibrio entre las conexiones en línea y fuera de línea es clave. Ambos entornos pueden contribuir a la construcción de relaciones significativas, cada uno con sus propias dinámicas.

Buscar y unirse a comunidades en línea que se centren en intereses y pasiones compartidas. La identificación de intereses comunes facilita la conexión y la construcción de relaciones significativas.

Participar activamente en conversaciones y actividades dentro de las comunidades en línea. Compartir experiencias, ideas y conocimientos contribuye a la formación de conexiones genuinas.

Ser auténtico y abierto al compartir experiencias y emociones. La autenticidad fomenta la conexión emocional y facilita la construcción de relaciones significativas.

No descuidar las relaciones fuera de línea. Mantener y fortalecer las conexiones con amigos, familiares y colegas contribuye significativamente al bienestar emocional.

Buscar conversaciones que vayan más allá de lo superficial. Abordar temas significativos y compartir pensamientos más profundos contribuye a la construcción de relaciones más sustanciales.

Ofrecer apoyo y empatía a los demás en las comunidades en línea. Brindar ayuda y comprensión fortalece los lazos y crea relaciones más sólidas.

Organizar o participar en eventos en línea y fuera de línea. La participación en actividades y eventos compartidos crea oportunidades para conectarse de manera más personal.

Fomentar el respeto por la diversidad de opiniones y perspectivas. La apertura a diferentes puntos de vista enriquece las relaciones y promueve la comprensión mutua.

Establecer metas realistas para la construcción de relaciones. Esto podría incluir el establecimiento de nuevas conexiones cada mes o la participación regular en actividades sociales.

Valorar y asignar tiempo para las interacciones en persona. Las relaciones cara a cara a menudo tienen un impacto más profundo y duradero en la construcción de conexiones significativas. Al seguir estas recomendaciones, se puede construir y fortalecer conexiones significativas tanto en línea como fuera de línea, contribuyendo así a una sensación de conexión, pertenencia y bienestar emocional.

Ser consciente de la naturaleza selectiva de las representaciones en las redes sociales y limitar la comparación con los demás. Enfocarse en el crecimiento personal en lugar de compararse constantemente puede reducir la soledad.

Limitar la comparación social es fundamental para preservar el bienestar emocional y reducir la sensación de soledad. Aquí se exploran algunos aspectos de esta estrategia y se presentan recomendaciones para gestionar la comparación social:

Las redes sociales a menudo presentan una versión idealizada y selectiva de la vida de las personas. Compararse con estas representaciones puede contribuir a sentimientos de insatisfacción y soledad.

Cambiar el enfoque hacia el crecimiento personal y el desarrollo individual en lugar de medir el éxito en comparación con los demás. Establecer metas personales y trabajar hacia ellas puede ser más gratificante que compararse constantemente.

Ser consciente de la naturaleza selectiva de las representaciones en las redes sociales. Reconocer que lo que se muestra en línea no representa la totalidad de la vida de una persona.

Definir límites de tiempo y frecuencia para el uso de redes sociales. Limitar el tiempo dedicado a compararse con los demás puede reducir la sensación de soledad y mejorar la autoestima.

Celebrar los logros personales en lugar de compararse constantemente con los demás. Reconocer y valorar los propios éxitos contribuye a una mayor satisfacción personal.

Adoptar una mentalidad de crecimiento que valore el aprendizaje y el progreso en lugar de la comparación estática. Ver los desafíos como oportunidades de crecimiento personal.

Evitar la competencia destructiva con los demás. En lugar de competir, colaborar y aprender de las experiencias y éxitos de los demás.

Programar períodos regulares de desconexión digital. Esto permite reconectar consigo mismo, reflexionar sobre logros personales y establecer metas realistas.

Cultivar una actitud de gratitud al enfocarse en las cosas positivas de la propia vida. Reconocer y agradecer por las experiencias y relaciones existentes puede reducir la sensación de soledad.

Establecer metas personales que sean sostenibles y alineadas con los valores individuales. Trabajar hacia objetivos significativos puede proporcionar un sentido de propósito y conexión consigo mismo.

Priorizar relaciones auténticas y significativas en lugar de relaciones basadas en comparaciones superficiales. Construir conexiones reales contribuye a la satisfacción emocional.

Buscar apoyo en amigos, familiares u otros seres queridos. Compartir experiencias y desafíos puede generar comprensión y solidaridad, reduciendo así la sensación de soledad.

Al adoptar estas recomendaciones, se puede cambiar el enfoque hacia una mentalidad más positiva y centrada en el crecimiento personal, lo que a su vez contribuye a reducir la comparación social y la sensación de soledad.

Promover la comunicación cara a cara siempre que sea posible, ya sea a través de videoconferencias, llamadas telefónicas o reuniones en persona. Esto puede ayudar a construir conexiones más auténticas.

Fomentar la comunicación cara a cara es esencial para construir conexiones más auténticas y reducir la sensación de soledad. Aquí se exploran algunos aspectos de esta estrategia y se presentan recomendaciones para promover la comunicación cara a cara:

La comunicación cara a cara permite expresar emociones de manera más auténtica, ya que se pueden transmitir señales no verbales que contribuyen a una comprensión más completa.

Las interacciones cara a cara tienden a facilitar conexiones más profundas y significativas. El contacto visual, las expresiones faciales y otros matices comunicativos contribuyen a una comprensión más rica.

Donde sea posible, optar por videoconferencias en lugar de mensajes de texto o correos electrónicos. La capacidad de ver y escuchar a la otra persona mejora la calidad de la comunicación.

Programar llamadas telefónicas regulares con amigos, familiares o colegas. La voz y el tono de voz enriquecen la comunicación y ayudan a mantener conexiones más sólidas.

Cuando las circunstancias lo permitan, organizar reuniones en persona. El contacto físico y las interacciones cara a cara son fundamentales para construir y mantener relaciones auténticas.

Asistir a eventos sociales, reuniones o actividades en persona. Estos encuentros proporcionan oportunidades para interactuar cara a cara y construir conexiones más allá de las interacciones en línea.

Priorizar el tiempo de calidad en persona con amigos y seres queridos. Establecer momentos para compartir experiencias en un entorno cara a cara fortalece los lazos emocionales.

En conversaciones cara a cara, fomentar la apertura y la sinceridad. La confianza y la autenticidad se construyen más fácilmente cuando se pueden percibir las señales no verbales.

Desconectar ocasionalmente de dispositivos electrónicos para permitir más tiempo para conexiones cara a cara. La presencia plena en el momento presente fortalece las relaciones.

Participar en eventos de networking o actividades sociales donde se puedan establecer nuevas conexiones cara a cara. Estas interacciones pueden llevar a relaciones significativas.

En las interacciones cara a cara, practicar la escucha activa. Prestar atención plena a la otra persona y demostrar interés contribuye a una comunicación más efectiva.

Establecer espacios seguros y de confianza donde se puedan compartir pensamientos y sentimientos en persona. La intimidad emocional se fortalece mediante el contacto cara a cara.

Promover la comunicación cara a cara, ya sea a través de medios digitales o en encuentros en persona, es fundamental para construir conexiones más auténticas y reducir la sensación de soledad. Incorporar estas recomendaciones en las interacciones diarias contribuye a fortalecer los lazos emocionales y sociales.

Establecer períodos regulares de desconexión para equilibrar la presencia digital con el tiempo dedicado a actividades fuera de línea y a relaciones en persona.

Desconectar para reconectar es una estrategia valiosa para equilibrar la presencia digital y fomentar una conexión más significativa con actividades fuera de línea y relaciones en persona. Aquí se exploran algunos aspectos de esta estrategia y se presentan recomendaciones para implementarla:

La desconexión temporal del mundo digital permite restablecer el equilibrio entre la vida en línea y las experiencias fuera de línea, promoviendo así un bienestar más integral.

Establecer períodos regulares de desconexión ayuda a reducir el estrés tecnológico al brindar un respiro de las notificaciones y demandas digitales constantes.

Programar períodos específicos del día o de la semana sin el uso de dispositivos electrónicos. Esto puede incluir momentos de la mañana o antes de acostarse.

Designar espacios en el hogar donde la tecnología no esté permitida, como áreas de descanso o lugares de reunión familiar. Esto facilita un ambiente propicio para la interacción en persona. De manera regular, designar días completos de desconexión digital. Estos días permiten dedicar tiempo exclusivamente a actividades fuera de línea y a relaciones en persona.

Participar en actividades que no requieran el uso de dispositivos electrónicos, como caminar al aire libre, leer un libro en formato físico o practicar deportes. Estas actividades promueven la desconexión y el bienestar.

Establecer acuerdos con amigos, familiares o colegas para desconectarse juntos durante ciertos momentos. Esto fortalece las relaciones y crea experiencias compartidas fuera del mundo digital.

Integrar rutinas diarias o semanales que no involucren dispositivos electrónicos. Estas rutinas proporcionan momentos específicos para desconectar y enfocarse en actividades más analógicas.

Practicar la atención plena o mindfulness durante los momentos de desconexión. Estar plenamente presente en las actividades fuera de línea contribuye a una experiencia más significativa.

Configurar límites en las notificaciones para reducir las interrupciones constantes. Esto permite tener un mayor control sobre el tiempo dedicado a las pantallas y promueve la desconexión.

Promover la educación sobre el uso saludable de la tecnología en entornos familiares y laborales. Crear conciencia sobre la importancia de desconectar para mantener un equilibrio.

Evaluar regularmente la efectividad de los períodos de desconexión y realizar ajustes según sea necesario. La flexibilidad en la implementación permite adaptarse a las necesidades cambiantes.

Al incorporar estas recomendaciones, se puede cultivar un enfoque más equilibrado hacia la tecnología y fortalecer las conexiones fuera del ámbito digital, contribuyendo así a un mayor bienestar emocional y social.

Involucrarse en actividades sociales, clubes o eventos en la comunidad para fomentar encuentros cara a cara y construir relaciones significativas fuera del ámbito digital.

Participar en actividades sociales es una excelente manera de fomentar encuentros cara a cara y construir relaciones significativas fuera del ámbito digital. Aquí se exploran algunos aspectos de esta estrategia y se presentan recomendaciones para participar en actividades sociales que proporcionan oportunidades para interacciones en persona, lo que contribuye a la construcción de relaciones más ricas y auténticas.

Involucrarse en actividades sociales permite disfrutar de una variedad de experiencias y conocer a personas con diferentes intereses, fomentando así la diversidad en las conexiones sociales.

Identificar intereses personales y buscar actividades sociales relacionadas. La participación en actividades alineadas con los propios gustos facilita la conexión con personas afines.

Buscar clubes o grupos locales que se centren en aficiones específicas. La participación en estos grupos brinda la oportunidad de conocer a personas que comparten pasiones similares.

Participar en eventos comunitarios, ferias o festivales locales. Estos eventos proporcionan un entorno propicio para encuentros sociales y la construcción de relaciones dentro de la comunidad.

Explorar oportunidades de voluntariado en organizaciones locales. El voluntariado no solo contribuye al bienestar de la comunidad, sino que también facilita la interacción con personas comprometidas con causas similares.

Unirse a grupos de deporte o clases de ejercicio. Estas actividades no solo promueven la salud física, sino que también ofrecen oportunidades para conectarse con personas que comparten el interés por el bienestar.

Explorar la participación en grupos religiosos o espirituales si es de interés personal. Estos entornos ofrecen oportunidades para la conexión social basada en valores compartidos.

Utilizar plataformas en línea como Meetup para encontrar eventos y reuniones locales relacionadas con intereses específicos. Estos encuentros permiten conocer a personas nuevas de manera informal.

Organizar encuentros sociales con amigos, colegas o vecinos. La iniciativa de organizar eventos proporciona la oportunidad de fortalecer relaciones existentes y crear nuevas conexiones.

Asistir a eventos culturales, como exposiciones, conciertos o representaciones teatrales. Estas actividades no solo son enriquecedoras culturalmente, sino que también ofrecen ocasiones para interacciones sociales.

Establecer actividades sociales regulares en la rutina, como noches de juegos, salidas a cenar o caminatas grupales. La consistencia en la participación fortalece las conexiones sociales.

Al participar activamente en actividades sociales, se crea un entorno propicio para establecer conexiones significativas, construir relaciones auténticas y disfrutar de la riqueza de interacciones cara a cara fuera del ámbito digital.

Fomentar la educación sobre el uso saludable de la tecnología y la conciencia de los efectos de la comparación social en línea para mitigar la soledad.

Promover la educación digital es clave para fomentar un uso saludable de la tecnología y aumentar la conciencia de los efectos de la comparación social en línea, contribuyendo así a mitigar la sensación de soledad. Aquí se exploran algunos aspectos de esta estrategia y se presentan recomendaciones para promover la educación digital:

La educación digital busca crear conciencia sobre cómo el uso de la tecnología afecta la salud mental y las relaciones sociales, destacando la importancia de un enfoque equilibrado.

La educación digital incluye estrategias para prevenir la comparación social en línea al proporcionar herramientas para interpretar de manera crítica la información presentada en plataformas digitales.

Integrar programas de educación digital en currículos escolares. Enseñar a los estudiantes sobre el uso responsable de la tecnología y la gestión de la presión social en línea.

Ofrecer sesiones de sensibilización sobre el uso saludable de la tecnología en entornos laborales. Esto incluye abordar la importancia del equilibrio entre el trabajo en línea y la desconexión.

Organizar talleres para padres sobre cómo guiar a sus hijos en el uso adecuado de la tecnología y cómo abordar los desafíos relacionados con la comparación social.

Implementar campañas de concienciación en comunidades locales sobre los impactos de la tecnología en la salud mental y las relaciones sociales. Esto puede incluir charlas, eventos comunitarios y recursos educativos.

Proporcionar recursos en línea, como blogs, artículos y videos educativos, que aborden temas relacionados con la salud mental en el entorno digital y la gestión de la comparación social.

Educar sobre el uso consciente de las redes sociales, enfocándose en la autenticidad y la comprensión de que las representaciones en línea no reflejan la totalidad de la realidad de una persona.

Incorporar la enseñanza de habilidades de alfabetización digital que incluyan la capacidad de evaluar críticamente la información en línea y desarrollar estrategias para manejar el estrés tecnológico.

Ofrecer sesiones de asesoramiento o terapia digital para abordar específicamente los desafíos emocionales relacionados con el uso de la tecnología y la comparación social en línea.

Colaborar con organizaciones y expertos en salud mental para desarrollar y promover programas educativos sobre el bienestar digital.

Mantener la educación digital actualizada para reflejar los cambios en la tecnología y los nuevos desafíos que surgen. La actualización constante garantiza la relevancia y la efectividad de los programas educativos.

Al promover la educación digital, se empodera a las personas para tomar decisiones informadas sobre su uso de la tecnología, se reduce la comparación social en línea y se mitiga la sensación de soledad al fomentar un enfoque equilibrado y saludable hacia la vida digital.

Buscar activamente la diversidad de perspectivas y opiniones en línea para evitar la formación de burbujas y enriquecer la experiencia digital.

Apoyar la diversidad de perspectivas en línea es esencial para evitar la formación de burbujas y enriquecer la experiencia digital. Aquí se exploran algunos aspectos de esta estrategia y se presentan recomendaciones para apoyar la diversidad de perspectivas:

Buscar activamente fuentes de información y opiniones que representen una variedad de perspectivas, evitando la homogeneidad de la información en línea.

Apoyar la diversidad de perspectivas enriquece la experiencia digital al ofrecer una visión más completa y matizada de los temas discutidos en línea.

Seguir y diversificar las fuentes en redes sociales. Incorporar perspectivas diferentes a las propias contribuye a una comprensión más amplia de los temas.

Unirse a grupos en línea que fomenten la discusión respetuosa y presenten una variedad de opiniones. La participación en debates constructivos mejora la comprensión de diferentes perspectivas.

Consumir noticias y contenido de medios de comunicación diversos y con enfoques editoriales variados. Esto ayuda a evitar la polarización y proporciona una visión equilibrada de los acontecimientos.

Participar en conversaciones interculturales en línea. Buscar activamente la interacción con personas de diferentes culturas y antecedentes enriquece la comprensión del mundo.

Contribuir a la diversidad de contenido en línea mediante la creación y promoción de materiales que representen una variedad de perspectivas. Esto puede incluir blogs, videos o publicaciones en redes sociales.

Cuestionar supuestos y sesgos inherentes en la información en línea. Desarrollar una actitud crítica hacia la información contribuye a una visión más objetiva.

Participar en plataformas de debate abierto donde se fomente la diversidad de opiniones y se promueva la discusión respetuosa. Esto amplía la gama de perspectivas consideradas.

Participar en iniciativas que promuevan la educación intercultural y la comprensión global. Esto incluye apoyar proyectos educativos que busquen disminuir la brecha cultural y promover la inclusión.

Conectar con comunidades en línea que representen diversas identidades, experiencias y opiniones. La participación activa en estas comunidades fomenta la apreciación de la diversidad.

Apoyar y consumir medios de comunicación que practiquen un periodismo de calidad y presenten múltiples perspectivas en sus informes. Contribuir al apoyo de medios responsables y equitativos.

Al adoptar estas recomendaciones, se puede contribuir a la construcción de un entorno digital más inclusivo, donde la diversidad de perspectivas sea valorada y se evite la formación de burbujas de información. Esto no solo enriquece la experiencia en línea, sino que también promueve la comprensión y el respeto mutuo.

Si la soledad tecnológica se vuelve abrumadora, buscar apoyo de profesionales de la salud mental puede ser beneficioso para abordar las preocupaciones emocionales subyacentes.

Reconocer la presencia de la soledad tecnológica y la necesidad de abordar las preocupaciones emocionales subyacentes.

Buscar apoyo de profesionales de la salud mental que estén capacitados para abordar las complejidades emocionales relacionadas con la soledad tecnológica.

Buscar la ayuda de un terapeuta o consejero especializado en salud mental. Estos profesionales pueden brindar orientación y apoyo para abordar las preocupaciones emocionales.

Consultar con psicólogos especializados en tecnología y salud mental. Algunos profesionales tienen experiencia específica en comprender y tratar los desafíos asociados con el uso de la tecnología.

Participar en sesiones de terapia en línea si la ubicación o las restricciones de tiempo son barreras para la atención en persona. La terapia en línea ofrece flexibilidad para recibir apoyo.

Explorar grupos de apoyo en línea donde se pueda compartir experiencias con personas que enfrentan desafíos similares. Estos grupos ofrecen un espacio para la conexión y el apoyo mutuo.

En entornos laborales, considerar la posibilidad de proporcionar acceso a profesionales de salud mental como parte de los programas de bienestar del empleado.

Conversar con un psiquiatra si se experimentan síntomas emocionales más intensos o persistentes. Los psiquiatras están capacitados para evaluar y recetar tratamiento si es necesario.

Trabajar con un profesional de salud mental para evaluar los factores subyacentes que contribuyen a la soledad tecnológica y desarrollar estrategias personalizadas para abordarlos.

Aprender y desarrollar habilidades de afrontamiento efectivas bajo la guía de un profesional. Estas habilidades pueden ayudar a manejar el estrés tecnológico y mejorar el bienestar emocional.

Considerar terapias específicas, como la terapia cognitivo-conductual, que se centran en cambiar patrones de pensamiento y comportamiento negativos asociados con la soledad y el estrés tecnológico.

Mantener la comunicación abierta con el profesional de salud mental sobre los desafíos específicos relacionados con la tecnología y la soledad. Esto facilita un enfoque personalizado en el tratamiento.

Buscar apoyo profesional es un paso valioso para abordar las preocupaciones emocionales relacionadas con la soledad tecnológica. Los profesionales de la salud mental están capacitados para proporcionar orientación, herramientas y estrategias que ayudan a mejorar el bienestar emocional y a desarrollar un enfoque más saludable hacia el uso de la tecnología.

Al abordar la paradoja de la tecnología y la soledad, es crucial adoptar un enfoque equilibrado, utilizando la tecnología de manera consciente y complementándola con interacciones sociales enriquecedoras fuera del ámbito digital.

17.Impacto de los Videojuegos en la Salud Mental:

El impacto de los videojuegos en la salud mental es un tema complejo y multifacético que ha sido objeto de investigación y debate.

Algunos estudios sugieren que ciertos tipos de videojuegos pueden mejorar habilidades cognitivas, como la atención, la memoria y la toma de decisiones.

Se ha observado que los juegos de acción, que requieren una atención sostenida y selectiva, pueden mejorar la capacidad de los jugadores para rastrear objetos en un campo visual ocupado.

Algunos videojuegos, especialmente aquellos que involucran rompecabezas y estrategia, pueden contribuir al desarrollo de la memoria de trabajo. La memoria de trabajo es esencial para retener y manipular información en la mente mientras se realizan tareas.

Los juegos de acción y estrategia, que a menudo requieren decisiones rápidas y precisas, se han asociado con la mejora de la capacidad de toma de decisiones.

Algunos juegos de estrategia y simulación pueden mejorar la capacidad de multitarea, ya que los jugadores deben gestionar varias tareas simultáneamente para tener éxito en el juego.

Los juegos de acción que implican movimientos rápidos y precisos pueden mejorar la coordinación mano-ojo y la destreza manual.

Los juegos de rompecabezas y aventuras a menudo requieren habilidades de resolución de problemas, ya que los jugadores deben superar obstáculos y encontrar soluciones para avanzar en el juego.

Los juegos de estrategia en tiempo real pueden mejorar la capacidad de planificación estratégica y la toma de decisiones a largo plazo.

Es importante señalar que, si bien hay evidencia de beneficios cognitivos asociados con ciertos videojuegos, no todos los juegos tienen el mismo impacto y la cantidad de tiempo dedicado al juego también es un factor crucial. Además, los efectos pueden variar según la persona y otros factores contextuales.

Además de los aspectos cognitivos, también se deben considerar los aspectos sociales, emocionales y físicos relacionados con el uso de videojuegos. En resumen, el equilibrio y la moderación son clave para garantizar que el disfrute de los videojuegos no tenga un impacto negativo en otros aspectos de la vida diaria.

Los juegos en línea pueden proporcionar un espacio para la socialización y la construcción de comunidades, especialmente importante para personas que pueden tener dificultades para conectarse de otras maneras.

La socialización a través de juegos en línea es un fenómeno significativo y puede tener impactos positivos en la construcción de comunidades. Aquí se exploran algunos aspectos relacionados con la socialización en juegos en línea:

Los juegos en línea a menudo dan lugar a la formación de comunidades virtuales donde jugadores de todo el mundo pueden conectarse, interactuar y colaborar en entornos virtuales compartidos.

La naturaleza en tiempo real de muchos juegos en línea permite la interacción directa entre jugadores. Pueden comunicarse a través de chat de voz, mensajes instantáneos o incluso videoconferencias dentro del juego.

Los juegos en línea ofrecen oportunidades para la colaboración y la competencia entre jugadores. La colaboración puede fomentar el trabajo en equipo, mientras que la competencia amistosa puede fortalecer la conexión entre los participantes.

Existen plataformas específicas diseñadas para juegos sociales donde los jugadores pueden conectarse, unirse a partidas en equipo y establecer amistades en línea.

Los juegos en línea pueden ser inclusivos, proporcionando un espacio donde personas de diversas ubicaciones geográficas, antecedentes culturales y habilidades pueden reunirse sin las limitaciones del espacio físico.

Las comunidades de juegos en línea a menudo brindan un espacio de apoyo emocional. Los jugadores pueden compartir experiencias, expresar emociones y encontrar comprensión entre pares.

Algunos juegos en línea organizan eventos y actividades comunitarias, como torneos, fiestas en línea o desafíos colaborativos, que fortalecen los lazos sociales y crean un sentido de pertenencia. Participar en juegos en línea puede contribuir al desarrollo de habilidades sociales, como la comunicación, la empatía y la resolución de conflictos, ya que los jugadores interactúan en entornos sociales virtuales.

Para personas que pueden tener dificultades para socializar en situaciones presenciales, los juegos en línea ofrecen una alternativa accesible y cómoda para construir relaciones y amistades.

Las conexiones formadas a través de juegos en línea pueden ser duraderas. Algunas amistades comienzan en el entorno virtual y se extienden a la vida real.

Es fundamental tener en cuenta que, si bien la socialización en juegos en línea puede tener muchos aspectos positivos, también es necesario equilibrar el tiempo dedicado a estos juegos con otras actividades sociales y responsabilidades en la vida diaria. Además, la seguridad en línea y la moderación en la interacción son aspectos importantes para garantizar experiencias positivas y respetuosas en estos entornos virtuales.

La adicción a los videojuegos, especialmente a los juegos en línea, es una preocupación. La incapacidad de controlar el tiempo dedicado a los juegos puede afectar negativamente la vida cotidiana.

La adicción a los videojuegos, también conocida como trastorno del juego en línea (Gaming Disorder), es una preocupación reconocida por expertos en salud mental y organizaciones como la Organización Mundial de la Salud (OMS). Aquí se exploran algunos aspectos relacionados con la adicción a los videojuegos:

La adicción a los videojuegos se caracteriza por un patrón de comportamiento persistente y recurrente relacionado con el juego digital, que puede manifestarse como pérdida de control sobre el juego, priorización del juego sobre otras actividades diarias y continuación del juego a pesar de las consecuencias negativas.

La adicción a los videojuegos puede estar relacionada con diversos factores, como la búsqueda de escape, la gratificación instantánea proporcionada por los juegos, la socialización en línea y la competencia.

Los juegos en línea, especialmente aquellos que fomentan la interacción social y la competencia, pueden tener un mayor potencial para generar adicción debido a la naturaleza continua y a menudo ininterrumpida de estos juegos.

La adicción a los videojuegos puede afectar negativamente la vida cotidiana de los individuos, incluido el rendimiento académico o laboral, las relaciones interpersonales, la salud física y mental, y la gestión del tiempo.

Algunas señales de adicción a los videojuegos incluyen la falta de control sobre el tiempo dedicado al juego, la priorización del juego sobre otras responsabilidades, la pérdida de interés en actividades previamente disfrutadas y la persistencia en el juego a pesar de las consecuencias negativas.

La adicción a los videojuegos puede ser diagnosticada por profesionales de la salud mental. El tratamiento puede incluir intervenciones psicológicas, terapia cognitivo-conductual, apoyo familiar y, en casos más graves, la participación en programas especializados de rehabilitación.

La prevención de la adicción a los videojuegos incluye la educación sobre el uso saludable de los videojuegos, la importancia del equilibrio entre el tiempo de juego y otras actividades, y la identificación temprana de señales de advertencia.

La industria de los videojuegos tiene una responsabilidad en proporcionar herramientas para el control del tiempo y la gestión de la adicción. Los padres también desempeñan un papel crucial al supervisar y establecer límites en el tiempo de juego de sus hijos.

Es esencial abordar la adicción a los videojuegos con empatía y comprensión, reconociendo que puede afectar a personas de todas las edades. La conciencia, la educación y el acceso a recursos de apoyo son fundamentales para mitigar los riesgos asociados con la adicción a los videojuegos y fomentar un uso saludable de la tecnología.

Aunque los juegos en línea pueden facilitar la socialización, también pueden llevar al aislamiento social si los jugadores prefieren pasar tiempo en el mundo virtual en lugar de interactuar cara a cara.

El aislamiento social es un aspecto importante que debe considerarse al explorar la relación entre los juegos en línea y la interacción social.

Algunos jugadores pueden preferir pasar una cantidad significativa de tiempo en el mundo virtual de los juegos en línea en lugar de participar en actividades sociales cara a cara. Esto puede conducir al aislamiento social si se vuelve una preferencia constante.

El tiempo dedicado a los juegos en línea puede resultar en una reducción de las interacciones sociales presenciales. Si los jugadores eligen pasar la mayoría de su tiempo en línea, es posible que limiten las oportunidades de interacción cara a cara con amigos, familiares u otras personas en su entorno.

La preferencia por el mundo virtual puede afectar las relaciones interpersonales. Amigos y familiares pueden sentirse excluidos o descuidados si un individuo pasa una cantidad excesiva de tiempo en juegos en línea en lugar de participar en actividades compartidas.

En el caso de los niños y adolescentes, el aislamiento social relacionado con los juegos en línea puede influir en el desarrollo social. La interacción cara a cara es esencial para el desarrollo de habilidades sociales y emocionales.

Aunque los juegos en línea ofrecen oportunidades de socialización, estas interacciones pueden ser limitadas en términos de diversidad. Dependiendo de los juegos elegidos, los jugadores pueden interactuar principalmente con personas que comparten intereses similares, lo que podría limitar la exposición a nuevas perspectivas y experiencias.

En casos extremos, la preferencia por los juegos en línea puede llevar al aislamiento excesivo, donde los individuos eligen retirarse casi por completo de las interacciones sociales fuera del mundo virtual.

La clave reside en encontrar un equilibrio saludable entre el tiempo dedicado a los juegos en línea y las interacciones sociales presenciales. El aislamiento social puede reducirse manteniendo una variedad de actividades sociales y recreativas en la vida diaria.

Los jugadores deben ser conscientes de sus patrones de comportamiento y estar dispuestos a autorregular su tiempo en línea para evitar el aislamiento social. La autorreflexión y la comunicación abierta con amigos y familiares son importantes.

En resumen, aunque los juegos en línea ofrecen oportunidades de socialización, es fundamental equilibrar estas interacciones con la participación en actividades sociales presenciales. La conciencia, la autorregulación y la comunicación abierta son elementos clave para mitigar el riesgo de aislamiento social asociado con el uso excesivo de juegos en línea.

La participación intensiva en juegos, especialmente durante la noche, puede afectar el patrón de sueño y contribuir a problemas de salud mental como la fatiga y la irritabilidad.

El impacto en el sueño es un aspecto importante a considerar cuando se analiza la relación entre los videojuegos, especialmente aquellos jugados de manera intensiva durante la noche, y la salud mental. Aquí se exploran algunos puntos relacionados con este impacto:

La exposición a la luz de las pantallas de videojuegos antes de dormir puede afectar negativamente la calidad del sueño. La luz azul emitida por las pantallas puede interferir con la producción de melatonina, una hormona clave para regular el sueño.

Jugar intensivamente antes de dormir puede aumentar la excitación y la estimulación mental, lo que puede hacer que sea más difícil conciliar el sueño. La mente puede permanecer activa debido a la emoción o la concentración en el juego.

Jugar hasta altas horas de la noche puede alterar el ritmo circadiano, el ciclo natural del cuerpo que regula el sueño y la vigilia. Esto puede llevar a un desajuste del reloj biológico interno.

La participación intensiva en juegos durante la noche puede resultar en una reducción de la cantidad y calidad del sueño. La falta de sueño adecuado puede contribuir a problemas de salud mental como la fatiga, la irritabilidad y la dificultad para concentrarse.

La privación crónica del sueño puede estar asociada con problemas de salud mental, incluida la ansiedad y la depresión. El sueño adecuado es esencial para el bienestar emocional y cognitivo.

Establecer una rutina de sueño regular, limitar la exposición a pantallas antes de acostarse, y crear un ambiente propicio para el sueño son recomendaciones para mejorar la calidad del sueño.

Los jugadores y sus familias deben estar conscientes de la importancia de la higiene del sueño, que incluye prácticas y hábitos que promueven un sueño saludable y reparador.

Establecer límites en el tiempo dedicado a los videojuegos antes de dormir puede ser beneficioso para permitir que la mente se relaje y se prepare para el sueño. La falta de sueño adecuado puede afectar el rendimiento diario, tanto en el ámbito académico como en el laboral, lo que podría contribuir a problemas de salud mental relacionados con el estrés y la presión.

La participación intensiva en videojuegos, especialmente durante la noche, puede tener repercusiones en el sueño y, por ende, en la salud mental. La conciencia de la importancia del sueño, junto con la implementación de prácticas saludables de sueño, es esencial para mitigar estos impactos negativos y promover el bienestar general.

La exposición constante a la violencia en algunos juegos puede desensibilizar a los jugadores, lo que podría tener implicaciones en la percepción de la violencia en la vida real.

La desensibilización a la violencia es un fenómeno que se ha estudiado en relación con la exposición constante a contenidos violentos, incluidos aquellos presentes en algunos videojuegos. Aquí se exploran algunos aspectos relacionados con este fenómeno:

La desensibilización implica una disminución de la sensibilidad o respuesta emocional a estímulos específicos debido a la exposición repetida a esos estímulos. En el contexto de los videojuegos, se refiere a una reducción en la reacción emocional del jugador ante la violencia.

Algunos videojuegos contienen representaciones gráficas y detalladas de violencia, que van desde combates hasta escenas de guerra. La exposición constante a estas representaciones puede tener efectos en la percepción del jugador.

La desensibilización a la violencia se produce cuando los jugadores experimentan repetidamente situaciones violentas en los juegos y, como resultado, pueden volverse menos sensibles o emocionalmente reactivos a tales situaciones.

La desensibilización podría tener implicaciones en la percepción de la violencia en la vida real. Los jugadores desensibilizados pueden tener una menor reacción emocional o empatía hacia la violencia real, ya que han experimentado repetidamente situaciones violentas en un contexto virtual.

La relación entre la exposición a contenidos violentos en videojuegos y la desensibilización, así como su impacto en la percepción de la violencia en la vida real, es un tema de debate. Algunos estudios sugieren correlaciones, pero establecer una relación causal precisa es complejo.

La reacción a la violencia en los videojuegos y la posibilidad de desensibilización pueden variar según las diferencias individuales, como la personalidad, la edad y la frecuencia de exposición.

El contexto en el que se experimenta la violencia en los videojuegos también es importante. La representación de la violencia dentro de un contexto moral o narrativo puede influir en cómo se percibe.

La conciencia de los posibles efectos de la desensibilización y la educación sobre la distinción entre la violencia virtual y la realidad son importantes. Los jugadores deben ser conscientes de cómo los videojuegos pueden afectar su percepción y comportamiento.

En resumen, aunque se ha observado la desensibilización a la violencia en algunos estudios, la relación exacta entre la exposición a contenidos violentos en videojuegos y el impacto en la percepción de la violencia en la vida real es compleja y sujeta a diversas variables. La investigación continua y la conciencia crítica son esenciales para comprender mejor estos fenómenos.

Existe un debate sobre si los juegos violentos pueden contribuir a comportamientos agresivos en la vida real, aunque la evidencia es mixta y no concluyente.

El impacto de los juegos violentos en el comportamiento agresivo ha sido un tema de debate y ha generado una cantidad considerable de investigación. A continuación, se exploran algunos aspectos clave relacionados con este debate:

La evidencia sobre si los juegos violentos contribuyen a comportamientos agresivos en la vida real es mixta y a menudo contradictoria. Algunos estudios sugieren una asociación, mientras que otros no encuentran una relación directa.

Los meta-análisis y revisiones de la literatura científica han arrojado resultados divergentes. Algunos sugieren una relación modesta entre la exposición a juegos violentos y la agresión, mientras que otros encuentran que la evidencia no es lo suficientemente sólida para establecer una conexión clara.

Se reconoce que las diferencias individuales y contextuales desempeñan un papel significativo en la relación entre los juegos violentos y la agresión. Factores como la personalidad, el entorno familiar y la frecuencia de juego pueden modular los efectos observados.

Algunos estudios han demostrado efectos de corto plazo, donde la exposición inmediata a juegos violentos puede aumentar la agresión temporalmente. Sin embargo, la cuestión de si esto se traduce en comportamientos agresivos a largo plazo es menos clara.

Los desafíos metodológicos, como la dificultad para controlar todos los factores que podrían influir en la agresión, han sido señalados en la investigación sobre este tema. Además, la diversidad en los tipos de juegos y la falta de consenso en las medidas de agresión complican la interpretación de los resultados.

Algunos estudios han explorado teorías como la catarsis, que sugiere que los juegos violentos pueden servir como una forma de liberar la agresión acumulada. Otros se centran en el modelado, argumentando que la observación de comportamientos violentos en juegos podría influir en la imitación.

Mientras que algunas asociaciones profesionales y grupos de investigación han expresado preocupaciones sobre la relación entre juegos violentos y agresión, también hay expertos y organizaciones que han señalado la falta de evidencia concluyente y han abogado por una perspectiva más equilibrada.

Algunos investigadores argumentan que, en comparación con otros factores, como la violencia en el hogar o la exposición a la violencia en los medios de comunicación, los juegos violentos podrían tener un impacto relativamente menor en la agresión.

En última instancia, el debate sobre el impacto de los juegos violentos en el comportamiento agresivo continúa, y la investigación en este campo sigue siendo un área activa de estudio. La comprensión de este tema es compleja y está sujeta a una variedad de factores que deben considerarse cuidadosamente.

En entornos de juegos en línea, la presión social para destacar y competir puede generar estrés y ansiedad, especialmente en juegos competitivos.

La competencia y la comparación en entornos de juegos en línea pueden tener un impacto significativo en la experiencia de los jugadores y contribuir al estrés y la ansiedad. Aquí se exploran algunos aspectos relacionados con este tema:

En entornos de juegos en línea, especialmente en aquellos que son altamente competitivos, puede existir una presión social para destacar y demostrar habilidades excepcionales. Esta presión puede generar ansiedad, ya que los jugadores sienten la necesidad de cumplir con ciertos estándares o expectativas.

En juegos en línea competitivos, la competencia puede ser intensa, y la sensación de estar constantemente evaluado por otros jugadores puede aumentar la presión y el estrés. La preocupación por el rendimiento puede contribuir a niveles más altos de ansiedad.

Los entornos en línea a menudo fomentan la comparación constante, ya sea en términos de habilidades, logros o equipo. Este ambiente comparativo puede llevar a una competencia poco saludable y generar inseguridades entre los jugadores.

Las expectativas de rendimiento pueden ser elevadas, especialmente en juegos con clasificaciones y sistemas de ligas. La presión para mantener o mejorar la posición en la jerarquía de jugadores puede generar ansiedad relacionada con el rendimiento.

En entornos altamente competitivos, la hostilidad y la toxicidad entre jugadores pueden ser comunes. La exposición a comportamientos negativos puede aumentar el estrés y afectar negativamente el disfrute del juego.

La comparación constante y la presión para destacar pueden afectar la autoestima de los jugadores. Aquellos que sienten que no cumplen con los estándares establecidos pueden experimentar ansiedad y sentimientos de insuficiencia.

Los juegos en línea a menudo tienen aspectos sociales, y la interacción con otros jugadores puede tener implicaciones emocionales. Las relaciones sociales en estos entornos pueden afectar la percepción de uno mismo y el bienestar emocional.

Es fundamental promover el juego saludable y establecer límites claros en términos de tiempo y compromiso emocional. Fomentar un enfoque más relajado y disfrutable del juego puede ayudar a reducir la presión y el estrés asociados.

Desarrollar estrategias de afrontamiento efectivas, como la gestión del estrés, el establecimiento de objetivos realistas y la desconexión ocasional, puede ayudar a los jugadores a lidiar con la presión y la ansiedad asociadas con la competencia en juegos en línea.

En conclusión, aunque los juegos en línea pueden ofrecer experiencias emocionantes y sociales, la competencia intensa y la comparación constante pueden generar estrés y ansiedad. La promoción de un enfoque equilibrado, el juego saludable y el apoyo emocional pueden contribuir a una experiencia más positiva en estos entornos.

Los jugadores pueden experimentar una relación directa entre su rendimiento en el juego y su autoestima, lo que puede tener implicaciones en la salud mental si se perciben a sí mismos como "fracasados" en el juego.

La relación entre el rendimiento en los juegos y la autoestima es un aspecto importante que puede afectar la salud mental de los jugadores. Aquí se exploran algunos aspectos relacionados con esta dinámica:

Para muchos jugadores, su rendimiento en los juegos puede estar estrechamente vinculado a su identidad y autoconcepto. Experimentar éxito en el juego puede fortalecer la autoestima, mientras que el fracaso percibido puede afectarla negativamente.

En entornos de juegos en línea, la autoevaluación es constante. Los jugadores pueden medir su valía y habilidades a través de estadísticas, clasificaciones y logros. Esto puede generar una conexión emocional significativa entre el rendimiento y la autoestima.

La presión por el rendimiento puede ser intensa, especialmente en juegos competitivos. Los jugadores pueden sentir la necesidad de demostrar constantemente su valía a través de sus habilidades y logros en el juego, lo que puede generar estrés y ansiedad.

El rendimiento en los juegos puede influir en la percepción que los jugadores tienen de sí mismos. La autoimagen puede verse afectada positiva o negativamente según los éxitos o fracasos en el juego, lo que a su vez afecta la autoestima.

La percepción de fracaso en el juego puede tener un impacto significativo en la autoestima. Si un jugador se percibe a sí mismo como "fracasado" en el juego, esto puede afectar su autoconcepto más amplio y generar emociones negativas. La competencia constante y la comparación con otros jugadores pueden intensificar la conexión entre el rendimiento en el juego y la autoestima. Sentirse superado por otros puede generar inseguridades y reducir la autoestima.

Es crucial fomentar una perspectiva saludable sobre el rendimiento en los juegos. La autoestima no debería depender exclusivamente del éxito en el juego, y es importante recordar que los juegos son solo una faceta de la vida.

Alentar a los jugadores a diversificar las fuentes de autoestima es esencial. Reconocer logros fuera del juego, como habilidades personales, relaciones y logros académicos o profesionales, puede ayudar a equilibrar la autoevaluación.

La importancia del apoyo social y emocional es crucial. Tener conexiones fuera del mundo del juego puede proporcionar un respaldo emocional valioso y recordar a los jugadores que su valía no se limita al rendimiento en el juego.

En resumen, la relación entre el rendimiento en los juegos y la autoestima es compleja y puede tener implicaciones en la salud mental. Fomentar una perspectiva equilibrada, diversificar las fuentes de autoestima y proporcionar apoyo social y emocional son estrategias importantes para abordar esta dinámica de manera saludable.

Es esencial establecer límites de tiempo para el juego y equilibrar las actividades virtuales con las interacciones sociales y otras responsabilidades.

Establecer límites de tiempo para el juego es una práctica esencial para garantizar un uso saludable y equilibrado de los videojuegos. Aquí se exploran algunos aspectos relacionados con el establecimiento de límites:

Establecer límites de tiempo promueve un uso saludable de los videojuegos al evitar la sobreexposición y el tiempo excesivo dedicado a esta actividad.

Establecer límites contribuye a prevenir la adicción al juego, especialmente en situaciones donde la línea entre el entretenimiento y la compulsión puede volverse borrosa.

Establecer límites permite a los jugadores equilibrar el tiempo dedicado a los videojuegos con otras actividades importantes, como el trabajo, los estudios, las interacciones sociales y el ejercicio físico. Los límites de tiempo aseguran que los jugadores cumplan con sus responsabilidades diarias y evitan que el juego interfiera con obligaciones importantes, como el trabajo, la escuela o las responsabilidades familiares.

El juego prolongado puede llevar a la fatiga mental y física. Establecer límites ayuda a prevenir la fatiga, lo que a su vez puede reducir el estrés asociado con sesiones de juego maratónicas.

Al limitar el tiempo dedicado a los videojuegos, se fomenta la participación en interacciones sociales en persona. Esto es crucial para mantener conexiones significativas fuera del mundo virtual.

Integrar límites de tiempo en la rutina diaria ayuda a establecer hábitos saludables y promover un equilibrio entre el tiempo de juego y otras actividades importantes.

En entornos familiares o compartidos, es importante comunicar y acordar los límites de tiempo. Establecer expectativas claras ayuda a prevenir conflictos y fomenta un uso responsable.

Los jugadores deben realizar una autoevaluación continua para asegurarse de que los límites establecidos sean adecuados y ajustarlos según sea necesario para mantener un equilibrio saludable.

En entornos familiares con niños, la implementación de herramientas de control parental puede ayudar a monitorear y limitar el tiempo de juego de manera efectiva.

En resumen, establecer límites de tiempo para el juego es una estrategia clave para garantizar un uso equilibrado y saludable de los videojuegos. Esto no solo contribuye al bienestar individual sino que también promuev

Fomentar conversaciones abiertas sobre el tiempo dedicado a los videojuegos, la elección de juegos y la importancia de la variedad de actividades en la vida diaria.

Fomentar conversaciones abiertas sobre el tiempo dedicado a los videojuegos es una estrategia efectiva para promover un uso saludable y equilibrado de esta forma de entretenimiento. Aquí se exploran algunos aspectos relacionados con estas conversaciones:

Establecer un ambiente de comunicación abierto y respetuoso es fundamental. Los jugadores deben sentirse cómodos compartiendo sus experiencias y preocupaciones sin temor a ser juzgados. Al dialogar sobre los videojuegos, es importante comprender los intereses y motivaciones detrás del juego. Esto puede ayudar a identificar beneficios positivos y abordar posibles desafíos.

Reconocer y destacar los aspectos positivos de los videojuegos, como el desarrollo de habilidades cognitivas, la socialización en línea y la diversión, puede contribuir a una conversación más equilibrada.

Fomentar la conciencia sobre la importancia de una variedad de actividades en la vida diaria es esencial. Los videojuegos deben considerarse como una parte de la rutina, no como la única actividad significativa.

Establecer expectativas claras sobre el tiempo permitido para jugar y los momentos adecuados para hacerlo puede ayudar a evitar conflictos y garantizar un uso responsable.

Incentivar la exploración de otros intereses y actividades fuera del mundo de los videojuegos puede ampliar las experiencias y promover un equilibrio en la vida cotidiana.

Conversar sobre el contenido de los videojuegos es importante, especialmente en el caso de niños y adolescentes. Garantizar que los juegos sean apropiados para la edad y alineados con los valores familiares es crucial.

Mantener una actitud adaptable y flexible es clave. Las conversaciones deben ser un diálogo continuo que se adapte a medida que cambian los intereses y circunstancias.

Participar activamente en las experiencias de juego, ya sea jugando juntos o mostrando interés genuino, puede fortalecer la conexión y facilitar conversaciones más abiertas.

Educar sobre el uso saludable de los videojuegos y los signos de posibles problemas, como la adicción, contribuye a una comprensión más completa y promueve decisiones informadas.

Reconocer la importancia de los tiempos de descanso y ocio es esencial. Los videojuegos pueden ser parte de un tiempo de ocio saludable, siempre y cuando se equilibren con otras actividades.

En resumen, las conversaciones abiertas sobre el tiempo dedicado a los videojuegos son esenciales para crear un entorno de juego saludable.

La respuesta a los videojuegos puede variar según la personalidad, la edad y otros factores individuales. Además, el contexto en el que se juegan los videojuegos también puede influir en su impacto.

Los factores individuales y contextuales desempeñan un papel significativo en la experiencia de los videojuegos. Aquí se exploran algunos aspectos relacionados con estos factores:

La respuesta a los videojuegos puede variar considerablemente según la personalidad de cada individuo. Algunas personas pueden encontrarlos emocionantes y gratificantes, mientras que otros pueden experimentar emociones negativas. La personalización de la experiencia se relaciona con la diversidad de preferencias y respuestas individuales.

La edad también influye en la forma en que se perciben y experimentan los videojuegos. Los niños, adolescentes y adultos pueden tener necesidades y reacciones diferentes. Es importante considerar la adecuación de los juegos según la etapa de desarrollo.

Existen disparidades en la participación y preferencias de juego entre géneros. Algunos estudios sugieren que hay diferencias en la forma en que hombres y mujeres juegan y experimentan los videojuegos. La diversidad de género en la industria del juego también influye en la creación de contenido diverso.

El estilo de juego y las preferencias individuales son factores clave. Algunas personas disfrutan de la narrativa profunda, mientras que otras prefieren desafíos competitivos. La diversidad de géneros y tipos de juegos permite adaptar la experiencia según las preferencias de cada jugador.

El entorno familiar y social en el que se juegan los videojuegos también es relevante. La participación activa de la familia, las interacciones sociales en línea y fuera de línea, y la percepción social de los videojuegos pueden influir en la experiencia global.

El estado de ánimo y la salud mental de un individuo pueden afectar la experiencia con los videojuegos. Algunas personas recurren a los videojuegos como una forma de escapar o gestionar el estrés, mientras que otros pueden experimentar efectos negativos en su bienestar mental.

Las expectativas y motivaciones al jugar son cruciales. Algunos juegan por diversión y entretenimiento, mientras que otros buscan logros y desafíos. Las expectativas pueden afectar cómo se perciben los logros y los fracasos en el juego. Las condiciones en las que se juegan los videojuegos, como el entorno físico y el equipo utilizado, también influyen en la experiencia. Factores como la iluminación, la comodidad y la calidad de la conexión pueden afectar la inmersión y el disfrute.

Las diferencias culturales y las normas sociales también juegan un papel en la experiencia de los videojuegos. Lo que puede considerarse aceptable o emocionante en una cultura puede variar en otra.

Considerar estos factores individuales y contextuales es esencial para comprender la diversidad de experiencias con los videojuegos y garantizar un enfoque equitativo y respetuoso hacia esta forma de entretenimiento.

En casos de adicción o impacto negativo significativo en la salud mental, las intervenciones psicológicas, como la terapia cognitivo-conductual, pueden ser útiles.

Sí, las intervenciones psicológicas son fundamentales en casos de adicción o impacto negativo significativo en la salud mental. La terapia cognitivo-conductual (TCC) es una de las modalidades terapéuticas más utilizadas y respaldadas para abordar una variedad de problemas psicológicos, incluidos los trastornos de adicción.

La terapia cognitivo-conductual se centra en identificar y cambiar patrones de pensamiento y comportamiento disfuncionales que contribuyen a los problemas de salud mental. En el contexto de la adicción, la TCC puede ayudar a las personas a comprender y modificar las creencias y actitudes que mantienen su comportamiento adictivo. Algunos de los objetivos comunes de la TCC en el tratamiento de la adicción incluyen:

Ayudar a la persona a reconocer y cambiar pensamientos negativos o irracionales que puedan contribuir a la adicción.

Enseñar estrategias efectivas para manejar el estrés, la ansiedad u otras emociones que pueden desencadenar el comportamiento adictivo.

Trabajar en la identificación de factores de riesgo y desarrollo de estrategias para prevenir la recaída en el consumo de sustancias o comportamientos adictivos.

Ayudar a la persona a cambiar patrones de comportamiento que contribuyen a la adicción y fomentar comportamientos saludables.

Además de la terapia cognitivo-conductual, hay otras formas de intervención psicológica que también pueden ser útiles, dependiendo de la naturaleza específica de la adicción y las necesidades individuales. Estas pueden incluir la terapia motivacional, la terapia de grupo, la terapia familiar, entre otras.

Es importante señalar que la elección de la intervención psicológica puede variar según el individuo y la gravedad de la adicción. En muchos casos, una combinación de enfoques terapéuticos y, en algunos casos, la colaboración con medicamentos, puede ser la estrategia más efectiva para abordar la adicción y promover la recuperación a largo plazo. La participación activa y el compromiso del individuo son clave para el éxito de cualquier intervención psicológica.

La participación de la familia en comprender y establecer límites saludables puede ser clave para mitigar los riesgos asociados con los videojuegos.

Absolutamente, el apoyo familiar desempeña un papel crucial en abordar problemas relacionados con los videojuegos y establecer hábitos saludables en su uso. Aquí hay algunas formas en las que el apoyo familiar puede ser beneficioso:

Fomentar un ambiente donde los miembros de la familia se sientan cómodos compartiendo sus preocupaciones sobre el uso de videojuegos. La comunicación abierta puede ayudar a comprender mejor las motivaciones y experiencias de cada persona.

Trabajar juntos para establecer límites de tiempo saludables para el uso de videojuegos. Estos límites pueden ayudar a prevenir el uso excesivo y asegurar un equilibrio adecuado entre las actividades en línea y fuera de línea.

Involucrarse activamente en las actividades relacionadas con los videojuegos, como jugar juntos, entender los juegos que disfrutan los miembros de la familia y discutir sobre las experiencias digitales de manera abierta y sin prejuicios.

Informar a la familia sobre los posibles riesgos asociados con el uso excesivo de videojuegos, como el aislamiento social, la falta de actividad física y los efectos en la salud mental. La conciencia compartida puede facilitar la adopción de hábitos más saludables.

Si se observan signos de adicción o impactos negativos significativos en la salud mental, buscar la ayuda de un profesional de la salud mental puede ser fundamental. Los terapeutas especializados en adicciones o en salud mental pueden ofrecer orientación y apoyo.

Incentivar y participar en actividades fuera de la pantalla, como deportes, actividades al aire libre, lectura o juegos de mesa. La diversificación de las actividades puede contribuir a un estilo de vida más equilibrado.

Es esencial recordar que la clave está en encontrar un equilibrio saludable en el uso de videojuegos y otras actividades. La participación activa de la familia en comprender, apoyar y establecer límites puede contribuir en gran medida a mitigar los riesgos asociados con el uso excesivo de videojuegos y fomentar un ambiente familiar más equilibrado y saludable.

.

18.Rastreo de Datos y Privacidad:

La ansiedad asociada con la recopilación masiva de datos y la falta de privacidad en línea es un fenómeno cada vez más común en la era digital. Aquí hay algunas razones por las que las personas pueden experimentar ansiedad en relación con este tema:

La recopilación masiva de datos a menudo implica que gran cantidad de información personal se encuentra en manos de terceros, como empresas y plataformas en línea. La sensación de pérdida de control sobre la propia información personal puede generar ansiedad.

La sensación de pérdida de control sobre la propia información personal, derivada de la recopilación masiva de datos por parte de terceros, es una preocupación legítima en la era digital. Aquí hay algunas razones por las cuales esta pérdida de control puede generar ansiedad:

En muchos casos, las prácticas de recopilación de datos por parte de empresas y plataformas en línea no son completamente transparentes. Los usuarios pueden no estar plenamente informados sobre qué datos se recopilan, cómo se utilizan y con quién se comparten.

La información recopilada puede utilizarse de maneras que los usuarios no han autorizado ni anticipado. Esto incluye la venta de datos a terceros, la creación de perfiles detallados y la personalización de la publicidad, lo que puede generar inquietud.

La frecuencia de violaciones de datos y ciberataques aumenta la preocupación sobre la seguridad de la información personal. La posibilidad de que los datos caigan en manos equivocadas o sean objeto de accesos no autorizados puede ser estresante.

La información personal recopilada puede utilizarse para manipular la percepción y el comportamiento de los usuarios. Esto puede generar ansiedad al sentir que la información se está utilizando para influir en decisiones y opiniones de manera no ética.

La recopilación de datos puede crear la sensación de estar bajo constante vigilancia en línea. Este sentido de ser observado puede afectar la libertad y la privacidad personal, generando ansiedad sobre la pérdida de anonimato.

Para abordar esta ansiedad y recuperar cierto grado de control sobre la propia información personal, los usuarios pueden considerar tomar las siguientes medidas:

Aprovechar las configuraciones de privacidad en plataformas y dispositivos para controlar quién tiene acceso a la información personal y qué permisos se conceden.

Familiarizarse con las políticas de privacidad de las plataformas y servicios utilizados. Comprender cómo se recopilan, utilizan y comparten los datos puede proporcionar claridad.

Ser selectivo al compartir información personal en línea y evitar proporcionar detalles innecesarios en perfiles y formularios.

Emplear herramientas como VPNs, bloqueadores de rastreo y extensiones de privacidad en navegadores para aumentar la seguridad y anonimato en línea.

Mantenerse informado sobre las prácticas de privacidad y seguridad en línea, así como sobre las actualizaciones en las políticas de privacidad de las plataformas utilizadas.

Al adoptar prácticas conscientes y medidas proactivas, los usuarios pueden mitigar la sensación de pérdida de control y reducir la ansiedad asociada con la recopilación masiva de datos en línea.

La creciente frecuencia de violaciones de datos y ciberataques puede aumentar la preocupación acerca de la seguridad de la información personal. El temor a que la información sensible caiga en manos equivocadas puede contribuir a la ansiedad.

Las preocupaciones sobre la seguridad en línea son comprensibles y están fundamentadas, especialmente dada la creciente frecuencia de violaciones de datos y ciberataques. La seguridad de la información personal se ha convertido en una prioridad para muchos usuarios, y la ansiedad relacionada con este tema puede surgir por varias razones:

La existencia de casos previos de violaciones de datos a gran escala, donde grandes cantidades de información personal se han visto comprometidas, contribuye a la preocupación generalizada sobre la seguridad en línea.

El temor a las posibles consecuencias de una violación de datos, como el robo de identidad, el fraude financiero, la suplantación de identidad y otros delitos cibernéticos, puede generar ansiedad en los usuarios.

La sensación de falta de control sobre la seguridad de la información personal, especialmente cuando se confía en terceros para salvaguardar esos datos, puede ser una fuente importante de preocupación.

La preocupación de que la información personal robada pueda ser utilizada de manera indebida o vendida en el mercado negro aumenta la ansiedad sobre la seguridad en línea.

Para abordar estas preocupaciones y reducir la ansiedad asociada con la seguridad en línea, los usuarios pueden considerar tomar las siguientes medidas:

Utilizar contraseñas fuertes y únicas para cada cuenta en línea para reducir el riesgo de acceso no autorizado.

Habilitar la autenticación de dos factores siempre que sea posible para agregar una capa adicional de seguridad.

Mantener actualizado el software, incluidos sistemas operativos y aplicaciones, para beneficiarse de las últimas correcciones de seguridad.

Estar alerta ante intentos de phishing y no hacer clic en enlaces ni proporcionar información personal en correos electrónicos o mensajes sospechosos.

Revisar y ajustar las configuraciones de privacidad en plataformas en línea para limitar la cantidad de información compartida públicamente.

Monitorear regularmente las cuentas en línea para detectar actividad inusual y revisar los estados de cuenta financieros de manera frecuente.

Considerar el uso de VPNs para cifrar la conexión a Internet y proteger la información transmitida en línea.

Mantenerse informado sobre las últimas amenazas y buenas prácticas de seguridad en línea.

Adoptar un enfoque proactivo hacia la seguridad en línea y seguir prácticas de seguridad sólidas puede ayudar a reducir la ansiedad y mejorar la protección de la información personal en el entorno digital.

La recopilación de datos a menudo se utiliza para crear perfiles detallados de usuarios con el fin de personalizar publicidad y servicios. La sensación de ser observado y la falta de anonimato pueden generar inquietud y ansiedad.

La creación de perfiles detallados de usuarios con fines de personalización de publicidad y servicios es una práctica común en la recopilación masiva de datos en línea. Sin embargo, esta práctica puede generar inquietud y ansiedad en los usuarios por varias razones:

La idea de que se están recopilando datos detallados sobre el comportamiento en línea y fuera de línea puede generar la sensación de ser observado constantemente. Esto puede hacer que los usuarios se sientan vulnerables y preocupados por la falta de privacidad.

La creación de perfiles detallados implica que terceros tienen acceso a información íntima sobre preferencias, comportamientos y hábitos. La falta de control sobre cómo se utiliza esta información puede contribuir a la ansiedad.

Si los perfiles detallados se utilizan para personalizar anuncios de manera intrusiva, mostrando contenido altamente específico y relevante para el usuario, esto puede generar la sensación de invasión de privacidad y contribuir a la ansiedad.

La información detallada recopilada puede utilizarse para influir en las decisiones y opiniones de los usuarios de maneras que pueden no ser evidentes para ellos. La preocupación sobre la manipulación basada en perfiles detallados puede aumentar la ansiedad.

Para gestionar la ansiedad asociada con la creación de perfiles detallados, los usuarios pueden considerar las siguientes acciones:

Revisar y ajustar las configuraciones de privacidad en plataformas en línea para limitar la cantidad de datos que se recopilan y comparten.

Donde sea posible, utilizar opciones de "opt-out" para evitar la personalización basada en perfiles detallados.

Informarse sobre cómo funcionan las configuraciones de privacidad en las plataformas utilizadas y tomar decisiones informadas sobre qué información compartir.

Emplear herramientas y extensiones de navegador que bloqueen o limiten el seguimiento en línea.

Ser selectivo al proporcionar información personal en línea y limitar la divulgación de detalles que podrían contribuir a perfiles detallados.

Entender que la publicidad personalizada es una práctica común y estar alerta a las estrategias publicitarias sin caer en la manipulación.

La gestión consciente de la privacidad en línea y la toma de decisiones informadas pueden ayudar a reducir la ansiedad asociada con la creación de perfiles detallados y la personalización de servicios en línea.

La publicidad dirigida basada en la recopilación de datos puede hacer que las personas se sientan invadidas en su privacidad. La sensación de que las plataformas conocen demasiado sobre las preferencias personales puede resultar intrusiva.

La publicidad personalizada, basada en la recopilación de datos, puede ciertamente generar la sensación de invasión de privacidad entre los usuarios. Aquí hay algunas razones por las cuales esto puede ocurrir:

La publicidad personalizada se basa en un conocimiento detallado de las preferencias, comportamientos y hábitos de los usuarios. La sensación de que las plataformas conocen demasiado sobre la vida personal puede resultar intrusiva y generar inquietud.

A menudo, los usuarios pueden sentir que no han dado un consentimiento explícito para que sus datos sean utilizados con fines publicitarios, especialmente cuando la recopilación y el uso de datos no están claramente comunicados.

Cuando la publicidad personalizada se vuelve demasiado precisa, los usuarios pueden percibir que los anuncios aparecen en momentos inoportunos y en contextos que podrían considerar invasivos.

La publicidad personalizada puede estar diseñada para influir en las decisiones y comportamientos de los usuarios de maneras que pueden parecer manipuladoras. Esto puede generar preocupaciones sobre la falta de control sobre las influencias externas.

Para gestionar la sensación de invasión de privacidad asociada con la publicidad personalizada, los usuarios pueden considerar las siguientes acciones:

Revisar y ajustar las configuraciones de privacidad en plataformas en línea para limitar la cantidad de datos que se recopilan y comparten con fines publicitarios.

Utilizar opciones de "opt-out" cuando estén disponibles para evitar la personalización de anuncios basada en datos personales.

Informarse sobre cómo funcionan las prácticas de publicidad en línea y comprender las opciones disponibles para controlar la personalización de anuncios.

Emplear herramientas y extensiones de navegador diseñadas para bloquear o limitar el seguimiento en línea y la recopilación de datos para publicidad.

Ser consciente de que la publicidad personalizada es una práctica común en línea y desarrollar una comprensión crítica de cómo se utiliza la información personal con fines publicitarios.

La gestión activa de la configuración de privacidad y la toma de decisiones informadas pueden ayudar a los usuarios a mitigar la sensación de invasión de privacidad asociada con la publicidad personalizada basada en la recopilación de datos.

La preocupación sobre cómo se utilizan los datos recopilados y si pueden ser objeto de mal uso, como la venta a terceros o la manipulación con fines poco éticos, puede contribuir a la ansiedad.

La preocupación sobre el uso indebido de datos es una inquietud legítima y comprensible en la era digital. La falta de transparencia y el temor a que la información recopilada pueda ser objeto de mal uso pueden contribuir significativamente a la ansiedad de los usuarios. Aquí hay algunas razones por las cuales esta preocupación puede surgir:

Cuando las empresas no son transparentes sobre cómo se utilizan los datos recopilados, los usuarios pueden sentir incertidumbre y preocupación sobre el destino de su información personal.

La posibilidad de que los datos recopilados se vendan a terceros con fines comerciales puede generar inquietud. Los usuarios pueden sentir que pierden el control sobre la información y su destino final.

La preocupación de que la información recopilada pueda ser utilizada para manipular decisiones y opiniones con fines poco éticos puede aumentar la ansiedad. Esto puede incluir la manipulación de preferencias políticas, comportamientos de compra y otras acciones.

La ansiedad puede surgir cuando los usuarios sienten que han perdido el control sobre sus datos y no han dado un consentimiento claro y específico para su uso.

Para abordar la ansiedad asociada con el uso indebido de datos, los usuarios pueden considerar las siguientes acciones:

Leer y comprender las políticas de privacidad de las plataformas y servicios utilizados para tener una idea clara de cómo se recopilan, utilizan y comparten los datos.

Ajustar las configuraciones de privacidad en plataformas en línea para limitar la cantidad de datos que se comparten y con quién se comparten.

Utilizar opciones de "opt-out" siempre que sea posible para evitar que la información personal se utilice con fines que generen preocupación.

Estar informado sobre las prácticas de recopilación de datos en línea y comprender cómo las empresas manejan la información de los usuarios.

Emplear herramientas y extensiones de navegador que bloqueen o limiten la recopilación de datos en línea.

Participar en iniciativas y apoyar medidas legales y regulaciones que promuevan la protección de la privacidad en línea.

La combinación de toma de decisiones informada, configuración activa de la privacidad y participación en el diálogo sobre la protección de datos puede contribuir a reducir la ansiedad relacionada con el posible uso indebido de información personal.

La sensación de estar constantemente rastreado en línea, ya sea a través de cookies, seguimiento de ubicación o análisis de comportamiento, puede generar una sensación de vigilancia constante, lo que contribuye a la ansiedad.

La sensación de estar constantemente rastreado en línea puede, de hecho, contribuir a una sensación de vigilancia constante y generar ansiedad. Varios métodos de rastreo en línea, como el uso de cookies, el seguimiento de ubicación y el análisis de comportamiento, pueden contribuir a esta preocupación. Aquí hay algunas razones por las cuales esto puede generar ansiedad:

La persistencia del rastreo en línea puede hacer que los usuarios se sientan identificados y no anónimos mientras navegan por la web. La pérdida de anonimato puede generar preocupaciones sobre la privacidad y la posibilidad de ser objeto de un seguimiento no deseado.

Si bien la personalización de servicios en línea puede ser útil, la sensación de que cada acción en línea está siendo rastreada para personalizar anuncios y contenido puede parecer invasiva, generando ansiedad sobre la pérdida de privacidad.

El seguimiento de la ubicación puede ser particularmente intrusivo, ya que revela la ubicación física de una persona en tiempo real. La preocupación sobre quién tiene acceso a esta información y cómo se utiliza puede contribuir a la ansiedad.

La percepción de falta de control sobre el rastreo en línea puede generar ansiedad. Los usuarios pueden sentir que están siendo rastreados sin su conocimiento o consentimiento explícito.

Para gestionar la ansiedad asociada con el rastreo en línea constante, los usuarios pueden considerar las siguientes acciones:

Revisar y ajustar las configuraciones de privacidad en navegadores y dispositivos para limitar el rastreo en línea. Esto puede incluir la eliminación regular de cookies y la configuración de preferencias de privacidad.

Uso de VPNs: Utilizar redes privadas virtuales (VPNs) para cifrar la conexión a Internet y proteger la información transmitida en línea, ayudando a preservar el anonimato.

Emplear extensiones de navegador o aplicaciones que bloqueen o limiten el rastreo en línea, incluidos bloqueadores de cookies y herramientas de protección de privacidad.

Revisar y ajustar las configuraciones de privacidad en aplicaciones móviles que utilizan el seguimiento de ubicación u otras formas de rastreo.

Estar informado sobre las prácticas de rastreo en línea y cómo las plataformas y servicios específicos gestionan la información del usuario.

Explorar el uso de navegadores diseñados específicamente para proteger la privacidad, que a menudo incluyen funciones integradas para limitar el rastreo.

La gestión activa de la configuración de privacidad y el uso de herramientas que limitan el rastreo en línea pueden ayudar a los usuarios a sentirse más en control y reducir la ansiedad asociada con la vigilancia constante en el entorno digital.Para gestionar la ansiedad asociada con la recopilación masiva de datos y la falta de privacidad en línea, algunas estrategias pueden incluir:

Aprovechar las configuraciones de privacidad disponibles en plataformas y dispositivos para controlar quién tiene acceso a la información personal.

La configuración de privacidad es una herramienta esencial para que los usuarios controlen quién tiene acceso a su información personal en plataformas y dispositivos en línea. A continuación, se presentan algunos pasos generales que los usuarios pueden seguir para aprovechar estas configuraciones y fortalecer su privacidad en línea:

Al crear una cuenta en una nueva plataforma o al configurar un dispositivo, es importante revisar las configuraciones de privacidad desde el principio. Muchas plataformas ofrecen opciones específicas durante el proceso de configuración inicial.

Acceder a la sección de configuraciones de la cuenta en la plataforma y revisar las opciones de privacidad disponibles. Esto puede incluir configuraciones relacionadas con la visibilidad del perfil, la información personal y las preferencias de privacidad.

En plataformas de redes sociales y servicios en línea, revisar y ajustar la configuración de privacidad para la gestión de perfiles y la visibilidad de contenidos. Puede haber opciones para controlar quién puede ver publicaciones, fotos, amigos, etc.

Revisar y ajustar las configuraciones de privacidad relacionadas con la información personal, como la dirección de correo electrónico, el número de teléfono y la fecha de nacimiento. Limitar el acceso a esta información solo a personas de confianza.

Configurar medidas de seguridad adicionales, como la autenticación de dos factores (2FA), para fortalecer la protección de la cuenta y evitar accesos no autorizados.

Evaluar y gestionar las configuraciones relacionadas con la ubicación y el seguimiento en dispositivos móviles. Algunas aplicaciones y servicios permiten desactivar el seguimiento de ubicación o limitar su uso.

Revisar las configuraciones relacionadas con la publicidad personalizada y el seguimiento de actividad en línea. Muchas plataformas ofrecen opciones para controlar o limitar la personalización de anuncios basada en datos personales.

Configurar las preferencias de cookies en los navegadores web para limitar el rastreo. Algunos navegadores ofrecen modos de navegación privada que bloquean ciertas formas de seguimiento.

Realizar revisiones periódicas de las configuraciones de privacidad, especialmente después de actualizaciones de plataformas o cambios en las políticas de privacidad. Asegurarse de que las configuraciones se ajusten a las preferencias actuales.

Mantenerse informado sobre las funciones de privacidad de las plataformas y dispositivos utilizados. Las actualizaciones y nuevas características a menudo introducen opciones adicionales de configuración.

Cada plataforma y dispositivo puede tener configuraciones de privacidad específicas, por lo que es importante revisar detenidamente las opciones disponibles en cada caso. La gestión activa de la configuración de privacidad permite a los usuarios tener un mayor control sobre quién accede a su información personal y contribuye a una experiencia en línea más segura y personalizada según sus preferencias.

Informarse sobre las prácticas de recopilación de datos y entender cómo proteger la privacidad en línea puede empoderar a las personas y reducir la ansiedad.

La educación digital desempeña un papel fundamental en empoderar a las personas para comprender y proteger su privacidad en línea. Aquí hay algunas formas en las que la educación digital puede ayudar a reducir la ansiedad asociada con la recopilación de datos y mejorar la seguridad en línea:

La educación digital proporciona a las personas información sobre cómo funcionan las prácticas de recopilación de datos en línea. Esto incluye comprender qué datos se recopilan, cómo se utilizan y quién tiene acceso a ellos. La comprensión de estas prácticas puede ayudar a desmitificar el proceso y reducir la ansiedad.

Aprender sobre las configuraciones de privacidad disponibles en diferentes plataformas y servicios en línea permite a las personas tomar decisiones informadas sobre cómo desean compartir su información personal. Saber cómo ajustar estas configuraciones puede mejorar significativamente el control sobre la privacidad.

La educación digital puede proporcionar información sobre los riesgos asociados con la divulgación excesiva de datos personales en línea. Comprender las posibles consecuencias, como la pérdida de privacidad, el robo de identidad y la exposición a la publicidad no deseada, puede motivar a las personas a ser más cautelosas.

Conocer y aprender a utilizar herramientas de privacidad, como bloqueadores de rastreo, extensiones de privacidad en navegadores y redes privadas virtuales (VPNs), puede mejorar la seguridad en línea y brindar una capa adicional de protección.

La educación digital puede abordar temas relacionados con la seguridad de las contraseñas, la autenticación de dos factores (2FA) y otras prácticas para proteger las cuentas en línea. Conocer y aplicar buenas prácticas de seguridad contribuye a prevenir el acceso no autorizado.

Desarrollar habilidades de discernimiento digital implica aprender a evaluar críticamente la información en línea, identificar posibles amenazas y reconocer tácticas de phishing. Esto ayuda a evitar situaciones que podrían poner en riesgo la privacidad.

Estar informado sobre las leyes de privacidad y los derechos del usuario en línea. Conocer las protecciones legales y los derechos individuales puede fortalecer la posición de las personas en la protección de su privacidad.

La educación digital también incluye estar al tanto de las actualizaciones en las políticas de privacidad de las plataformas en línea que se utilizan con regularidad. Los cambios en las políticas pueden afectar la forma en que se manejan los datos personales.

Al cultivar un nivel sólido de educación digital, las personas pueden tomar decisiones más informadas y sentirse más capacitadas para proteger su privacidad en línea. La reducción de la ansiedad asociada con la recopilación de datos va de la mano con la adquisición de conocimientos y habilidades que permiten un uso más consciente y seguro de la tecnología.

Emplear herramientas como VPN (redes privadas virtuales), extensiones de bloqueo de rastreo y ajustes de privacidad en el navegador para aumentar la seguridad en línea.

El uso de herramientas de protección de privacidad es una estrategia efectiva para aumentar la seguridad en línea y reducir la exposición a la recopilación no deseada de datos. Aquí hay algunas herramientas comunes y prácticas que las personas pueden emplear para proteger su privacidad en línea:

Una VPN cifra la conexión a Internet, ocultando la dirección IP del usuario y enmascarando su ubicación física.

Proporciona anonimato al navegar por la web, protege contra el seguimiento de ubicación y cifra la información transmitida, lo que la hace más segura.

Estas extensiones, como uBlock Origin o Privacy Badger, bloquean rastreadores y scripts utilizados por sitios web y anunciantes para recopilar datos.

Reducen la cantidad de datos recopilados durante la navegación y mejoran la privacidad al evitar el seguimiento de terceros.

Los navegadores modernos ofrecen configuraciones específicas de privacidad. Esto incluye opciones para gestionar cookies, bloquear contenido no deseado y ajustar configuraciones de privacidad.

Permite a los usuarios personalizar su experiencia en línea y limitar el rastreo al ajustar las configuraciones según sus preferencias.

Extensiones como HTTPS Everywhere o DuckDuckGo Privacy Essentials mejoran la privacidad al garantizar conexiones seguras y bloquear elementos no deseados.

Aumentan la seguridad en línea al cifrar las conexiones y prevenir la ejecución de scripts no deseados.

Utilizar buscadores enfocados en la privacidad, como DuckDuckGo o Startpage, que no rastrean las búsquedas del usuario.

Protege la privacidad al evitar la recopilación de datos de búsqueda personalizados por parte de motores de búsqueda convencionales.

Herramientas como LastPass o 1Password ayudan a gestionar contraseñas de forma segura y facilitan el uso de contraseñas fuertes y únicas.

Mejora la seguridad al evitar la reutilización de contraseñas y protege las cuentas contra el acceso no autorizado.

Mantener actualizado el sistema operativo y las aplicaciones garantiza que se apliquen parches de seguridad y se corrijan vulnerabilidades.

Mejora la seguridad general del dispositivo y reduce el riesgo de ataques basados en vulnerabilidades conocidas.

Configurar el navegador para bloquear cookies de terceros, lo que limita la capacidad de los sitios web para rastrear la actividad en línea.

Reduce el seguimiento y la recopilación de datos por parte de sitios web y anunciantes.

Al combinar estas herramientas y prácticas, las personas pueden fortalecer significativamente su privacidad en línea y reducir la ansiedad asociada con la recopilación masiva de datos. Es importante destacar que la elección de herramientas y prácticas debe adaptarse a las necesidades individuales y al nivel de comodidad de cada usuario.

Evaluar críticamente el uso de plataformas que recopilan grandes cantidades de datos y considerar limitar la participación en aquellas que generan mayor preocupación.

La limitación del uso de ciertas plataformas que recopilan grandes cantidades de datos es una estrategia válida para aquellos usuarios que buscan reducir la exposición y la ansiedad asociadas con la recopilación masiva de datos en línea. Aquí hay algunos pasos y consideraciones a tener en cuenta al evaluar críticamente el uso de plataformas y considerar la limitación de la participación:

Leer detenidamente las políticas de privacidad de las plataformas utilizadas para comprender cómo se recopilan, utilizan y comparten los datos del usuario.

Valorar la transparencia de una plataforma en cuanto a su manejo de datos y la claridad de sus políticas de privacidad.

Evaluar críticamente si la plataforma es esencial para satisfacer necesidades personales o profesionales.

Ponderar los beneficios derivados del uso de la plataforma en comparación con los riesgos percibidos asociados con la recopilación de datos.

Buscar alternativas que ofrezcan servicios similares pero con enfoques más sólidos en la protección de la privacidad.

Considerar el uso de plataformas de código abierto o aquellas que permiten un mayor control sobre la privacidad y la configuración.

Si se decide continuar usando una plataforma, revisar y ajustar las configuraciones de privacidad disponibles para limitar la cantidad de datos compartidos.

Limitar la cantidad de información personal compartida en perfiles y en interacciones en línea.

Evitar compartir información especialmente sensible si no es estrictamente necesario.

Considerar períodos de desconexión o descansos digitales periódicos para reducir la exposición constante y la acumulación de datos en línea.

Mantenerse informado sobre las prácticas de recopilación de datos en línea y entender cómo afectan la privacidad.

Desarrollar habilidades de discernimiento digital para identificar y evitar situaciones que puedan comprometer la privacidad.

Considerar apoyar y participar en iniciativas y plataformas que adopten prácticas éticas en relación con la privacidad y la seguridad de los datos.

La limitación del uso de plataformas que generan preocupación en términos de recopilación de datos puede ser una decisión informada y empoderada. Al evaluar críticamente las plataformas y adoptar prácticas conscientes en línea, los usuarios pueden ejercer un mayor control sobre su privacidad y reducir la ansiedad asociada con la exposición constante a la recopilación de datos.

La gestión de la ansiedad relacionada con la privacidad en línea puede requerir un enfoque holístico que incluya cambios en el comportamiento en línea, la educación sobre la privacidad digital y la adopción de herramientas que protejan la información personal.

19.Tecnología y Autenticidad Personal:

La relación entre tecnología y autenticidad personal es compleja y puede tener varios impactos en cómo las personas expresan su verdadero yo.

Las redes sociales y las plataformas en línea pueden facilitar la conexión con amigos, familiares y comunidades afines, permitiendo a las personas compartir aspectos auténticos de sus vidas.

Definitivamente, la conexión a través de redes sociales y plataformas en línea puede tener varios aspectos positivos en términos de facilitar la expresión auténtica y la conexión entre individuos. Aquí hay algunas razones por las cuales las redes sociales pueden ser beneficiosas en este sentido:

Las redes sociales permiten a las personas conectarse con amigos, familiares y comunidades en cualquier parte del mundo. Esto amplía las posibilidades de establecer relaciones significativas con personas que comparten intereses similares, independientemente de la ubicación física.

Las plataformas en línea ofrecen un espacio para que las personas compartan sus experiencias de vida, logros y desafíos de manera auténtica. Esto puede fortalecer los lazos emocionales y crear una sensación de apoyo y comprensión.

Las redes sociales permiten la formación y participación en comunidades de intereses compartidos. Las personas pueden encontrar grupos que reflejen sus valores, pasiones o identidades, lo que facilita la expresión auténtica en un entorno de comprensión mutua.

Las plataformas en línea ofrecen un espacio para la expresión de diversas identidades, opiniones y perspectivas. Esto promueve la diversidad y la inclusión al permitir que las voces auténticas se escuchen y respeten.

Las redes sociales brindan oportunidades para recibir apoyo emocional y social. Pueden ser especialmente beneficiosas en momentos difíciles, ya que permiten compartir experiencias y recibir el apoyo de la comunidad en línea.

A través de la comunicación constante en línea, las personas pueden mantener y fortalecer sus relaciones, incluso en situaciones en las que la distancia física sería una barrera. Esto contribuye a la construcción de relaciones significativas a lo largo del tiempo.

Las plataformas en línea ofrecen espacios para la autoexpresión creativa, ya sea a través de la publicación de arte, escritura, fotografía u otros medios. Esto permite que las personas compartan sus talentos y pasiones de manera auténtica.

La exposición en línea puede proporcionar oportunidades profesionales, educativas o creativas. Las personas pueden destacar sus logros y habilidades auténticas, lo que potencialmente les brinda acceso a nuevas oportunidades.

Las redes sociales y plataformas en línea tienen el potencial de enriquecer la vida social y emocional de las personas al facilitar la conexión auténtica con otros. La clave está en utilizar estas herramientas de manera consciente y equilibrada para aprovechar sus beneficios positivos.

Las herramientas digitales y plataformas creativas brindan a las personas oportunidades para expresar su creatividad de manera única, ya sea a través de la música, el arte, la escritura o la creación de contenido digital.

Definitivamente, la conexión a través de redes sociales y plataformas en línea puede tener varios aspectos positivos en términos de facilitar la expresión auténtica y la conexión entre individuos.

Las redes sociales permiten a las personas conectarse con amigos, familiares y comunidades en cualquier parte del mundo. Esto amplía las posibilidades de establecer relaciones significativas con personas que comparten intereses similares, independientemente de la ubicación física. Las plataformas en línea ofrecen un espacio para que las personas compartan sus experiencias de vida, logros y desafíos de manera auténtica. Esto puede fortalecer los lazos emocionales y crear una sensación de apoyo y comprensión.

Las redes sociales permiten la formación y participación en comunidades de intereses compartidos. Las personas pueden encontrar grupos que reflejen sus valores, pasiones o identidades, lo que facilita la expresión auténtica en un entorno de comprensión mutua.

Las plataformas en línea ofrecen un espacio para la expresión de diversas identidades, opiniones y perspectivas. Esto promueve la diversidad y la inclusión al permitir que las voces auténticas se escuchen y respeten.

Las redes sociales brindan oportunidades para recibir apoyo emocional y social. Pueden ser especialmente beneficiosas en momentos difíciles, ya que permiten compartir experiencias y recibir el apoyo de la comunidad en línea.

A través de la comunicación constante en línea, las personas pueden mantener y fortalecer sus relaciones, incluso en situaciones en las que la distancia física sería una barrera. Esto contribuye a la construcción de relaciones significativas a lo largo del tiempo.

Las plataformas en línea ofrecen espacios para la autoexpresión creativa, ya sea a través de la publicación de arte, escritura, fotografía u otros medios. Esto permite que las personas compartan sus talentos y pasiones de manera auténtica.

La exposición en línea puede proporcionar oportunidades profesionales, educativas o creativas. Las personas pueden destacar sus logros y habilidades auténticas, lo que potencialmente les brinda acceso a nuevas oportunidades.

Las redes sociales y plataformas en línea tienen el potencial de enriquecer la vida social y emocional de las personas al facilitar la conexión auténtica con otros. La clave está en utilizar estas herramientas de manera consciente y equilibrada para aprovechar sus beneficios positivos.

Las herramientas digitales y plataformas creativas brindan a las personas oportunidades para expresar su creatividad de manera única, ya sea a través de la música, el arte, la escritura o la creación de contenido digital.

La autoexpresión creativa a través de herramientas digitales y plataformas en línea ofrece numerosas oportunidades positivas.

Las plataformas en línea permiten que la creatividad alcance audiencias globales. Las obras de arte, la música o el contenido digital pueden ser compartidos y apreciados a nivel mundial, brindando oportunidades de exposición y reconocimiento.

Las herramientas digitales ofrecen una amplia variedad de medios creativos, desde la ilustración digital hasta la producción musical y la creación de contenido multimedia. Esto permite a las personas explorar y expresar su creatividad de maneras diversas.

Las plataformas en línea facilitan la colaboración creativa a distancia. Los artistas pueden trabajar juntos en proyectos creativos, aunque estén separados geográficamente, lo que fomenta la diversidad de perspectivas y estilos.

La disponibilidad de tutoriales en línea y recursos educativos permite a las personas aprender nuevas habilidades creativas. Esto estimula el crecimiento y la evolución en la expresión creativa a medida que se adquieren conocimientos y se perfeccionan técnicas.

Las plataformas digitales eliminan barreras tradicionales para la entrada en campos creativos. Cualquier persona con acceso a herramientas digitales puede explorar y compartir su creatividad, lo que democratiza la expresión artística.

La participación en comunidades en línea permite recibir retroalimentación constructiva y apoyo de otros creativos. Esto fomenta el crecimiento y la mejora continua a través de interacciones y colaboraciones positivas. Las herramientas digitales ofrecen a los creadores la capacidad de experimentar con su arte de manera única y original. Esto facilita la expresión auténtica de la visión creativa personal sin las limitaciones de medios tradicionales.

Las plataformas digitales permiten la autoedición y distribución de obras creativas. Los artistas pueden compartir y vender su trabajo directamente al público, teniendo un mayor control sobre su propia narrativa creativa y su carrera.

Las herramientas digitales permiten la creación de experiencias interactivas y participativas. Los creadores pueden involucrar a su audiencia de manera más directa, generando una conexión más profunda entre el creador y su público.

En conjunto, la autoexpresión creativa a través de herramientas digitales y plataformas en línea ha transformado la manera en que las personas exploran, comparten y experimentan con su creatividad. Estas oportunidades positivas han contribuido a la diversificación y democratización de la expresión artística y creativa.

La tecnología proporciona acceso a información y recursos que pueden apoyar el desarrollo personal y el autoconocimiento, permitiendo a las personas explorar y comprender mejor su autenticidad.

La tecnología permite acceder a información actualizada y relevante en tiempo real. Esto facilita la búsqueda de recursos educativos, consejos de expertos y datos que respaldan el desarrollo personal.

La disponibilidad de plataformas de aprendizaje en línea ofrece a las personas la oportunidad de adquirir nuevas habilidades, explorar intereses y mejorar su conocimiento en áreas específicas, contribuyendo al crecimiento personal.

La tecnología facilita la creación y participación en comunidades en línea que comparten intereses o desafíos similares. Estas comunidades ofrecen un espacio para el intercambio de experiencias y el apoyo mutuo.

Existen aplicaciones y plataformas dedicadas al desarrollo personal, que ofrecen recursos como libros electrónicos, podcasts, cursos y meditaciones. Estos recursos pueden ser accesibles desde cualquier lugar, brindando flexibilidad a los usuarios.

La tecnología permite la conexión con profesionales en diversos campos a través de servicios en línea, consultas virtuales y redes profesionales. Esto facilita la búsqueda de orientación y apoyo especializado.

Aplicaciones y herramientas en línea permiten a las personas realizar autoevaluaciones y hacer un seguimiento de su progreso en metas personales. Esto contribuye al autoconocimiento y la autenticidad al reconocer logros y áreas de mejora.

La tecnología ha facilitado el acceso a servicios de terapia en línea y aplicaciones de apoyo psicológico. Esto ofrece opciones accesibles para aquellos que buscan asistencia en su bienestar mental y emocional.

Plataformas en línea proporcionan información sobre salud y bienestar, desde consejos de alimentación hasta rutinas de ejercicios. Esto permite a las personas tomar decisiones informadas para mejorar su calidad de vida.

Las comunidades en línea y los recursos digitales ofrecen apoyo a aquellos que enfrentan desafíos personales, como la pérdida, la adicción o la gestión del estrés. La conectividad digital puede mitigar el aislamiento y proporcionar recursos valiosos.

La tecnología permite explorar y entender diversas perspectivas culturales y experiencias de vida. Esto contribuye a la apertura mental, la empatía y el entendimiento de la autenticidad en contextos culturales diversos.

El acceso a información y apoyo a través de la tecnología juega un papel crucial en el desarrollo personal y el autoconocimiento. Facilita el aprendizaje, la conexión con comunidades afines y brinda recursos que respaldan la autenticidad y el crecimiento personal.

La comunicación en línea permite conexiones con personas de todo el mundo, lo que amplía las perspectivas y ofrece oportunidades para explorar diferentes identidades y formas de autenticidad.

La comunicación en línea, al permitir conexiones con personas de todo el mundo, efectivamente amplía las perspectivas y ofrece oportunidades para explorar diferentes identidades y formas de autenticidad.

La comunicación en línea brinda la oportunidad de interactuar con personas de diversas culturas y antecedentes. Esto enriquece la comprensión cultural, fomenta la apertura mental y promueve la aceptación de diversas formas de autenticidad.

La posibilidad de conectarse con personas de diferentes lugares del mundo facilita el intercambio de perspectivas y experiencias de vida. Esto contribuye a un entendimiento más profundo de las diversas formas en que la autenticidad puede manifestarse.

La comunicación en línea ofrece un espacio para que las personas exploren y expresen diferentes facetas de su identidad. Puede ser un medio seguro para descubrir y compartir aspectos auténticos de uno mismo.

Las plataformas en línea pueden ser espacios seguros para que miembros de minorías y grupos marginados encuentren apoyo y comprensión. Facilitan la conexión con personas que comparten experiencias similares, fortaleciendo así la autenticidad colectiva.

Las redes sociales y foros en línea permiten la participación en comunidades globales centradas en intereses específicos. Estas comunidades pueden ser espacios donde las personas se sientan libres de expresar su autenticidad en un entorno de comprensión mutua.

La comunicación en línea facilita la colaboración en proyectos creativos, profesionales o sociales a nivel internacional. Esto amplía las oportunidades de trabajar con personas de diversas culturas y estilos de vida.

La interacción en línea brinda oportunidades de aprendizaje intercultural al exponer a las personas a ideas, tradiciones y valores de todo el mundo. Esto promueve la aceptación y aprecio por la diversidad de formas de autenticidad.

La comunicación en línea permite mantener conexiones significativas con amigos, familiares o seres queridos que están geográficamente distantes. Esto facilita la continuidad de relaciones valiosas a pesar de las barreras físicas.

Las plataformas en línea se utilizan para la organización de movimientos y activismo global. Facilitan la unión de personas con objetivos comunes, permitiendo que la autenticidad sea expresada en la lucha por causas importantes.

La comunicación en línea puede contribuir al desarrollo de habilidades sociales al proporcionar oportunidades para interactuar con una variedad de personas. Esto es especialmente beneficioso para aquellos que pueden enfrentar barreras sociales en entornos presenciales.

En conjunto, la comunicación en línea desempeña un papel esencial al proporcionar un espacio global donde las personas pueden conectarse, aprender y expresar su autenticidad de maneras diversas. Este acceso global contribuye a la riqueza de la experiencia humana y promueve una comprensión más profunda de las diversas formas de ser auténtico.

La prevalencia de filtros y herramientas de edición en las redes sociales puede distorsionar la apariencia física real, creando expectativas poco realistas y presiones para conformarse a ciertos estándares de belleza.

La prevalencia de filtros y herramientas de edición de imágenes en las redes sociales tiene impactos negativos significativos, ya que puede distorsionar la apariencia física real y generar expectativas poco realistas.

El uso generalizado de filtros y herramientas de edición contribuye a la creación de estándares de belleza poco realistas. Las imágenes editadas pueden presentar una versión idealizada y perfeccionada de la apariencia física, generando presiones para que las personas se conformen a estos estándares inalcanzables.

La constante exposición a imágenes editadas puede distorsionar la percepción de la propia imagen corporal. Las personas pueden experimentar insatisfacción con su apariencia real al compararse con imágenes artificialmente mejoradas.

La exposición a imágenes editadas puede tener un impacto negativo en la autoestima. Las personas pueden sentirse inseguras o insatisfechas con su apariencia natural al compararla con las imágenes retocadas que ven en línea.

La prevalencia de imágenes editadas puede normalizar la idea de que ciertos estándares de belleza inalcanzables son la norma. Esto contribuye a la construcción de una cultura que valora la perfección visual sobre la autenticidad.

En el ámbito de las relaciones personales, el uso excesivo de filtros puede generar expectativas irreales sobre la apariencia de las personas. Esto puede tener implicaciones en la forma en que se establecen y mantienen relaciones, basadas en imágenes que no reflejan la realidad.

La presión para cumplir con estándares de belleza poco realistas puede contribuir a problemas de salud mental, como la ansiedad y la depresión. La constante comparación con imágenes retocadas puede generar un sentido de insuficiencia y autoevaluación negativa.

La cultura de la edición de imágenes puede fomentar la inseguridad corporal al sugerir que las imperfecciones naturales deben ser eliminadas o escondidas. Esto puede llevar a una relación negativa con el propio cuerpo.

La edición de imágenes puede llevar a una falsedad en la representación de la realidad. Esto socava la autenticidad en línea al presentar versiones idealizadas y perfeccionadas que no reflejan la diversidad y autenticidad reales de las personas.

La necesidad de mantener una imagen perpetua de perfección puede generar estrés y ansiedad. Las personas pueden sentir la presión de siempre aparecer impecables, lo cual puede ser agotador y poco realista.

La edición excesiva de imágenes puede afectar la construcción de la identidad personal. Las personas pueden llegar a identificarse más con sus imágenes editadas que con su apariencia natural, lo que puede tener consecuencias en la autenticidad y la autoaceptación.

La prevalencia de filtros y herramientas de edición de imágenes en las redes sociales puede tener consecuencias negativas significativas en la percepción de la apariencia, la autoestima y la salud mental de las personas, al contribuir a la perpetuación de estándares de belleza poco realistas.

Las redes sociales a menudo fomentan la comparación social, lo que puede llevar a la supresión de la autenticidad para cumplir con las expectativas percibidas de los demás.

La comparación social inducida por las redes sociales puede tener efectos negativos importantes, ya que puede conducir a la supresión de la autenticidad y generar presiones para cumplir con expectativas percibidas.

Las redes sociales a menudo presentan versiones idealizadas de la vida de las personas, contribuyendo a la percepción de estándares inalcanzables en términos de apariencia, logros y estilo de vida. Esto puede generar presiones para conformarse a estas expectativas poco realistas.

La comparación constante con las vidas aparentemente perfectas de otros en las redes sociales puede provocar autoevaluación negativa. Las personas pueden sentir que sus propias vidas no son tan exitosas o satisfactorias como las de sus contactos en línea.

La comparación social puede tener un impacto negativo en la autoestima. Las personas pueden experimentar sentimientos de insuficiencia y desarrollar una visión negativa de sí mismas al medirse constantemente con los logros y apariencias de los demás.

La presión para cumplir con ciertas expectativas sociales puede llevar a la supresión de la autenticidad. Las personas pueden sentir la necesidad de presentar una versión idealizada de sí mismas en línea, ocultando aspectos genuinos por temor al juicio o la comparación.

La comparación constante en las redes sociales puede contribuir a la ansiedad social. Las personas pueden sentirse constantemente evaluadas por sus pares en línea, lo que aumenta el estrés y la presión social percibida.

La comparación social puede llevar a un enfoque excesivo en la búsqueda de aprobación externa. Las personas pueden basar su sentido de valía en la cantidad de "me gusta", comentarios o validación que reciben en sus publicaciones, en lugar de cultivar una autoestima intrínseca.

La constante comparación en las redes sociales puede contribuir a problemas de salud mental, como la depresión y la ansiedad. La brecha entre la vida percibida en línea y la realidad puede generar un malestar psicológico significativo.

La comparación social puede llevar a la falta de autenticidad en las interacciones en línea. Las personas pueden sentir la necesidad de presentar solo aspectos positivos de sus vidas, contribuyendo a una representación sesgada y poco auténtica.

La comparación constante puede afectar las relaciones personales, ya que las personas pueden sentirse competitivas o envidiosas. Esto puede generar tensiones y malentendidos en lugar de conexiones genuinas.

La comparación constante puede llevar a la redefinición de valores personales para ajustarse a las expectativas en línea. Las personas pueden alejarse de lo que realmente valoran para cumplir con lo que perciben como deseado por los demás.

En conjunto, la comparación social en las redes sociales puede tener consecuencias negativas tanto para la percepción personal como para la calidad de las interacciones en línea. Fomentar la conciencia digital y promover una cultura de aceptación y autenticidad puede ayudar a mitigar estos efectos adversos.

La anonimidad en línea puede dar lugar a la creación de identidades falsas o la expresión de comportamientos que difieren de la personalidad auténtica, lo que dificulta la autenticidad genuina.

La creación de falsas identidades en línea, facilitada por la anonimidad en Internet, puede tener varios efectos negativos, dificultando la expresión auténtica y genuina. Aquí se detallan algunos aspectos negativos asociados con la adopción de falsas identidades en línea:

La adopción de identidades falsas puede llevar al engaño y a la falta de confianza en las interacciones en línea. Las personas pueden sentirse decepcionadas o traicionadas al descubrir que la representación en línea no coincide con la realidad.

La presencia de identidades falsas dificulta la construcción de relaciones auténticas y genuinas en línea. La falta de transparencia puede afectar la calidad de las conexiones y socavar la confianza mutua.

La anonimidad en línea facilita comportamientos de ciberacoso y abuso, ya que las personas pueden sentirse protegidas al ocultar su verdadera identidad. Esto puede tener consecuencias graves para la salud mental y emocional de las víctimas.

Las identidades falsas pueden contribuir a una comunicación menos auténtica. Las personas pueden sentir la necesidad de presentar versiones alteradas de sí mismas, lo que limita la honestidad y la apertura en las interacciones en línea.

La creación y mantenimiento de identidades falsas puede tener un impacto negativo en la salud mental de quienes adoptan estas identidades. La desconexión entre la vida en línea y la realidad puede generar conflicto interno y estrés.

Adoptar identidades falsas puede llevar a una desconexión de la realidad. Las personas pueden perder la autenticidad al sumergirse en roles ficticios, lo que puede afectar su percepción y comprensión del mundo real.

Las identidades falsas pueden contribuir a la propagación de desinformación en línea. La falta de verificación de la autenticidad de las fuentes puede dar lugar a la difusión de noticias falsas y contenido engañoso.

La presencia de identidades falsas puede complicar la resolución de conflictos en línea. La falta de responsabilidad personal dificulta abordar y resolver disputas de manera efectiva.

La prevalencia de identidades falsas puede contribuir a la desvalorización de la autenticidad en línea. Las personas pueden comenzar a asumir que la mayoría de las representaciones en línea son ficticias, lo que socava la confianza y la conexión genuina.

En algunos casos, la adopción de identidades falsas puede tener consecuencias legales, especialmente si se utiliza con fines fraudulentos o delictivos. La falta de responsabilidad puede llevar a acciones legales en casos de ciberdelitos.

La presencia de falsas identidades en línea plantea desafíos significativos para la autenticidad y la calidad de las interacciones en el entorno digital. Fomentar la transparencia y la responsabilidad en línea es esencial para mitigar estos efectos negativos.

La sobreexposición a información en línea puede abrumar a las personas, dificultando la identificación y expresión de lo que es verdaderamente significativo para ellos.

La sobrecarga de información en línea puede tener impactos negativos, dificultando la identificación y expresión de lo que es verdaderamente significativo para las personas. Aquí se detallan algunos aspectos negativos asociados con este fenómeno:

La sobrecarga de información puede provocar desbordamiento cognitivo, abrumando la capacidad de procesamiento mental de una persona. Esto dificulta la identificación y la atención a lo que realmente importa para cada individuo.

La abundancia de información puede dificultar la tarea de priorizar lo que es verdaderamente significativo. Las personas pueden sentirse perdidas entre la multitud de datos, lo que lleva a decisiones subóptimas y falta de enfoque.

La constante exposición a grandes cantidades de información puede generar fatiga. Las personas pueden sentirse agotadas y desconectadas, lo que afecta su capacidad para identificar y expresar sus verdaderas necesidades y deseos.

La sobrecarga de información puede distorsionar las prioridades, haciendo que las personas presten atención a lo que es popular en lugar de lo que es verdaderamente significativo para ellas. Esto puede influir en la toma de decisiones y en la expresión auténtica.

La sobreexposición a información en línea puede contribuir a la falta de conexión personal. Las interacciones se vuelven más superficiales, y las personas pueden tener dificultades para expresar sus auténticas experiencias y sentimientos.

La saturación de información puede reducir la creatividad al limitar la capacidad de las personas para explorar nuevas ideas y perspectivas. La expresión auténtica a menudo se ve afectada cuando las mentes están abrumadas por la información.

La abundancia de opciones puede generar ansiedad de elección, donde las personas se sienten abrumadas por la cantidad de información disponible. Esto puede resultar en la parálisis de decisiones y la incapacidad para expresar preferencias auténticas.

La sobrecarga de información deja poco tiempo para la reflexión. La capacidad de considerar y expresar auténticamente pensamientos y sentimientos puede verse limitada cuando las personas se ven constantemente bombardeadas con nueva información.

La abundancia de información en línea facilita la comparación constante con los demás. Las personas pueden sentir la presión de ajustarse a estándares externos en lugar de expresar auténticamente lo que realmente valoran.

La sobrecarga de información puede interrumpir el proceso de autoconocimiento. Las personas pueden estar tan ocupadas procesando información externa que se les dificulta explorar y entender sus propias necesidades y deseos auténticos.

La sobrecarga de información en línea puede tener consecuencias negativas al abrumar la capacidad de las personas para identificar y expresar lo que es verdaderamente significativo para ellas. La gestión consciente de la información y la priorización de la autenticidad son elementos clave para contrarrestar estos impactos negativos.

Las preocupaciones sobre la privacidad en línea pueden llevar a la autocensura y la limitación en la compartición de experiencias auténticas por temor a la exposición no deseada.

Los riesgos de privacidad en línea pueden tener efectos negativos significativos, contribuyendo a la autocensura y limitando la compartición de experiencias auténticas. Aquí se detallan algunos aspectos negativos asociados con estos riesgos:

Las preocupaciones sobre la privacidad pueden llevar a la autocensura, donde las personas evitan compartir experiencias auténticas por temor a la exposición no deseada. Esto limita la expresión genuina y la conexión con los demás en línea.

La preocupación por la privacidad puede resultar en la restricción de la expresión personal en línea. Las personas pueden evitar compartir aspectos auténticos de sus vidas por miedo a la invasión de la privacidad o al uso indebido de la información.

El temor a los riesgos de privacidad puede llevar a la limitación en la participación en comunidades en línea. Las personas pueden evitar contribuir a discusiones auténticas o compartir experiencias por preocupaciones sobre la seguridad de su información personal.

Las preocupaciones sobre la privacidad pueden generar desconfianza en las plataformas en línea. Esto puede llevar a una disminución en la participación y en la expresión auténtica, ya que las personas dudan de la seguridad de sus datos.

La constante preocupación por la privacidad en línea puede tener un impacto en la salud mental. Las personas pueden experimentar ansiedad y estrés al temer la posible exposición no autorizada de información personal.

Las preocupaciones sobre la privacidad pueden resultar en menos transparencia en las interacciones en línea. Las personas pueden optar por presentar versiones más limitadas o selectivas de sí mismas, afectando la autenticidad de las relaciones digitales.

La preocupación por la privacidad se intensifica ante la creciente frecuencia de violaciones de datos. La amenaza de tener información personal expuesta puede llevar a la autocensura y a una disminución en la participación en línea.

La preocupación por la privacidad puede inhibir la exploración de intereses personales en línea. Las personas pueden evitar buscar información sobre temas específicos o participar en comunidades que podrían revelar aspectos más personales de sus vidas.

El temor a los riesgos de privacidad puede resultar en menos participación en actividades en línea. Las personas pueden abstenerse de contribuir a blogs, foros o redes sociales por temor a la exposición no deseada.

La desconfianza en las medidas de protección de datos puede llevar a la limitación en la compartición de información. Las personas pueden dudar en proporcionar datos personales incluso cuando es necesario para participar en ciertas actividades en línea.

En conjunto, los riesgos de privacidad en línea pueden tener consecuencias negativas al limitar la expresión auténtica y la participación en comunidades digitales. Abordar estas preocupaciones requiere un equilibrio entre la protección de la privacidad y la facilitación de un entorno en línea donde las personas se sientan seguras para expresarse genuinamente.

Fomentar la conciencia digital para que las personas comprendan cómo la tecnología afecta su expresión personal y adopten prácticas que fomenten la autenticidad y el bienestar.

La conciencia digital es esencial en la era moderna para que las personas comprendan cómo la tecnología afecta su expresión personal y adopten prácticas que fomenten la autenticidad y el bienestar. Aquí se destacan algunos puntos importantes relacionados con la conciencia digital:

Fomentar la conciencia sobre la importancia de la privacidad en línea. Esto incluye comprender cómo se recopila, utiliza y comparte la información personal en el entorno digital.

Proporcionar educación sobre los riesgos y beneficios asociados con el uso de la tecnología. Esto permite a las personas tomar decisiones informadas sobre cómo utilizar las herramientas digitales de manera que sea consistente con sus valores y necesidades.

Fomentar la idea de que la autenticidad en línea es valiosa y que las personas no deben sentirse presionadas a conformarse con estándares irreales. La expresión auténtica contribuye a la construcción de comunidades digitales más saludables.

Desarrollar la capacidad de discernir la manipulación de la información en línea, incluyendo la comprensión de noticias falsas, desinformación y la influencia de algoritmos en la presentación de contenido.

Reconocer que la representación en línea es selectiva y a menudo no refleja la totalidad de la realidad. Comprender que las personas presentan versiones editadas y filtradas de sus vidas en plataformas digitales.

Enseñar el uso efectivo de las configuraciones de privacidad disponibles en plataformas y dispositivos. Esto permite a las personas tener un mayor control sobre quién tiene acceso a su información personal.

Incentivar prácticas saludables en redes sociales, como el establecimiento de límites de tiempo, la promoción de interacciones positivas y la identificación y gestión de la comparación social.

Proporcionar capacitación en seguridad digital para ayudar a las personas a proteger su información personal y prevenir amenazas como el phishing, el robo de identidad y otras formas de ciberdelito.

Desarrollar habilidades críticas en medios digitales para evaluar la confiabilidad de la información en línea y comprender cómo las plataformas digitales pueden influir en la percepción y el comportamiento.

Promover la empatía digital para cultivar una comprensión más profunda de las experiencias de los demás en línea. Esto contribuye a la construcción de comunidades en línea más inclusivas y respetuosas.

La conciencia digital es esencial para empoderar a las personas en su interacción con la tecnología y garantizar que utilicen las herramientas digitales de manera que fomente la autenticidad, el bienestar y la seguridad en línea.

Fomentar un uso consciente de las redes sociales, reconociendo los beneficios pero también estableciendo límites saludables para evitar la comparación y la presión social.

Fomentar un uso consciente de las redes sociales es fundamental para garantizar que las personas aprovechen los beneficios de estas plataformas mientras establecen límites saludables. Aquí se resaltan puntos importantes relacionados con el uso consciente de las redes sociales:

Educar a las personas sobre los beneficios y riesgos asociados con el uso de las redes sociales. Esto incluye la promoción de conexiones significativas y la conciencia de los posibles efectos negativos, como la comparación social y la presión social.

Fomentar la práctica de establecer límites de tiempo en el uso de las redes sociales. Esto ayuda a prevenir la sobreexposición, la fatiga digital y la pérdida de tiempo innecesaria.

Incentivar interacciones positivas y constructivas en las redes sociales. Esto implica la promoción de comentarios alentadores, el apoyo a las experiencias de los demás y la contribución a un entorno en línea saludable.

Desarrollar la conciencia sobre la comparación social en las redes sociales. Las personas deben comprender que las representaciones en línea pueden ser selectivas y no reflejar la totalidad de la realidad.

Incentivar la autenticidad en la publicación de contenido en redes sociales. Esto ayuda a construir conexiones genuinas y a contrarrestar la presión de conformarse con estándares inalcanzables.

Proporcionar educación sobre las configuraciones de privacidad disponibles en plataformas de redes sociales. Las personas deben comprender cómo ajustar estas configuraciones para controlar quién tiene acceso a su información.

Fomentar la práctica de desconexiones ocasionales de las redes sociales. Estos períodos de descanso digital pueden ayudar a reducir la dependencia y mejorar el bienestar emocional.

Crear conciencia sobre cómo los algoritmos afectan la presentación de contenido en las redes sociales. Comprender que las plataformas seleccionan y muestran contenido según sus propios algoritmos puede cambiar la percepción de la realidad.

Orientar el enfoque hacia la construcción de conexiones significativas en lugar de acumular seguidores o "me gusta". La calidad de las interacciones es más importante que la cantidad.

Dotar a las personas con habilidades para afrontar la presión social en línea. Esto incluye la capacidad de establecer límites, decir no a las expectativas poco realistas y centrarse en su propio bienestar.

Al fomentar un uso consciente de las redes sociales, se contribuye a un entorno digital más saludable y equilibrado. La educación, la conciencia y la promoción de prácticas positivas son clave para aprovechar los beneficios de las redes sociales sin comprometer la salud mental y emocional de las personas.

La promoción de la autenticidad digital implica alentar a las personas a compartir experiencias genuinas, a ser honestas sobre sus vidas en línea y a crear entornos en los que la autenticidad sea valorada.

La promoción de la autenticidad digital es esencial para fomentar entornos en línea saludables y conexiones significativas. Aquí se destacan puntos importantes relacionados con la promoción de la autenticidad digital:

Alentar a las personas a compartir experiencias genuinas y auténticas en línea. Esto crea conexiones más profundas y contribuye a un ambiente digital en el que cada persona se siente valorada por su singularidad.

Promover la honestidad en la representación en línea. Animar a las personas a presentar versiones auténticas de sí mismas, evitando la presión de conformarse con estándares irreales o de crear una fachada digital.

Establecer comunidades en línea que respalden la autenticidad. Proporcionar espacios donde las personas se sientan seguras para compartir sus experiencias sin temor al juicio, fomentando así la expresión genuina.

Incentivar la vulnerabilidad positiva, donde las personas compartan sus desafíos y logros de manera abierta y constructiva. Esto fortalece las conexiones y disminuye la estigmatización de las experiencias personales.

Fomentar la diversidad de narrativas en línea. Reconocer y celebrar las diferentes perspectivas y experiencias, lo que contribuye a un panorama digital más inclusivo y enriquecedor.

Ayudar a las personas a comprender cómo la expresión genuina contribuye al bienestar personal y a la construcción de relaciones significativas.

Desmitificar la idea de la perfección en línea. Destacar que la autenticidad implica aceptar imperfecciones y que la verdadera conexión se establece a través de la autenticidad, no a través de una imagen idealizada.

Rechazar las expectativas irreales en línea. Alentar a las personas a resistir la presión de conformarse con estándares poco realistas y a abrazar sus auténticas identidades y experiencias.

Promover el autoconocimiento digital. Animar a las personas a reflexionar sobre quiénes son en línea, qué valores desean expresar y cómo pueden contribuir a un entorno en línea auténtico.

Crear una cultura en línea que respalde y respete la autenticidad. Establecer normas comunitarias que fomenten el respeto mutuo, la comprensión y la valoración de la diversidad de experiencias.

La promoción de la autenticidad digital implica crear un entorno en línea donde las personas se sientan libres de ser ellas mismas, compartiendo experiencias genuinas y construyendo conexiones significativas. Esta cultura de autenticidad contribuye positivamente al bienestar individual y colectivo en el mundo digital.

En última instancia, la relación entre tecnología y autenticidad personal es dinámica y depende de cómo las personas eligen utilizar las herramientas tecnológicas disponibles. La conciencia y el equilibrio son clave para aprovechar los beneficios de la tecnología mientras se preserva y fomenta la expresión auténtica de uno mismo.

20.Tecnología y Longevidad:

La relación entre la tecnología y la longevidad es un campo de estudio en constante evolución que explora cómo las herramientas digitales pueden afectar la calidad de vida y el bienestar en la vejez.

La tecnología facilita la conexión social para adultos mayores, permitiéndoles mantenerse en contacto con amigos y familiares a través de plataformas de videoconferencia, redes sociales y mensajes en línea. Esto puede combatir la soledad y mejorar la calidad de vida.

La conexión social a través de la tecnología es un aspecto fundamental para mejorar la calidad de vida de los adultos mayores. Aquí se exploran algunos puntos adicionales relacionados con cómo la tecnología facilita la conexión social:

La tecnología permite que los adultos mayores se sientan incluidos y participen activamente en la sociedad digital. Pueden unirse a grupos en línea, participar en discusiones temáticas y contribuir a comunidades virtuales que compartan sus intereses.

Plataformas de redes sociales y aplicaciones de mensajería permiten a los adultos mayores reencontrarse con antiguos amigos y mantener relaciones con familiares que pueden estar geográficamente distantes. Esto fortalece los lazos familiares y amistosos.

La tecnología posibilita la participación en eventos y actividades virtuales. Los adultos mayores pueden asistir a reuniones familiares en línea, celebrar eventos importantes y participar en clases, conferencias o actividades recreativas sin salir de casa.

Las videoconferencias y llamadas virtuales brindan a los adultos mayores la oportunidad de tener conversaciones cara a cara con sus seres queridos, lo que añade una dimensión visual y emocional a la comunicación, especialmente si la distancia física es un desafío.

La tecnología permite la creación y participación en comunidades en línea específicas para adultos mayores. Estos espacios digitales pueden ser especialmente diseñados para abordar intereses, preocupaciones y experiencias compartidas, facilitando la conexión entre pares.

Plataformas digitales permiten el acceso a fotos, videos y recuerdos compartidos. Esto puede ser especialmente significativo para adultos mayores, ya que les brinda la oportunidad de revivir momentos importantes y compartir historias con generaciones más jóvenes.

La tecnología permite la creación de grupos de apoyo en línea donde los adultos mayores pueden compartir sus experiencias, recibir apoyo emocional y obtener información útil sobre temas específicos de interés o preocupación.

Juegos en línea y actividades recreativas proporcionan oportunidades para la diversión y la interacción social. Los adultos mayores pueden participar en juegos virtuales, desafíos en línea y otras actividades recreativas que fomentan la conexión y el entretenimiento.

La tecnología puede ayudar a reducir la sensación de aislamiento al ofrecer una ventana al mundo exterior. Los adultos mayores pueden explorar diferentes culturas, noticias y eventos actuales, lo que contribuye a una sensación de conexión con la sociedad en general.

Plataformas de apoyo emocional en línea y servicios de chat ofrecen a los adultos mayores un espacio para expresar sus sentimientos, recibir orientación y conectarse con profesionales de la salud mental, lo que puede ser beneficioso para su bienestar emocional.

En conjunto, la conexión social a través de la tecnología proporciona a los adultos mayores oportunidades valiosas para mantener relaciones significativas, participar en actividades sociales y superar la soledad, contribuyendo así a una mejor calidad de vida.

Las personas mayores pueden utilizar la tecnología para acceder fácilmente a información de salud, recursos en línea y aplicaciones diseñadas para el monitoreo de la salud. Esto contribuye a un enfoque proactivo en el cuidado personal y la gestión de condiciones médicas.

El acceso a información y recursos de salud a través de la tecnología brinda a las personas mayores herramientas valiosas para el cuidado personal y la gestión de condiciones médicas. Aquí se detallan aspectos adicionales relacionados con esta relación:

La tecnología ofrece acceso a recursos educativos personalizados en salud. Las personas mayores pueden acceder a información específica sobre sus condiciones de salud, tratamientos y prácticas de autocuidado, lo que contribuye a una comprensión más completa de su bienestar.

Diversas aplicaciones móviles permiten a los adultos mayores realizar un seguimiento de su salud. Desde monitoreo de la presión arterial hasta el control del azúcar en sangre, estas aplicaciones ofrecen herramientas simples para gestionar y registrar datos relevantes para su bienestar.

Aplicaciones y recordatorios electrónicos ayudan a las personas mayores a gestionar su medicación de manera efectiva. Estos recordatorios pueden ser configurados para alertar sobre la toma de medicamentos, asegurando un cumplimiento adecuado.

La telemedicina permite a los adultos mayores realizar consultas médicas virtuales, evitando la necesidad de desplazamientos físicos. Esto es especialmente beneficioso para aquellos que pueden tener dificultades para acceder a instalaciones médicas de manera regular.

Dispositivos y aplicaciones de seguimiento de actividad física brindan a las personas mayores la capacidad de monitorear su nivel de actividad diaria. Esto promueve un estilo de vida saludable y puede ser especialmente útil para aquellos que buscan mantenerse activos.

Plataformas en línea facilitan la conexión con profesionales de la salud. A través de mensajes seguros o consultas virtuales, los adultos mayores pueden recibir asesoramiento y respuestas a preguntas de manera rápida y conveniente.

Aplicaciones y recursos en línea proporcionan información sobre nutrición y dietética adaptada a las necesidades de las personas mayores. Esto puede ayudar en la planificación de comidas saludables y en la gestión de condiciones relacionadas con la alimentación.

Dispositivos y aplicaciones de monitoreo del sueño ayudan a evaluar la calidad del sueño. Para los adultos mayores, el sueño es crucial para la salud general, y tener datos sobre los patrones de sueño puede ser valioso para ajustar hábitos y mejorar la calidad del descanso.

Acceder a información sobre prácticas de prevención y promoción del bienestar es esencial. La tecnología permite a las personas mayores mantenerse informadas sobre hábitos saludables, vacunaciones recomendadas y prácticas de prevención de enfermedades.

La tecnología facilita la comunicación entre adultos mayores, sus cuidadores y familiares. Compartir información relevante sobre la salud, como resultados de pruebas o cambios en el estado de salud, puede ser más rápido y eficiente a través de plataformas digitales.

El acceso a información y recursos de salud mediante la tecnología contribuye significativamente a un enfoque proactivo en el cuidado personal y a la gestión efectiva de las condiciones médicas en personas mayores, mejorando así su calidad de vida.

La telemedicina permite a los adultos mayores recibir atención médica a distancia, lo que es especialmente beneficioso para aquellos con movilidad reducida o que viven en áreas remotas. Las consultas virtuales pueden mejorar la accesibilidad a la atención médica.

La telemedicina y las consultas virtuales desempeñan un papel crucial en mejorar la accesibilidad y la calidad de la atención médica para los adultos mayores. Aquí se exploran aspectos adicionales relacionados con la telemedicina:

La telemedicina permite a los adultos mayores acceder a especialistas médicos sin la necesidad de desplazarse a distancias significativas. Esto es especialmente beneficioso para aquellos que viven en áreas donde la disponibilidad de especialistas puede ser limitada.

Las consultas virtuales facilitan el monitoreo continuo de condiciones crónicas. Los adultos mayores pueden comunicarse regularmente con sus profesionales de la salud para actualizar sobre el progreso de su salud y ajustar el plan de tratamiento según sea necesario.

Para aquellos que viven en áreas remotas o con acceso limitado a servicios médicos, la telemedicina reduce las barreras geográficas. Esto garantiza que los adultos mayores reciban atención médica de calidad independientemente de su ubicación.

Las consultas virtuales ofrecen mayor comodidad y seguridad, especialmente para aquellos con movilidad reducida. Los adultos mayores pueden recibir atención médica desde la comodidad de sus hogares, evitando desplazamientos que pueden ser difíciles o riesgosos.

Después de procedimientos médicos o cirugías, la telemedicina permite el seguimiento postoperatorio a través de consultas virtuales. Esto facilita la comunicación entre el paciente y el profesional de la salud para abordar preguntas, preocupaciones y evaluar el progreso de la recuperación.

Los adultos mayores pueden recibir consultas virtuales para discutir los resultados de pruebas médicas. Esto mejora la comprensión del paciente sobre su estado de salud y permite al profesional de la salud ofrecer orientación y recomendaciones de manera efectiva.

La telemedicina facilita la obtención de segundas opiniones médicas. Los adultos mayores pueden conectarse con expertos de otras ubicaciones para obtener evaluaciones adicionales sobre diagnósticos y planes de tratamiento.

La telemedicina es valiosa para las consultas de salud mental. Los adultos mayores pueden acceder a profesionales de la salud mental sin tener que lidiar con barreras de transporte, lo que es especialmente importante para la atención de problemas como la depresión y la ansiedad.

A través de consultas virtuales, los profesionales de la salud pueden proporcionar educación y asesoramiento sobre prácticas de autocuidado, medicamentos y cambios en el estilo de vida, contribuyendo a la gestión integral de la salud de los adultos mayores.

La telemedicina fomenta la continuidad de la atención. Los adultos mayores pueden mantener una relación continua con sus profesionales de la salud, lo que es esencial para la gestión a largo plazo de condiciones crónicas y la promoción de un envejecimiento saludable.

En resumen, la telemedicina y las consultas virtuales son herramientas valiosas que mejoran la accesibilidad, comodidad y calidad de la atención médica para los adultos mayores, contribuyendo así a un envejecimiento más saludable y bien gestionado.

Aplicaciones y juegos en línea diseñados para la estimulación cognitiva pueden ayudar a mantener la salud mental de las personas mayores. Estos programas pueden ofrecer ejercicios mentales, rompecabezas y actividades diseñadas para mantener y mejorar la función cerebral.

La utilización de aplicaciones y juegos en línea diseñados específicamente para la estimulación cognitiva puede ser una estrategia efectiva para mantener y mejorar la salud mental de las personas mayores.

Las aplicaciones y juegos en línea ofrecen una amplia variedad de actividades cognitivas, que van desde rompecabezas y juegos de memoria hasta desafíos lógicos.

Esto permite a los adultos mayores elegir actividades que se alineen con sus preferencias y áreas específicas de interés.

Estos programas están diseñados para abordar diferentes habilidades cognitivas, como la memoria, la atención, la velocidad de procesamiento y la resolución de problemas. Proporcionan un entrenamiento integral para mantener un cerebro activo y ágil.

Muchas aplicaciones y juegos en línea son adaptables a diferentes niveles de habilidad. Esto asegura que los adultos mayores puedan comenzar con desafíos manejables y luego progresar a niveles más difíciles a medida que mejoran sus habilidades cognitivas.

Estos programas suelen proporcionar retroalimentación inmediata, lo que permite a los usuarios evaluar su rendimiento y seguir mejorando. La retroalimentación positiva refuerza el proceso de aprendizaje y motiva a los adultos mayores a participar de manera continua.

Los juegos y actividades diseñados para la estimulación cognitiva requieren enfoque y concentración. Esta práctica regular puede ayudar a fortalecer la capacidad de concentración y atención de los adultos mayores, lo cual es beneficioso para la salud mental en general.

Muchas de estas aplicaciones son accesibles desde dispositivos móviles como tabletas y teléfonos inteligentes. Esto permite a los adultos mayores llevar a cabo sus ejercicios cognitivos en cualquier momento y lugar, facilitando la integración en su rutina diaria.

Algunos programas permiten la colaboración entre usuarios y la competencia amistosa. Esto fomenta la interacción social y la conexión entre personas mayores, añadiendo un elemento social positivo a la estimulación cognitiva.

La mayoría de estas aplicaciones se actualizan regularmente, ofreciendo nuevos desafíos y actividades. Esto evita que las actividades se vuelvan monótonas y brinda a los adultos mayores la oportunidad de explorar constantemente nuevas formas de estimulación cognitiva.

La diversión es una parte integral de muchas de estas aplicaciones. La incorporación de elementos lúdicos y entretenidos hace que el proceso de estimulación cognitiva sea más agradable, lo que contribuye a la participación continua.

Estas aplicaciones pueden complementar otras actividades cognitivas, como la lectura, la escritura o la participación en grupos de discusión. Juntos, estos enfoques pueden brindar una experiencia integral de estimulación cognitiva.

En conjunto, el uso de aplicaciones y juegos en línea diseñados para la estimulación cognitiva puede ser una herramienta efectiva y accesible para mantener la salud mental y promover el bienestar cognitivo en las personas mayores.

Asistentes virtuales como Siri, Alexa o Google Assistant pueden facilitar la vida diaria, ayudando a realizar tareas simples, recordando citas y brindando información útil. Además, la tecnología de asistencia, como dispositivos de alerta médica, puede proporcionar seguridad adicional.

Los asistentes virtuales y la tecnología de asistencia desempeñan un papel fundamental en la facilitación de la vida diaria de las personas mayores. Aquí se exploran aspectos adicionales relacionados con estos recursos:

Asistentes virtuales como Siri, Alexa o Google Assistant pueden automatizar tareas cotidianas, como encender y apagar luces, ajustar la temperatura del hogar, reproducir música o responder preguntas comunes. Esto simplifica la vida diaria y mejora la accesibilidad.

Estos asistentes son eficientes para recordar citas médicas, eventos importantes y tomar medicamentos. Los adultos mayores pueden configurar recordatorios personalizados, lo que es particularmente beneficioso para aquellos con horarios ocupados o que pueden experimentar olvidos ocasionales.

La capacidad de realizar preguntas y obtener respuestas rápidas mediante comandos de voz brinda a las personas mayores acceso instantáneo a información útil. Esto puede incluir noticias, actualizaciones meteorológicas, recetas de cocina o datos de interés personal.

Los asistentes virtuales permiten a los adultos mayores comunicarse con familiares y amigos a través de llamadas y mensajes de voz sin necesidad de usar sus manos. Esto es especialmente útil para aquellos que pueden tener dificultades con dispositivos más tradicionales.

La tecnología de asistencia, como dispositivos de alerta médica, puede ser esencial en situaciones de emergencia. Estos dispositivos pueden estar vinculados a servicios de respuesta de emergencia o a familiares, garantizando una asistencia rápida en caso de accidentes o problemas médicos.

La tecnología de asistencia, en particular, se adapta para mejorar la accesibilidad para personas mayores con discapacidades. Esto puede incluir dispositivos que respondan a comandos de voz, controles remotos fáciles de usar o tecnologías táctiles para aquellos con dificultades visuales.

La capacidad de integrarse con otros dispositivos inteligentes en el hogar permite un control centralizado. Por ejemplo, los asistentes virtuales pueden conectarse con termostatos inteligentes, cámaras de seguridad y electrodomésticos, ofreciendo un ambiente más seguro y cómodo.

Con el tiempo, los asistentes virtuales pueden aprender las preferencias y rutinas personales de los adultos mayores. Esto permite una mayor personalización en las interacciones, adaptándose a las necesidades específicas de cada individuo.

Los asistentes virtuales pueden brindar apoyo en actividades diarias como la preparación de listas de compras, la búsqueda de recetas o la planificación de actividades recreativas. Esto promueve la independencia y facilita la realización de tareas cotidianas.

Algunos asistentes virtuales están diseñados para proporcionar estimulación cognitiva. Pueden ofrecer juegos mentales, rompecabezas o historias interactivas, contribuyendo así al mantenimiento de la salud cerebral.

En general, los asistentes virtuales y la tecnología de asistencia desempeñan un papel crucial en mejorar la calidad de vida, la seguridad y la independencia de las personas mayores al facilitar diversas facetas de su vida diaria.

Existen aplicaciones diseñadas para fomentar la actividad física y el bienestar en adultos mayores. Estas aplicaciones pueden proporcionar rutinas de ejercicios adaptadas, seguimiento de la actividad física y recordatorios para mantener un estilo de vida saludable.

Las aplicaciones de ejercicio y bienestar destinadas a adultos mayores desempeñan un papel vital en la promoción de la actividad física y el bienestar general. Aquí se presentan algunos aspectos adicionales relacionados con estas aplicaciones:

Estas aplicaciones ofrecen rutinas de ejercicio diseñadas específicamente para las necesidades y capacidades de los adultos mayores. Pueden incluir ejercicios de bajo impacto, estiramientos y actividades diseñadas para mejorar la fuerza, la flexibilidad y la resistencia.

Funciones de seguimiento permiten a los usuarios monitorizar su actividad física diaria. Esto incluye el conteo de pasos, la distancia recorrida y la cantidad de tiempo dedicado a diversas actividades. La retroalimentación visual motiva a mantener un estilo de vida activo.

Algunas aplicaciones incluyen recordatorios personalizables para fomentar la actividad física regular. Estos recordatorios pueden ser configurados para alertar sobre la necesidad de realizar pausas activas o realizar ejercicios específicos a lo largo del día.

Las aplicaciones suelen ofrecer programas de entrenamiento gradual que permiten a los adultos mayores comenzar con niveles de dificultad manejables y aumentar gradualmente la intensidad a medida que mejoran su condición física.

Para evitar la monotonía, estas aplicaciones proporcionan una variedad de actividades físicas. Pueden incluir ejercicios de fuerza, aeróbicos, yoga y tai chi, ofreciendo opciones para adaptarse a las preferencias individuales y abordar diferentes aspectos del bienestar físico.

Las aplicaciones están diseñadas con interfaces amigables y proporcionan instrucciones claras para los ejercicios. Esto es especialmente beneficioso para garantizar que los adultos mayores realicen los movimientos de manera segura y efectiva.

Algunas aplicaciones pueden integrarse con dispositivos de seguimiento de salud, como relojes inteligentes o pulseras de actividad, para brindar una monitorización más detallada y precisa de la actividad física.

Estas aplicaciones permiten a los usuarios establecer metas personales en términos de actividad física y bienestar. Seguir el progreso hacia estas metas puede ser una fuente de motivación constante.

Para adaptarse a diferentes niveles de condición física, muchas aplicaciones ofrecen sesiones de ejercicio breves y personalizadas. Esto facilita la integración de la actividad física en la rutina diaria, incluso para aquellos con horarios ocupados.

Además de las rutinas de ejercicio, algunas aplicaciones proporcionan consejos de bienestar general, como pautas de alimentación saludable, técnicas de relajación y estrategias para mejorar la calidad del sueño.

Estas aplicaciones de ejercicio y bienestar son herramientas valiosas para ayudar a los adultos mayores a mantener un estilo de vida activo y saludable, contribuyendo así a su bienestar físico y emocional a lo largo del tiempo.

La tecnología permite el aprendizaje en línea, lo que brinda oportunidades educativas continuas para las personas mayores. Además, las comunidades en línea y las redes sociales pueden facilitar la participación en actividades culturales, educativas y recreativas.

El aprendizaje en línea y la participación comunitaria a través de la tecnología ofrecen oportunidades enriquecedoras para las personas mayores. Aquí se detallan algunos aspectos adicionales relacionados con estos ámbitos:

El aprendizaje en línea proporciona a las personas mayores la oportunidad de continuar educándose y desarrollándose personalmente. Pueden acceder a cursos sobre una amplia gama de temas, desde arte y historia hasta ciencias y tecnología, adaptando el aprendizaje a sus intereses individuales.

Las plataformas de aprendizaje en línea ofrecen flexibilidad en términos de horarios y ubicación. Los adultos mayores pueden aprender a su propio ritmo y desde la comodidad de sus hogares, eliminando las barreras geográficas y de movilidad.

Las comunidades en línea facilitan el acceso a recursos culturales, como museos virtuales, exposiciones artísticas y eventos culturales en tiempo real. Esto permite a las personas mayores explorar y participar en actividades culturales desde cualquier lugar.

Las redes sociales y plataformas comunitarias en línea reúnen a personas con intereses similares. Los adultos mayores pueden unirse a grupos de discusión, clubes de lectura, o comunidades específicas, lo que facilita la participación en actividades que les apasionan.

La tecnología posibilita la mentoría intergeneracional y el intercambio de conocimientos. Las personas mayores pueden compartir sus experiencias y conocimientos, al tiempo que aprenden de las generaciones más jóvenes en un entorno digital colaborativo.

Plataformas en línea ofrecen la posibilidad de conectarse con expertos y conferenciantes de diversas áreas. Los adultos mayores pueden participar en conferencias virtuales, seminarios web y charlas inspiradoras, ampliando así sus horizontes y perspectivas.

Las comunidades en línea permiten la participación activa en discusiones y proyectos comunitarios. Esto es especialmente valioso para aquellos que desean contribuir a la sociedad y conectarse con otros con objetivos similares.

Las plataformas en línea ofrecen actividades recreativas virtuales, como juegos, concursos y eventos sociales. Estos elementos recreativos fomentan la interacción social y el disfrute de actividades recreativas desde la comodidad del hogar.

Participar en actividades en línea promueve el desarrollo de habilidades tecnológicas entre las personas mayores. Esto contribuye a su autonomía digital y les permite aprovechar al máximo las oportunidades que ofrece el entorno digital.

A través del aprendizaje en línea y la participación comunitaria, las personas mayores pueden estimular su mente, fomentar la creatividad y mantenerse mentalmente activas, contribuyendo así a su bienestar general.

En conjunto, el aprendizaje en línea y la participación comunitaria mediante la tecnología ofrecen un enfoque integral para que las personas mayores continúen aprendiendo, se conecten con otros y participen en actividades que enriquezcan sus vidas.

La integración de tecnología en hogares inteligentes, como sistemas de automatización y tecnología asistencial, puede hacer que el entorno sea más seguro y accesible para las personas mayores, permitiéndoles vivir de manera independiente durante más tiempo.

La integración de tecnología en hogares inteligentes y la adopción de tecnología asistencial ofrecen beneficios significativos para las personas mayores, permitiéndoles vivir de manera más segura e independiente. Aquí se exploran algunos aspectos adicionales relacionados con esta temática:

La tecnología en hogares inteligentes incluye sistemas de automatización que permiten a las personas mayores controlar dispositivos y sistemas con facilidad. Esto puede incluir luces, termostatos, cerraduras de puertas y electrodomésticos, mejorando la comodidad y la eficiencia.

La tecnología asistencial puede incorporar sensores y dispositivos para detectar caídas y situaciones de emergencia. Estos sistemas pueden enviar alertas automáticas a familiares o servicios de asistencia en caso de una caída o un evento médico.

Dispositivos de monitoreo de salud en el hogar permiten a las personas mayores realizar un seguimiento de sus signos vitales y condiciones médicas desde casa. Esto puede incluir medidores de presión arterial, glucómetros y otros dispositivos que facilitan la gestión de la salud.

Los sistemas de voz, como Alexa o Google Assistant, permiten a las personas mayores controlar dispositivos y acceder a información mediante comandos de voz. Esto simplifica las interacciones tecnológicas y hace que las tareas diarias sean más accesibles.

La integración de tecnología asistencial puede incluir recordatorios automáticos para medicamentos, citas médicas y otras tareas diarias. Esto ayuda a las personas mayores a mantenerse organizadas y cumplir con sus rutinas de manera efectiva.

La instalación de cámaras de seguridad y sistemas de vigilancia en hogares inteligentes proporciona una capa adicional de seguridad. Los adultos mayores pueden monitorear su hogar y recibir alertas sobre actividades inusuales, mejorando la tranquilidad y la seguridad. La tecnología asistencial se centra en la accesibilidad universal, haciendo que los hogares sean más amigables para personas mayores y aquellas con discapacidades. Esto puede incluir ajustes en la altura de los interruptores, grifos de fácil manejo y otros elementos que faciliten la movilidad.

La tecnología en hogares inteligentes permite adaptaciones personalizadas según las necesidades individuales. Por ejemplo, la iluminación puede ajustarse automáticamente según las preferencias y necesidades de las personas mayores, mejorando la comodidad visual.

La tecnología asistencial puede integrarse con dispositivos médicos, permitiendo que los datos de monitoreo se compartan de manera efectiva con profesionales de la salud. Esto facilita el seguimiento remoto y la gestión de condiciones médicas.

En conjunto, la integración de tecnología en hogares inteligentes y tecnología asistencial brinda un fuerte soporte para que las personas mayores vivan de manera independiente durante más tiempo, mejorando su calidad de vida y autonomía.

En resumen, la implementación de tecnología en hogares inteligentes y tecnología asistencial contribuye significativamente a la seguridad y la independencia de las personas mayores, permitiéndoles disfrutar de un entorno hogareño más accesible y adaptado a sus necesidades.

Sistemas de seguridad y vigilancia basados en tecnología pueden brindar tranquilidad a los adultos mayores y a sus familias. Estos incluyen cámaras de seguridad, sensores de movimiento y alertas automáticas en caso de emergencia.

La implementación de sistemas de seguridad y vigilancia basados en tecnología ofrece tranquilidad a los adultos mayores y sus familias al proporcionar un entorno más seguro. Aquí se presentan algunos aspectos adicionales relacionados con la seguridad y la vigilancia para adultos mayores:

Las cámaras de seguridad instaladas estratégicamente en el hogar permiten a los adultos mayores monitorear áreas específicas y tener una visión clara de lo que sucede en tiempo real. Esto puede ser particularmente útil para aquellos que viven solos.

Los sensores de movimiento pueden detectar actividades inusuales o patrones de movimiento en el hogar. Al integrar estos sensores con sistemas de seguridad, se pueden enviar alertas automáticas en caso de movimientos sospechosos o no programados.

Los sistemas de alarma pueden incluir sensores de puertas y ventanas, detectores de humo y monóxido de carbono, entre otros. Estos sistemas alertan a los residentes y a las autoridades en caso de situaciones de emergencia, como intrusiones o incendios.

La tecnología permite el monitoreo remoto del hogar a través de dispositivos móviles. Los adultos mayores y sus familias pueden acceder a las cámaras y recibir notificaciones de seguridad, lo que brinda una capa adicional de control y tranquilidad.

La configuración de alertas automáticas permite recibir notificaciones en tiempo real sobre eventos de seguridad. Esto puede incluir alertas por movimiento, puertas abiertas o cambios en la actividad normal en el hogar.

La integración de sistemas de seguridad con dispositivos de asistencia, como botones de emergencia o sistemas de respuesta médica, garantiza una respuesta rápida en situaciones críticas, como caídas o emergencias médicas.

La tecnología de seguridad permite que familiares y cuidadores accedan a la información de vigilancia. Esto es especialmente valioso para aquellos que desean monitorear el bienestar de los adultos mayores a distancia.

Los sistemas de seguridad pueden incluir opciones de control de acceso, como cerraduras inteligentes. Esto permite a los adultos mayores gestionar quién puede acceder a su hogar, mejorando la seguridad y la privacidad.

La iluminación de seguridad automatizada puede estar vinculada a sistemas de detección de movimiento. Esto garantiza que áreas específicas se iluminen automáticamente cuando se detecte actividad, lo que disuade a posibles intrusos y mejora la seguridad.

Es fundamental garantizar la privacidad y la protección de datos al implementar sistemas de seguridad. Los adultos mayores y sus familias deben estar conscientes de las configuraciones de privacidad y tener el control sobre quién accede a la información recopilada.

La combinación de cámaras de seguridad, sensores y sistemas de alarma basados en tecnología proporciona una capa de seguridad adicional para los adultos mayores, permitiéndoles vivir de manera más independiente y brindando tranquilidad a sus seres queridos.

La tecnología que se centra en la accesibilidad y el diseño inclusivo asegura que las soluciones digitales sean utilizables por todas las personas, independientemente de su edad o habilidades. Esto contribuye a una experiencia tecnológica más equitativa.

La accesibilidad y el diseño inclusivo en tecnología son fundamentales para garantizar que las soluciones digitales sean utilizables por todas las personas, independientemente de su edad o habilidades. Aquí se presentan algunos aspectos adicionales relacionados con la accesibilidad y el diseño inclusivo:

La tecnología accesible se caracteriza por interfaces intuitivas que permiten una navegación sencilla. Esto beneficia a los adultos mayores al hacer que las aplicaciones y los dispositivos sean más fáciles de entender y usar.

Las opciones para ajustar el tamaño de fuente y el contraste son esenciales para garantizar que la información en pantallas digitales sea legible para todas las personas, incluidas aquellas con dificultades visuales o presbicia.

Las soluciones tecnológicas inclusivas son compatibles con tecnologías de asistencia, como lectores de pantalla, teclados especiales y dispositivos de entrada alternativos. Esto permite que personas con discapacidades puedan interactuar plenamente con la tecnología.

El diseño inclusivo implica realizar pruebas con usuarios diversos, incluidos adultos mayores, para identificar posibles barreras y realizar ajustes que mejoren la accesibilidad. Esto garantiza que la tecnología sea adecuada para una amplia variedad de usuarios.

Las características de audiodescripción y subtítulos son esenciales para hacer que el contenido multimedia sea accesible. Esto beneficia a personas con discapacidades visuales o auditivas, así como a aquellos que prefieren consumir contenido de manera silenciosa o con descripciones adicionales.

La ergonomía y el diseño adaptado son componentes clave del diseño inclusivo. Esto implica considerar la facilidad de uso de dispositivos y aplicaciones, teniendo en cuenta las capacidades físicas y cognitivas de los usuarios.

Proporcionar feedback y ayuda contextual mejora la experiencia de usuario para adultos mayores. Las indicaciones claras y la asistencia en el momento adecuado contribuyen a una interacción más fluida con la tecnología.

La tecnología inclusiva a menudo incluye capacidades de navegación por voz y comandos de voz. Esto beneficia a aquellos que pueden tener dificultades con la interacción táctil o que prefieren utilizar la voz como medio principal de comunicación.

El diseño inclusivo considera las limitaciones cognitivas y proporciona interfaces simplificadas. Esto ayuda a adultos mayores que pueden experimentar dificultades cognitivas al utilizar la tecnología.

El compromiso con actualizaciones y mejoras continuas refleja un enfoque inclusivo. Esto permite abordar retroalimentación de usuarios y adaptarse a las cambiantes necesidades y tecnologías emergentes.

El diseño inclusivo en tecnología es esencial para promover la equidad en el acceso y el uso de dispositivos y aplicaciones digitales. Asegura que las soluciones sean accesibles para una amplia gama de usuarios, incluidos los adultos mayores, mejorando así su experiencia tecnológica.

Aunque la tecnología ofrece muchas oportunidades positivas, es importante abordar desafíos como la brecha digital y garantizar que las soluciones sean intuitivas y accesibles para todas las edades. En general, la tecnología puede desempeñar un papel crucial en mejorar la calidad de vida y el bienestar de las personas mayores.

www.ingramcontent.com/pod-product-compliance
Lightning Source LLC
LaVergne TN
LVHW051222050326
832903LV00028B/2219